本书受北京印刷学院资助出版

传媒竞争与新闻产权

经典判例述评

周艳敏　宋慧献 ◎ 著

知识产权出版社
全国百佳图书出版单位
—北京—

图书在版编目（CIP）数据

传媒竞争与新闻产权：经典判例述评/周艳敏，宋慧献著. —北京：知识产权出版社，2022.3

ISBN 978-7-5130-7753-8

Ⅰ.①传… Ⅱ.①周… ②宋… Ⅲ.①新闻—知识产权保护—研究—中国 Ⅳ.①D923.404

中国版本图书馆 CIP 数据核字（2021）第 202882 号

责任编辑：刘 睿 刘 江 邓 莹　　责任校对：潘凤越
封面设计：杨杨工作室·张冀　　　　责任印制：刘译文

传媒竞争与新闻产权：经典判例述评
周艳敏　宋慧献　著

出版发行：	知识产权出版社 有限责任公司	网　址：	http://www.ipph.cn
社　址：	北京市海淀区气象路50号院	邮　编：	100081
责编电话：	010-82000860 转 8344	责编邮箱：	liujiang@cnipr.com
发行电话：	010-82000860 转 8101/8102	发行传真：	010-82000893/82005070/82000270
印　刷：	天津嘉恒印务有限公司	经　销：	新华书店、各大网上书店及相关专业书店
开　本：	720mm×1000mm　1/16	印　张：	19.25
版　次：	2022年3月第1版	印　次：	2022年3月第1次印刷
字　数：	300 千字	定　价：	98.00 元
ISBN 978-7-5130-7753-8			

出版权专有　侵权必究
如有印装质量问题，本社负责调换。

目　录

导言　传媒竞争与新闻产权 ………………………………………… 1

1. 新闻竞争、新闻财产与窃用原则的兴起
　　——美联社诉国际新闻社案（1918） ………………………… 12

2. 从报纸到广播：新闻、广告与窃用原则的犹疑
　　——美联社诉克沃斯案（1936） ……………………………… 35

3. 从报纸到广播：再为新闻窃用原则背书
　　——波茨敦新闻出版诉波茨敦广播（1965） ………………… 56

4. 新闻摄影：版权属性与合理使用
　　——时代杂志公司诉伯纳德·盖斯（1968） ………………… 64

5. 公众人物、偷抢新闻与合理使用
　　——哈珀与罗出版社诉《国家》杂志（1985） ……………… 82

6. 公共事件、新闻录像与侵犯版权
　　——洛杉矶通讯社新闻录像之争（1992、1997） …………… 118

1

7. 热点新闻窃用与五要素审查
   ——美国篮球协会诉摩托罗拉公司（1997）·················· 134

8. 在线新闻聚合：新闻窃用原则的新领域？
   ——美联社诉全头条新闻公司（2009）······················ 156

9. 投资建议信息与新闻聚合的正当性
   ——巴克莱资本公司诉壁上蝇飞网站（2011）················ 166

10. 新闻聚合与搜索引擎的合理性边界
    ——美联社诉融文新闻美国控股公司（2013）················ 191

11. 新闻标题、摘要的版权与在线用户责任
    ——英国报业许可代理公司诉融文控股公司等（2014）········ 220

12. 公开传播权与链接的版权属性
    ——尼尔斯·斯文森等诉瑞典猎犬公司（2014）··············· 256

13. 电视节目数据库检索与片段播放：转化性与合理使用
    ——福克斯新闻网诉电视眼公司（2018）···················· 267

后　记 ·· 301

导言　传媒竞争与新闻产权

在线检索一下，"新闻产权"或"News Property"，基本上都很难找到匹配的结果。对很多人来说，这一说法可能还有些新鲜；但是，它既有实践基础，也可以得到学理上的证成。

近年来，谷歌等在线媒体与传统媒体之间有关新闻内容付费的争议，一直纷纷扬扬。而时至2021年年初，这一争议显然又在经历一个高潮。经过较长时间的酝酿，澳大利亚决计要通过《新闻媒体与数字平台强制议价法》，希望以此强力推动有关问题的解决。此举遭到谷歌、脸书等的强烈反对，但其随后的实际表现也不无妥协之意。澳大利亚官方对此似乎志在必得，财政部长曾誓言：将成为全球第一个要求新媒体向传统媒体支付新闻使用费的国家。与此同时，加拿大新闻媒体协会（NMC）发起所谓"消失的头条"运动，众多报纸纷纷在头版"开天窗"，以示呼吁和督促解决相关问题。

而法国传来的应该是喜讯。300家新闻机构组成的新闻总联盟（APIG）

与谷歌公司就付费问题达成框架协议。这一做法是对法国立法的具体实施：法国议会于 2019 年 7 月通过设立新闻出版者邻接权的法案；该法是对欧盟《数字单一市场版权指令》（以下简称"欧盟指令"）的回应，后者为传统媒体设立了一项迫使新媒体付费的邻接权。

而是否应该为新闻出版者设立这样的邻接权一直备受争议；相关的基础性法理问题是，新闻出版者能否为它发布的新闻（包括作品和信息）享有一种排他性权利；能或不能，其正当性何在。

传播技术与传媒产业的每一轮大发展都会引发利益之争，而网媒带来的问题与争议可能是最激烈的。产业发展一定会促进法律制度变革，而法律观念也应随之有所更新和发展。本书提出"新闻产权"这一概念，意在以一个整体性概念来统合新闻机构对其各方面内容所享有的财产权益；对这一概念的合理性与外延范围进行论证；进而，为传媒新闻产权之扩张与限制提供必要的学理依据。

在进行较全面的分析之前，有必要先对新闻产权作出大致的界定。内涵上，新闻产权可定义为传媒机构对其采集、制作、发布的新闻内容享有的排他性财产权益。[1] 外延上，基于已有的法律实践，新闻产权包括传媒机构因新闻作品与信息的采集、创作、制作或提供所享有的著作权、邻接权以及其他竞争性利益。

（一）

时隔百年，知识产权法学者尤其是美国传媒领域的法律人都还时常提起 1918 年美国联邦最高法院有关国际新闻社案的判决（INS v. AP），这可能是最早认可新闻产权这一概念的法律文献。这是发生在两大通讯社之间的一起新闻官司，美联社指控国际新闻社对它采集并发布的新闻实施了偷窃，侵犯了对新

---

[1] 新闻记者或其他人也可以成为新闻产权尤其是新闻作品著作权的主体。为论述方便，本书暂时仅考虑新闻机构的新闻产权问题。

闻享有的财产权（property right in the news）；联邦最高法院也指出，该案涉及的实质性问题是，新闻中是否含有财产权；如果有，在新闻采集者将其发表之后，该财产是否继续存在——这是更加棘手的。最终，该院判决承认，对于竞争对手而言，原告发表之后的新闻信息仍然享有一种准财产利益（a quasi property interest）；一家通讯社未经许可获取并传播其他通讯社采集的新闻，构成不正当竞争。这便是美国司法史上著名的热点新闻窃用原则（hot news misappropriation doctrine）的起源；而支持这一法律原则的权利基础便是新闻的准财产，准财产仍然是财产权，虽然是有限性的。同时，该法院判决还指出，在考虑有关新闻内容的一般性财产问题时，有必要承认其两面性，并区分这样两个层面：信息的材料内容（substance）与作者传达信息所采用的特定形式（form）。这就指向了新闻上的两类财产权：新闻作品表达所拥有的著作权和信息材料可能享有的准财产权。进而不难推论，该判决意见认可的是这样一个法律概念之框架：新闻产权，包括新闻作品著作权与新闻信息财产权。

可称为财产/产权（Property）的，原本是物，任何其他财产也都要归于物。时至现代社会，科技革命、工业兴起和文化繁荣等，催生了很多本身非物却具有交换价值、可带来物质性财富的东西，人们发明了诸多的"××产权"，如知识产权（Intellectual property）、文学产权（Literary property）、艺术产权（Art property）、工业产权（Industry property）、无形产权（Intangible property）、信息产权（Information property）、虚拟财产（Virtual property）等，其中有些还成为法律概念。它们或指称某种特定客体，或表明某种特别属性，只要被发明并保留下来，大都有一定的意义。

与前述其他概念相比，新闻产权概念具有更为独特的法律意义。其一，新闻是一种特殊的信息载体和社会现象，它有着相对明晰的范围和边界；其二，最重要的是，新闻具有特定的属性、功能与价值；尤其是新闻具有既相辅相成、又相克相对的二重性——新闻属性和商品属性，进而需要受到特殊的法律规制，其中包括产权制度设计，新闻产权制度因此有了受到特别关注的必要性与可能性。

在前述几个概念中，除了知识产权已被用作法律术语外，其他几个概念几乎已经可有可无了；即便是知识产权一词，也主要作为一个伞式概念，在统称著作权、商标权等多种概念与法律的同时，并没有太多独立的制度意义。而新闻产权与文学和艺术产权、知识产权、信息产权等具有不同程度的交叉或重叠，却有着独立存在的缘由与价值。

（二）

新闻产权这一概念并不只是逻辑推演甚或凭空想象的结果，其社会基础在于传媒竞争。

传媒即信息传播媒介。传播与媒介，多种多样；对于本书，传媒单指采集、传播新闻信息的大众传播媒体（Mass media），主要包括报纸、广播、电视和互联网等。传媒竞争是指传媒机构为追求各自的利益而争夺资源的竞争；它是传媒机构之间的市场竞争，以新闻内容为资源，以财富为核心目标。

传媒行业有一个口号"内容为王"，而内容的主要部分就是新闻，所以，传媒竞争实质就是新闻竞争。采集新闻、提供新闻既是传媒的工作内容，也是其经营、营利的过程；传媒机构投入巨资，只为采集并传播新闻，继而又以此赢得收益最大化。新闻因而具有交换价值，成为财产利益之载体。这就形成一个经济领域，即所谓新闻产业、传媒行业。所以说，新闻是传媒机构获取经济收益的资源，这便促使人们考虑所谓新闻产权，即新闻所具有的财产性权利。

所谓新闻，普遍认可最精当的解释是"新近发生的事实的报道"[1]。这个解释可以分解为三部分：新近发生的/事实的/报道，其中包含了新闻的三个要素：具有时效性的、事实性、报道。第一，"报道"意味着新闻是一种承载信息内容的表达形式、载体、符号，主要体现为文章、摄影、视频等；第二，"事实性"表明新闻是客观真实的事件、信息，而非虚构；第三，"时效性"意味着事件刚刚发生，而非历史。可以说，后两者决定了新闻的独特价值与本

---

[1] 陆定一：《我们对于新闻学的基本观点》，载《解放日报》1943年9月1日。

质属性，使之不同于文学艺术、历史或研究类成果，也决定着传媒产业的竞争点。

基于上述，传媒竞争的最核心内容就是要以最快速度向公众传播最新发生的信息；而广泛而深入的新闻竞争态势则是，每个媒体都要尽量发布独家的、全面的、深度的、最具公众关注度的事件、事实等。在这一过程中，抢新闻是必然的，而偷新闻也在所难免。于是，如何想方设法获取他人的新闻，同时又要防止他人获取自己的新闻，是每个媒体必须要考虑的竞争性举措。于是法律便应运而生：对恶性竞争提供预防性和救济性措施；而市场性的法治路径是民法，它为新闻赋予财产属性，以排除他人窃用新闻；在已有的民事法律框架下，著作权法已经被用作最重要的途径之一，另一种措施应该是更加灵活的反不正当竞争法措施。由此，本着为新闻赋予财产权益这一基本理念，基于新闻载体与成果的类型差异——如作品、信息、产品或制作等，立法通过不同的法律机制为之赋予不同性质的财产权，新闻产权由此可区分为如下三类：第一是新闻著作财产权，即新闻作品所享有的著作权，主要是财产性权利；第二是新闻传媒邻接权，即著作权法为新闻机构赋予的与著作权有关的权利；第三是新闻信息财产权，即不受著作权保护的信息所具有的竞争性权益。其中，新闻作品的著作权保护已通行于世，而新闻信息的产权保护依然是一个有争议的问题。邻接权方面，广播组织权已为国际社会普遍认可，我国著作权法还为期刊规定了一种出版者权；另一种则是前述欧盟指令、法国等立法为新闻出版机构增设的针对在线媒体转发新闻的邻接权。

（三）

如上所述，美国联邦最高法院虽然在国际新闻社案判决中对新闻信息产权作出了明确认可，但它提出的"热点新闻窃用原则"也历经褒贬。反对意见认为，事实信息一旦公开，应该成为公共品，任何人可以自由传播、使用。但是，就美国司法与学说的历史看，事实信息的公共性固然受到普遍认可，但支持新闻信息产权的观点也并没有被完全否弃；这一问题的关键在于，新闻信息财产权应在何种情况下，得到何种方式、何种程度的承认和保护。1918年国际新闻社案判决也不是突兀而起。此前在1876年的基尔南案中，美国法院第一次就类似诉讼做出处理。纽约州最高法院认为，如果某人在信息采集过程中付出了金钱和劳动，他就对该信息享有财产权益。❶ 到了1902年的全国电报新闻公司案，美国联邦法院第一次将窃用他人信息的行为视为不正当竞争。第七巡回上诉法院法官格罗斯卡普（Peter S. Grosscup）认为，原告的信息不受著作权法保护，但仍值得法律保护。❷ 该案所提出的理念对联邦法院后来的审判显然具有示范与促动性影响。

1918年国际新闻社案之后，热点新闻窃用原则至少在纽约州得到了较多的遵循，但联邦法院也不无犹疑。1936年的克沃斯案中，广播公司将他人报纸新闻用于本台的新闻广播，似乎明显不公，地区与上诉法院的判决意见却发生分歧，联邦最高法院最后以程序性理由驳回了原告诉求，而对它自己提出的窃用原则不置一词，给这一原则泼了一盆冷水。❸ 但在1965年的波茨敦案中，同样是广播电台窃用报纸上的新闻，报社的新闻窃用之诉却得到了法院的支持。❹ 后来，在电子媒体乃至网络媒体背景下，从美国篮球职业联赛（NBA）诉摩托罗拉案到巴克莱诉壁上蝇飞案，原告提出的新闻窃用诉求无论是否得到法院的支持，新闻窃用原则本身并没有被否认，而是不断得到阐明、发展。时至21世纪，在国际新闻社案百年之后，鉴于其新闻屡遭在线转发的局面，美联社对融文公司发起诉讼。最终，案件一锤定音，美联社目标达成：法院支持将新闻窃用原则适用于网络新闻聚合。❺

基于长期的司法实践，美国立法机构也曾试图将窃用原则法典化，并于

---

❶ Kiernan v. Manhattan Quotation Telephone, 50 How Pr. 194 (N. Y. Sup. Ct. 1876).
❷ National Telegraph News v. Western Union Telegraph, 119 F. 294 (7th Cir. 1902).
❸ KVOS v. Associated Press, 299 U. S. 269 (1936).
❹ Pottstown Daily News Pub. v. Pottstown Broadcasting, 247 F. Supp. 578 (E. D. Pa. 1965).
❺ AP v. Meltwater, 931 F. Supp. 2d 537 (S. D. N. Y. 2013).

2003 年提出了旨在禁止窃用的议案《数据库与信息汇编窃用法》。❶ 该法案第 3 条规定的窃用行为认定标准就完全脱胎于此前法院判决所形成的五要素测试标准：（1）原告以相当大的金钱或实践花费来采集、提供信息；（2）信息具有时效性；（3）被告使用该信息对原告的劳动与成果构成搭便车；（4）被告行为与原告具有直接竞争关系；（5）被告搭便车会大大降低原告生产或服务的积极性，从而严重威胁其业务的存续或质量。❷ 特别值得注意的是，虽然该法案第 4 条允许为新闻报道而使用他人信息，但是，如果被窃用的信息属于新闻机构采集所得，具有时间敏感性，且这些信息的商业性提供是双方长期从事的直接竞争业务，则信息窃用必须被禁止——这显然是在禁止新闻机构之间的新闻窃用。

不过，美国议会的上述议案未获通过。可以看出，新闻信息窃用原则的要义能够得到大多数人的理解和同情；但是，为这种新闻信息赋予某种确定的权利，这种立法体制也有令人担心的一面。在很多人的观念里，与新闻作品财产权相比，新闻信息财产权的正当性是有问题的；就像诸多案件的被告所主张的，若不能构成作品，新闻信息不受著作权法保护，就应该被自由转发、任意使用。在著作权法框架下，这一主张可以成立；而问题是，新闻信息不享有著作权，并不意味着它绝对地不受任何法律的保护。超出著作权法的圈子，立足于整个民法，甚至着眼于全部法律体系，基于公平这一基本原则，新闻信息相关的利益分配之平衡必须得到正视。

其实，作品与信息是两种平行并列的新闻成果，它们都需要新闻机构的投入；基于法律自身逻辑的严整性，著作权法仅保护新闻作品并不意味着所有部门法都不可保护新闻信息。回顾法律史可见，现代以前的法律并没有因为作品是作品而赋予它著作权；同样也可以说，现代法律为作品赋予著作权，其根本动因并非只因为它是作品。质言之，从古代到现代，著作权法从无到有，都只

---

❶ H. R. 3261 – Database and Collections of Information Misappropriation Act, 108th Congress (2003 – 2004).

❷ NBA v. Motorola, 105 F. 3d 841 (2d Cir. 1997).

是因为一个理由：产业实践中是否产生了利益分配的必要性。具体言之，著作权制度乃因产业利益分配之需而被创设；而作品作为客体性前提，主要是因为当初是作品的传播产生了利益分配的诉求，并基于作者是作品的源头。有鉴于此，当信息、新闻因传播技术而发展为一个行业，其利益属性日益凸显、利益纠纷频繁发生时，法律没有理由不关注新闻信息上的利益之争，没有理由罔顾新闻信息之产权的合理性。

所以说，在现代传媒产业高度发展、新闻竞争日益激烈的当代社会，基于市场竞争与利益分配的公平原则，法律应同等看待新闻作品与新闻信息的交换价值，并无所偏向地赋予财产权保护——虽然也要因保护客体与使用情境的特殊性而对具体的制度规则做出审慎选择。

（四）

按照现有的法律框架，新闻信息产权理念和保护机制已经隐含于其中，只需要我们进行必要的发现或推导。

或者说，保护新闻信息产权，在制定法上已有依据。就我国法律来看，首先，《民法典》第1条开宗明义称其立法目的是"保护民事主体的合法权益"，第3条又称，"民事主体的人身权利、财产权利以及其他合法权益受法律保护"。显然，如果说《民法典》第123条明定的作品之知识产权属于财产权利或人身权利，"其他合法权益"则属于该法没有明定其具体名称的民事权利和利益，范围模糊，但确定存在；由此，新闻信息产权具有了得到发现、承认的可能性：通过司法解释，尤其是通过特别法，完全可以将新闻信息产权视为"其他合法权益"之一种。[1]

其次，作为民事特别法，我国《反不正当竞争法》所保护的首要法益便是《民法典》上明定权利之外的合法权益，正如其第1条所规定，其首要目

---

[1] 与此类似，梁慧星教授曾试图以《民法通则》第5条作为保护电视节目预告表的法律根据，该条规定，"公民、法人的合法的民事权益受法律保护"。参见：梁慧星. 电视节目预告表的法律保护与利益衡量［J］. 法学研究，1995（2）.

的是"保护经营者……的合法权益";第2条又解释说,"不正当竞争行为,是指经营者在生产经营活动中,违反本法规定,扰乱市场竞争秩序,损害其他经营者或者消费者的合法权益的行为"。传媒机构属于该法规定的"从事商品生产、经营或者提供服务"的经营者,通过投资和员工努力,它采集并传播新闻,继而获得收益;由此,新闻信息作为劳动成果,也作为具有交换价值的商品,应该包含传媒机构的合法权益,因而也应该得到法律保护。

所以笔者认为,依据我国《民法典》和《反不正当竞争法》,新闻信息产权正是应受保护的传媒机构的合法权益。

不过,《民法典》和《反不正当竞争法》并没有为新闻信息产权进行定名,原因之一在于,此类财产性利益分布广泛,大多难以确定(至少暂时如此);而且,新闻信息之类的产权在性质上属于竞争性利益,具有相对性。在这方面,美国联邦最高法院在国际新闻社案判决中说,"关于新闻——作为双方当事人在同一时间和同一领域寻求赢利的材料,我们几乎不能不承认,在此意义上,在他们之间,它必定被视为准财产,而无关于任何一方针对公众的权利"。[1] 这就是说,与普通的对世性财产权不同,新闻信息财产权只在特定的竞争者之间成立一种权利与义务关系;由此,这种产权不得妨碍非竞争者利用有关新闻信息。并且,按照法院判决,因为新闻是具有时效性的信息,这种财产性权益具有时间性;也就是说,当某些信息不再是新闻时,它就失去了竞争性利益,其产权也就消失,其他媒体可任意使用。正是鉴于新闻信息产权的这种独特性,上述法院才称之为准财产。其实,《反不正当竞争法》所保护的是竞争背景下的合法权益,大多往往都属于这种准财产、有限产权,如商业秘密等。

(五)

新闻作品著作权、广播电视机构的邻接权保护已经是现行法律的通行做法,理应属于传媒机构之新闻产权的范畴,无须多论。在目前的国内与国际,

---

[1] INS v. AP, 248 U.S. 215(U.S. 1918).

这些领域也还有不少问题需要深入研究，而存在的最普遍争议大都关乎互联网。比如，网络深层链接、搜索引擎尤其是各类搜索引擎+、新闻聚合。在这方面，融文公司依据搜索引擎技术向用户提供新闻作品的做法超出了搜索引擎的范围，构成替代性使用，被美国地区法院判为侵权；在英国，融文公司向用户提供他人新闻作品的标题，尤其是摘要，被基层法院判为侵权；电视眼公司在线创建电视节目数据库，供用户搜索、观看、存档或转发，的确满足了广泛的公众需求，但美国上诉法院判定其侵犯了福克斯新闻网的著作权。❶ 诸多讼案都涉及创新性的新闻传播方式，也面临着新颖的法律问题，传媒竞争的正当、新闻产权的范围都有很多不确定性。

立法方面，欧洲进行着有益的探索和创新。本文开头已经介绍，基于当前传统媒体与在线媒体的利益之争，欧盟指令、法国等的立法已经为传统新闻出版者（主要是报社）设立了一项邻接权——新闻出版者权，这在立法上可谓一个创新。按照欧盟指令规定，它所保护的对象是新闻出版物（press publications），是主要由新闻性的文字作品构成的汇编物，包括报纸或期刊，其功能是向公众提供新闻信息。这种权利的内容是禁止在线服务商对新闻出版物内容进行在线复制、公开传播；欧盟指令同时规定，该权利不适用于个人使用、非商业使用、超链接、单独词语和非常简短的摘要等；其保护期为出版后 2 年。

可以看出，与一般性的著作权相比，这种邻接权在一定程度上接近于美国法院认可的新闻信息窃用（准财产）：它存在于具有竞争性的商业主体之间，时间很短。不过，以成文法为新闻传媒创设一项邻接权，比仅仅依靠司法裁定或反不正当竞争法保护更具确定性，对传统媒体更为有利。并且，这种邻接权似乎更能够名正言顺地被视为新闻产权。

其实，澳大利亚的立法尝试所能获得的效果可谓是在为传统报业提供一种名分不甚明确的新闻产权。按照其有待审议通过的法案规定，数字平台转发传

---

❶ AP v. Meltwater US Holdings, 931 F. Supp. 2d 537 (S. D. N. Y. 2013), NLA v Meltwater, [2010] EWHC 3099 (Ch), Fox News v. TVEyes, 43 F. Supp. 3d 379 (S. D. N. Y. 2014).

统媒体的新闻，必须首先与其进行价格协商；如未达成协议，政府部门将出面做出裁定。显然，这种强制性的授权使用机制即使没有创设名称确定的权利，依然为传统媒体提供了一种获利的机会。而知识产权、信息产权本质上也都属于法定的获利机会。

总之，不难看出，从美国法院的信息窃用原则、美国国会讨论的议案到欧盟的新闻出版者邻接权，再到澳大利亚实施的强制议价机制，都试图在新媒体环境下、在看似纷纭的新闻信息转发与借用的乱象中，为传媒机构提供一种新闻产权，为新闻生态创设一种秩序。

（六）

可是，这确实不是一件容易的事，也是一件必须谨慎对待的事。

美国法院百年前的新闻窃用原则虽仍然有效，但一直磕磕绊绊；2004年审议但未获通过的窃用法案至今也没有再被提起。传统媒体对"谷歌们"的做法一直感到苦恼但也无奈；欧盟指令要保护新闻出版者邻接权听上去颇为正当，却也一直备受争议，其未来之路恐怕难谓通达。其他国家，又能如何呢？

网络环境下，著作权保护问题同样充满了争议与不确定。

历史与现实都在昭示，为技术、作品或其他信息赋予独占性权利的做法，既是诱惑，又让人感到威胁，故务必谨慎。新闻的产权保护棘手问题更多，其中最令人担忧的问题是，新闻具有双重性。新闻是信息，又是商品；新闻的采编要花费金钱、投入劳动，需要智力创造，但新闻又影响着公共知情、公共舆论。所以，为新闻赋予排他性、垄断性产权会不会伤及公共的知情利益？反之，保障新闻的公共属性又如何能充分照顾到其中的私人利益？

正是在这种步履艰难中，新闻产权显示出重要而特别的法律实践意义与法学理论价值。

1. 新闻竞争、新闻财产与窃用原则的兴起

——美联社诉国际新闻社案（1918）

概 要

该案原告美联社（Associated Press）和被告国际新闻社（International News Service，以下简称"国新社"）都是通讯社，在世界各地从事新闻采集，再将其供应各地的报纸，供其出版发行，双方因此具有直接竞争关系。原告基于三种事由指控称，国新社贿赂美联社雇员在发表前透露其新闻、引诱美联社成员违反章程提供发表前的新闻、从新闻公告和早版报纸上复制其新闻，然后将其作为自己的新闻发送给其会员，供其出版。原告称这种抄袭行为构成不正当竞争。

该案历经三审。地区法院对上述前两项诉由批准临时禁令，将第三项诉由

留给上诉法院,上诉法院支持禁令。国新社上诉至美国联邦最高法院(以下简称"最高法院")。最高法院面对的焦点问题是,事实性的新闻信息有财产权吗?如果有,新闻一旦发表,这种财产权是否会继续存在?被告为商业目的从原告处挪用已经发表的新闻信息是否构成不正当竞争?联邦最高法院判决维持禁令,新闻财产权保护与被告之不正当竞争得到认可。布兰德斯大法官提出反对意见。❶

本案奠定了焦点新闻窃用原则。

◇ 背景与事实

当事人及通讯社业务

案件当事人都是通讯社,是美国新闻信息行业的竞争对手。所谓通讯社,是指专业从事新闻信息采集、发布的传播机构。它们以电子通信技术和其他先进手段快速地向报纸、广播、电视等媒介机构发布新闻和信息。通讯社的业务一般分成两部分:一部分是外部机构采集并发来消息;另一部分是编辑部加工信息,再以最快速的方式传递给客户。❷

提起本案诉讼的原告美联社,是一家根据纽约州《会员公司法》成立的合作性新闻机构,成员包括在美国各地出版的大约950种日报。原告依靠自己的资源、雇员以及各种手段,在世界各地采集时事新闻信息,每天向其成员发布,供其在报纸上发表。原告每年为此支付的费用约350万美元,由成员承担,属于其运营成本的一部分,再通过它们出版的报纸收回,并大致可以盈

---

❶ 本文撰写依据美国联邦最高法院判决意见以及霍姆斯法官的附议和布兰德斯法官的异议,International News Service v. Associated Press, 248 U.S. 215 (1918)。

❷ 参见童兵《新闻传播学大辞典》有关词条解释,童兵. 新闻传播学大辞典 [M]. 北京:中国大百科全书出版社,2014.

13

利。根据原告的章程，其每个成员都同意，通过原告获得的新闻仅供会员发表在指定语种和地点的报纸上，不许做其他用途；任何成员自己不能也不得允许其雇员或相关人在出版发行之前向任何非成员提供这些新闻。另外，每个成员都应该采集其所在地区的当地新闻，并将其提供给美联社，且不得提供给其他任何人。

被告国际新闻社是根据新泽西州法组建的公司，业务是采集并向其客户销售新闻信息，客户包括在美国各地出版的报纸；依据合同，客户在规定时间内获得被告服务并为此支付费用。被告拥有分布广泛的新闻收集机构，运营成本据说每年超过200万美元；成员包括美国内外不同城市的约400家报纸，其中一些报纸还是美联社的成员。

美国大约出版了2500种日报。其中约1/3报纸的国内外新闻来自原告美联社。美联社是一家非营利性公司，它不出售新闻，而只作为由众多报纸以共同费用自我供应新闻的手段。非美联社成员的美国报纸主要依靠营利性机构来获取新闻，被告国际新闻社便是这种营利性机构，它向大约400家报纸提供新闻。像美联社一样，它在国内外派有办事处和记者；它每年用于收集和传播新闻的开支大约是200万美元。

双方当事人在全美新闻传播领域有着十分激烈的竞争；且它们在几个地区所服务的报纸之间通常也是如此。

原告和被告分别在诉状和答辩中以几乎相同的措辞阐述了新闻通讯社业务运营的基本状况和环境。通讯社业务的价值取决于信息传播的准确性、快捷性和公正性；其至关重要的是，新闻应该尽快向成员或订户传发，或者说要尽量早于其他新闻机构提供的类似信息，并且各机构所供应的新闻不得被提供给没有支付费用的报社。对此，被上诉人答辩称："对于现代报纸的运作，快速获得并发布世界范围的新闻至关重要，而且由于采集和发布新闻伴随着巨大的投资，报纸所有者获得新闻的唯一可行的方法是，要么与大批其他报纸所有者合作从事新闻收集与发布，并与其公平分摊费用；要么向从事此类业务的已有机构购买新闻。"这里所言，正是当时新闻通讯社业务的两种模式，原告与被告就分别属于这两种模式。

涉案问题

起诉中,原告指控被告以三种方式窃用原告的新闻:第一,贿赂原告成员报纸的雇员,在出版前向被告提供美联社的新闻,通过电报和电话传输给被告客户,以供其发表;第二,诱使美联社成员违反其章程,在出版前向被告透露美联社新闻;第三,通过从原告的公告栏(bulletin boards,或称新闻快报发布栏)和早版报纸上复制新闻,再将整个或重写之后的新闻出售给被告的客户。

经过各方面的查证与审议,地区法院就上述前两项诉求颁发了临时禁令,但拒绝禁止上述第三种做法。地区法院表示,它确信这种做法构成不当经营,但该案提出的乃是无先例可循的(first impression)法律问题,是否批准禁令应等待上诉的结果。双方均提出上诉后,巡回法院维持了一审禁令,并基于原告上诉对它做出修改,将案由发回重审,同时指示发布禁令,禁止在原告新闻失去商业价值之前做整体性的获取行为。再后来,联邦最高法院同意发布调案令复审该案。

最高法院指出,该案争论的焦点问题是,被告以向客户销售为目的,从原告或其成员发布的公告或已出版的报纸上挪用新闻,依法是否应被禁止。原告美联社的基本观点是,被告窃用的新闻信息属于财产,因为其生产需要花费金钱和劳动力,且因为它有价值,他人愿意为此付钱;只要它作为新闻具有商业价值,就依然是财产并有资格受到保护;为了在它保有价值时得到有效保护,被告必须被禁止对它进行牟利性使用或促使此种使用。总之,被告的行为侵犯了原告对于新闻的财产权,构成商业上的不正当竞争。最高法院认为,该案提出的更深层的实质问题是:(1)新闻中是否含有财产;(2)为了发表而采集的新闻如果含有财产,当其发表之后,该财产是否还继续存在;(3)为了商业目的,该案被告挪用原告的新闻公报或较早出版物上的新闻内容,是否构成商业中的不正当竞争。

另外,该案之联邦管辖权得到了三审法院的承认。一方面,原告的新闻不享有版权,因而该案不能依据联邦《版权法》取得联邦管辖权;但在另一方面,由于该案当事人符合身份多样性(diversity of citizenship)要求,联邦法院拥有管辖权。

◇ 联邦最高法院:财产、准财产、不正当竞争

在考虑有关新闻的财产权问题时,最高法院首先强调了其两面性,即将新闻区分为信息内容(substance)和作者所采用的特定形式或词语组合。其用意在于说明,前者不受版权保护,而后者受版权保护。

一方面,最高法院指出,新闻文章常常具有文学的品质,在普通法上属于文学财产的客体;而按照现行立法,这样的文章作为文学成果,属于版权的客体。在巡回法院的早期案例中,第二巡回法院汤普森法官1829年曾裁定,报纸不在1790年和1802年《版权法》的保护之列。[1] 而1909年《版权法》的规则范围更宽,它规定,可被赋予版权的作品应包括"作者的所有著作",并具体提到"期刊,包括报纸"。显然,这是对报纸稿件之版权保护的认可,新闻也可能涵盖在内。

但在另一方面,"新闻要素——文字成果中所包含的有关当前事件的信息——不是作者的创作,而是通常属于公共领域的事件报道;它是当天的历史"。美国宪法授权国会"通过在一定期限内保障作者和发明者对各自的著作和发明享有排他性权利,以促进知识和实用技术之进步"(Const., Art I, §8, par. 8),这明确表明,立宪者"不希望对可能碰巧首先报道某历史事件的人授予一定时期内传播其知识的排他性权利"。

根据案情,最高法院没有在审理中讨论版权问题,因为被窃用的新闻不具

---

[1] Clayton v. Stone, 2 Paine, 382, Fed. Cas. No. 2, 872.

有作品属性，不属于版权之客体；它认为也不必考虑未发表作品上的一般财产权问题——作品所有人可禁止他人擅自发表的普通法权利，因为案件不涉及发表的限制问题。该案涉及对象是不具有版权、已经发表，但还具有价值的新闻的窃用。所以，最高法院强调，这个案件所涉及的，是商业上的不正当竞争问题。

为分析不正当竞争问题，最高法院考虑了新闻业务的独特属性。新闻的独特价值在于当其新鲜时能够得到传播；新闻所具有的财产利益因而就不能依靠保密，而必须通过公开来获取；同时，时事新闻可被视为公共财产（common property），除非是那些被不当披露、受托人违反信托或保密义务而发表或违反法律而发布的内容，而该案不涉及这些情形。该案双方所从事的业务正是公开发布新闻。该业务需要维持一种迅速、确定、稳定和可靠的服务，从而以一定的价格将每天发生的事件摆上人们的早餐桌；对于每个普通人，该价格可谓微不足道，而总计则足以补偿采集和传播的花费；而为了激励商业界积极参与，额外盈利又是必要的回报。另外，为报纸读者从事这样的服务本身是一项正当且有益的事业，值得法律保护。该案中，双方当事人是同一领域的竞争对手，根据普遍适用的基本原则，当一方的权利可能与另一方发生冲突时，各方在开展自己的业务时都有义务避免不必要地或不合理地损害另一方。否则就有可能涉及不正当竞争问题。

什么是商业上的不正当竞争？这一问题的回答需要参照具体的商业性质和境况；并且，最高法院通过区分两类财产权关系来切入这一问题。按照最高法院的观点，通常所谓财产权是权利人相对于公众的权利，即对世权；而另一类则是特定当事人相互之间的权利关系，可谓之相对性权利。而该案原告所要求保护的，类似于后者，即原告相对于被告的权利。基于这一分析框架，不享有版权的新闻内容一旦被首次发表，任何人都不能再就该新闻拥有针对公众的财产利益，但这绝不意味着特定当事人双方之间也没有任何财产利益存留。因为，对于特定双方来说，新闻内容即使难以具有绝对意义上的所有权或支配权，也都属于商业资源，像其他任何商品一样，其采集需要各种投入与花费，并被发行、出售给那些愿意付钱的人。因此,最高法院承认,"关于新闻——作为双方在同一时间和同一领域寻求利润的材料,我们几乎不能不承认,在此意义上,在它们之间,它必定被视为准财产(quasi-property),而与任何一方相对于公众的权利无关"。

衡平法院只关心财产权保护,这一规则将任何金钱性质的民事权利都视为财产权。通过诚实劳动或合法经营行为获得财产的权利,就像对已获得的财产进行捍卫的权利一样,都应该得到保护。在普通的不正当竞争案件中,正是这一权利为司法管辖权提供了依据。就该案来说,新闻本身是否包含一般性的、绝对性的财产,无关紧要;该案争讼对象包含了相对性的准财产,并支持着衡平法管辖权。最高法院的观点显然是,在具有竞争关系的市场主体之间,一方侵犯另一方的准财产利益,就构成不正当竞争。

就此问题,最高法院诉诸案例法史以寻求佐证。其判决指出,该案以向未有过的精确形式展现了一个曾被多次提出的老问题:为了出版发行而尽力且投资于新闻采集的人,是否对其出版享有禁止他人干涉的利益。在芝加哥证券交易所诉克里斯蒂案❶中,原告收集交易价格行情,并依据合同保密条款传发给许多人,但禁止向公众发布。最高法院认为,原告的行情表汇编有资格受到法律保护;就像商业秘密一样,原告可以自我保留其投资完成的工作成果,也不因向他人(即使很多人)传播而丧失其权利,只要是依据保密合同、传播给与它有保密关系的人;而第三人通过诱使当事人违反诚信已获悉的,应被禁止。在国家电话新闻公司诉西部联盟一案❷中,一家电报公司从事的业务是收集和传输信息,其中仅包含最新事件的符号,因快速传输和发布而具有短暂的价值。法院认定该内容是一种商业性而非文学性的成果,不享有版权;同时又裁定这项收集并传播新闻信息的服务满足了独特的商业需求,在某种意义上具有财产属性,有资格受到衡平法保护,禁止他人盗用。

---

❶ Board of Trade v. Christie Grain & Stock Co., 198 U.S. 236 (1905).
❷ National Tel. News v. Western Union Tel., 119 Fed. Rep. 294.

这种准财产的正当性表现在：一方面，新闻信息的采集和传播需要大量投入金钱、技能和努力，以及精心的组织；另一方面，基于新闻对公众需求的满足及其新颖性，无论是对于新闻的收集者还是对于从事竞争业务并可能实施盗用的人，新闻都具有其交换价值。由此可谓，承认新闻中的财产利益正是对新闻之交换价值的认可，是对正常市场竞争的维护，也是对投资者的合理回报。

对于该案情形，被告的核心主张是，原告成员经过原告准许、为传播目的使用其新闻，通过公告栏发布而让所有人可以阅读，或者通过报纸自由发行，从而就实现了公开传播。报纸发行后的新闻将成为一切获得者的共同所有物，而原告将再也无权控制其进一步的使用；报纸的购买者都有权为了任何目的向任何人传递其所包含的信息，即使为了营利而将信息出售给那些与原告成员竞争的营利性报纸。对此，最高法院指出，被告推理中存在的问题在于，它仅仅考虑了原告对于公众的权利，而没有考虑到原告对于被告即商业竞争对手的权利。单份报纸的购买者固然有权为了任何合理合法的目的随意传播其内容；但是，为了与原告竞争的商业目的传播新闻，则与此完全不同，被告不能以前一种情形中的法理来证明后一种行为的正当性。被告并不能事实上也没有否认，它从原告处提取的新闻正是源自原告的各项付出；原告可以销售其新闻以获利，而被告之挪用并作为己物予以出售，显然是企图坐享他人之成。这一过程相当于未经允许而干预原告正当业务的正常运作，而且恰恰是在原告方即将收获利润的时间当口儿，目的和结果是将原告本应获取的利润转为己有。因为被告没有为这些新闻的采集负担任何费用，同时却因此而获得特别的竞争优势。"这种交易行为本身不言自明，衡平法院应该毫不犹豫地将其定性为商业中的不正当竞争。"

最高法院还试图揭示更深层的法律原则，这也正是信托法中衡平对价理论的基础，即合理付出代价的人理应对财产进行有收益的使用。不能说原告为之付费的东西过分短暂且难以捉摸，因而就不能成为财产的客体。在衡平法院，当问题涉及不正当竞争时，如果原告以相当的代价合理获得的东西可以相当的利润正当出售，那么竞争者为了自己营利实施窃用并置原告于不利的，就不能反过来说这些东西因过分短暂或难以捉摸而不能被视为财产。实际上,"对于判定竞争者因违反良知而实施的窃用属于不当竞争来说,它具有财产所必要的一切属性"。

新闻一旦被首次发表,它便被完全弃于公众了吗?最高法院认为这种说法是不能成立的。法院认为,放弃是一个意图问题,而美联社整个组织否定有这一目的。如果回报相当有限,其服务成本便会高得令人望而却步。没有一家报纸、没有任何小报业集团能够维持这样的花费。而被告所提出的辩论难免导向这样一种结果:允许竞争者为营利而任意窃用他人采集的新闻,会使新闻采集与服务无利可图或几无收益,从而扼杀这项服务。新闻采集业务的实际需要要求已经体现在原告的章程中。因而,为了维系(美联社这样的)新闻采集服务,发表新闻在任何意义上都不能被视为对世性的放弃,而是为了有限目的的发表,是为了公告栏和报纸自身读者的利益,而不能造成原告其他成员丧失就其支出获得合理回报的机会。

当然,同时,法院并未忽视,上述观点不能也不会造成原告垄断新闻采集或传播,或者赋予原告无须版权法即可阻止他人复制其新闻文章的权利;这仅仅是推迟竞争对手借用他人新闻的过程,并在必要程度内阻止竞争者收获原告的劳动与投资成果,防止"使用自己财产时不得损害别人财产"(sic utere tuo)这一格言背后的基本原则被违反。

该案还对不正当竞争案件的构成进行了简要探讨。被告一方有一种辩解意见称,不正当竞争案件最常见的(若非最典型的)特征是,被告将自己的商品假冒是来自原告的商品。❶ 而该案被告的行为与此不同,它是以自己名义对外提供它窃取的新闻,因而不具备不正当竞争的要素。但最高法院指出,衡平法的救济不应仅限于某一种案件类型。甚至可以说,该案原告权利遭受的欺诈更加直接而明显。被告行为与普通商品活动中一般不正当竞争案有所不同,即被告没有将自己提供的信息冒充为来自原告,而是以窃用代替假冒,作为己物

---

❶ Howe Scale v. Wyckoff, Seamans & Benedict, 198 U. S. 118, 140.

出售了原告信息。但无论如何，竞争双方都将新闻信息作为商品，商业经营中的一种准财产；而被告行为是窃取原告的信息——商品，作为自己的商品进行销售营利。除了窃取，该案被告还实行了模仿、欺诈，常常改写原告的新闻文章并附带自己的评论。事实上，被告整个系统性做法等于是向客户和报纸读者实施虚假陈述（false representation），即假称所传新闻是被告自己实地调查的结果。

上诉法院对地区法院的禁令提出了批评。该禁令禁止被告从原告或其成员发布的公告或从其出版的报纸上整体性或实质性地获取或牟利性地使用原告新闻，"直至其作为新闻的商业价值对于原告及其所有成员而言已经消失"。但是，这一禁止是否无时间限制？更好的做法可能是对禁令条款进行具体化，从而将这种限制限于某种合理的程度范围，只要能达到合理保护原告报纸的目的即可，这就是，在特定区域、在出版后的特定时间内，防止被告盗取新闻做竞争性使用。不过，做出一份具体的禁令是有难度的。

最高法院最终裁决维持巡回法院的判决。

◇ 霍姆斯法官附议：反向假冒与说明出处

在同意法院多数派意见的同时，法官霍姆斯（Holmes）附议指出，他希望原告获得的救济被限于将其窃用新闻归于原告名下。大法官麦肯纳（McKenna）也附议了这一观点。

不受版权保护的单词组合发表之后，其中不存在禁止他人复制的一般性权利，即单词组合或者单词所表达的思想或事实没有财产。保护财产有赖于通过法律排除妨碍；财产是一个法律创造物，并非产生于价值，即使它可以被交换——这是一个事实问题；许多可交换的价值可能受到他人的故意破坏，但无须补偿。词语组合即是如此。人们不能仅因为有人曾使用过某个单词组合就不

21

得再使用它,即使该组合的产生曾耗费了才能和劳动。进而,若要禁止一个人使用他人制造的词语,就必须寻找其他理由,有一种理由被模糊地表述为不正当交易。霍姆斯在此指的是商业竞争中的假冒行为。这就是,商业竞争对手以某种方式复述了某词语,挪用了最先使用者已获得的信誉,从而做出假称,对最先使用者造成实质性伤害。一般性情形是,被告通过图案、外观或其他间接方式表示自己提供的商品来自原告。但是,这种假称之所以可诉,其唯一理由是这往往会使被告在与原告的竞争中占据优势,而如此获得优势被视为不良行为。除此之外,被告可以随其所好地使用非专利设备和没有版权的词语组合。霍姆斯认为,构成不正当竞争的普通假冒是被告将自己的产品假冒为原告产品,而同样可构成不正当竞争的行为可能来自反向假冒(opposite falsehood),即无论是以词语还是通过暗示,被告将原告的产品作为被告自己的产品。该案情形就是这种反向假冒。

新闻的获取需要企业花费。一般来说,被告提供新闻意味着这些新闻是由被告的企业采集获得,并为之付出了费用。而当新闻来自美联社时,通常就要标示这一来源,清楚地表明归属。原告与被告同时制作新闻,被告的表示方式暗示性地否认了归属于原告的信息采集,并让人认为其归属于被告。到了西部城市,原告反而会被认为是从被告那里获得了信息。霍姆斯认为,与普通的不正当交易案件相比,这种伪称更显微妙,伤害更为间接;而谴责一种做法的原则也谴责另一种做法。诈欺的存在便意味着法律救济的必要。不过,霍姆斯指出,在没有明确的立法规定的情况下,可被支持的指控理由只能是暗示性的虚伪陈述,而指明真相即可使之得到纠正。所以,原告对被告所能要求的,只能是恰当承认消息的来源。最高法院应该判决的是,对于来自原告美联社的新闻,被告如果不能明确指明新闻来源,就应被禁止在原告发表新闻之后的几个小时内发布;而具体的时间长度和说明方式由地区法院做出裁定。

◇ 布兰德斯法官异议：无先例、慎禁令

在其提出的反对意见中，布兰德斯法官承认该案不涉及版权，而只需要考虑这样一个问题：对于被告以合法手段（即通过阅读公告栏或公开市场上可购买的报纸）获得的原告美联社的新闻，因为这些新闻是由原告美联社采集，对其成员仍有价值，或者因为国新社挪用新闻而没有披露其来源，是否就应该禁止国新社营利性地使用或提供给他人使用？这是一个崭新的也很重要的问题，全无先例可循。

布兰德斯首先对非物质成果之财产权的一般法理做出简要阐明。新闻是最近发生事件的报道。通讯社的职责是系统地收集这些事件的信息，并发布其报道。针对美联社有关新闻财产权的观点——新闻信息的采集需要花费金钱和劳动力，具有商业价值，因而有资格作为财产受到保护，布兰德斯指出，个人财产的一个基本要素是法律权利，可排除他人享用它。"如果财产是私有的，排他性权利就可能是绝对的；而如果财产受到公共利益的影响，排他性权利便是有条件的。"比较而言，智力成果固然耗费了生产者的金钱和劳动，并具有他人愿意为之付费的价值，但这一事实并不足以确保它具有财产的这一法律属性，即法律权利。"普遍性的法律规则是，最尊贵的人类成果——知识、经确定的真理、概念和思想——在向他人自愿传播之后，就变得如空气一样自由，可供共同使用。只有在公共政策有要求的情况下，这些非物质性产品才能在此类传播之后继续保有财产的属性。"这种例外情形被限于包含创造、发明或发现的产品。实际的法律状况是，被普通法承认为财产的创作是文学、戏剧、音乐和其他艺术创作；它们也都受到版权成文法的保护。发明等只能通过成文法才能被赋予这种财产属性，且属于少数产品。法院在其他情况下也可以介入，以防止他人限制原告享用其非物质成果，其中获得救济的权利通常只在特殊意

义上被称为财产权。其中，原告并不拥有保护其作品的绝对权利，而只拥有免受他人伤害的有限权利，具体情形是被告具有特殊的关系，或者是以非法方法或手段获悉，或者是信息被使用的方式有问题。当违反合同或信托或因不正当竞争而发生诉讼的时候，这种性质的保护就会被提供。

布兰德斯有关非物质成果保护的观点可以概括为两个方面，第一，只有在法律已经明确认可的情况下，非物质成果才受绝对性的财产权保护；第二，在某些特殊情势下，当被告负有某种相对性义务时，故意违反义务的行为才可能侵犯原告的特殊财产权。而该案所寻求保护的对象不是此前法律已经赋予财产属性的信息类型；并且，被告获取或使用这些信息的方式、应用的目的向来没有被视为可以赋予原告获得救济的权利。

第一，原告作为理据的行情报价器（ticker）案不能用来支持原告的诉求，因为这种判例准予救济的行为违反了有关新闻利用的合同或信托，并不支持新闻享有普遍财产权。在克里斯蒂一案中，❶ 法院认为，原告证券交易所依据信息不公开合同将有关行市信息表传递给与自己有保密关系的人，（即使是很多人）也不会丧失它对该信息享有的权利；无关的第三人不得通过引诱他人背信的方式获取信息或利用通过背信获得的信息。可以合理地说，在这种情况下，如果他人与原告的合同得到遵守，在原告取得回报之前，这些信息不会成为公共财产。在最高法院，与该主题有关的另一案例是亨特诉纽约棉花交易所案，❷ 其判决意见虽然提到了行情表的一般财产权保护，但其案情与克里斯蒂案基本相同。布兰德斯提到，在各级法院的众多判例中，无论法院如何表述，其真正的原则正是克里斯蒂案判决所阐明的，即受到保护的行情表汇编就像是商业秘密一样。在迈尔斯医疗公司诉帕克公司案中，该法院这样提到商业秘密的保护："通过分析和实验正当发现它的任何人都可以使用它。但原告有权防止其权利因欺诈或者违反信托或合同而受到侵犯。"❸

---

❶ Board of Trade v. Christie Grain & Stock, 198 U.S. 236.
❷ Hunt v. N.Y. Cotton Exchange, 205 U.S. 322.
❸ Dr. Miles Medical v. Park & Sons, 220 U.S. 373.

比较而言，该案被告挪用新闻的行为如果违反美联社与其成员之间的任何协议，类似于上述"行情报价器"案的问题就可能会出现。但该案原告并没有指称被告挪用新闻有这种非法情形，或者说报纸是由订户非法发行。相反，各方都承认，新闻公告栏和报纸都是根据原告的规定发布的。在这种情况下，对于报纸或新闻快报公告栏的读者来说，有偿获取和使用其中所含信息并不涉及诱使他人违反合同或信托，也未实施或以任何方式唆使违反保密义务。

第二，原告所依赖的某些案例判决认为，生产者防止他人复制的普通法权利不因文学作品的私下流通、发表演讲、展出绘画或表演戏剧或音乐作品而丧失。其依据的理由是，尽管已有有限的传播，在其依据版权成文法或其他缘由被呈现于公众之前，普通法承认其财产持续存在。但这种保护是有条件的。无论是依据普通法还是版权成文法，(1)智力成果只有在表现出创造者智力的情况下，才有资格得到这种保护。而孤立事件的单纯记录不涉及艺术技艺，都不受到此种保护。(2)智力成果确保获得这种保护的要素不是作品所表达出来的知识、真理、思想或情感，而是它们得以表达的形式或顺序，即线条、颜色、声音或词语的某些新搭配（collocation）。而作者的学说、建议和思考，或创始者的系统、计划、方法和安排，都不能获得保护。

新闻在严格的意义上不属于财产。在一个案件中，❶原告是展品的拍摄权受让人，被告拍摄了展览照片并正要发表，原告申请禁令但被法院驳回。法院称，展览现场土地的所有权可让业主排除或者允许他人基于其同意的条件实施拍照（该案中没有施加这一条件），除此之外，业主并不拥有拍摄展览的排他性权利，因而也不能授予这种权利。法院还进一步指出，不管对进入场地的人规定了什么条件，如果被告位居房屋之顶或在某个可以拍摄展览的位置且不干扰原告的物质财产，原告都无权阻止他。当原告制造被记录的事件时，如果他对该事件之新闻（该案中的照片）并不享有排他性的首次发布权，那么就没有理由表明他应该对他只是简单记录并向世界传播的事件（events）享有此种

---

❶ Sports and General Press Agency, v. "Our Dogs" Publishing, [1916] 2 K. B. 880.

保护，即使其时间和金钱花费巨大。

第三，如果新闻被视为具有文学财产而非商业秘密的特征，依据有关文学财产的既有规则，包含此类新闻的普通报纸或公告应作为出版物发挥作用，新闻中的一切财产就因出版发行而终止。原告反对这一结论，它所依据的案例认定，不受版权保护的智力与艺术财产不受私下流通或有限出版的影响。原告认为，每一期每一份报纸中都有一个暗示性的限制，即该新闻不得在与美联社或其成员的竞争中被用于牟利性行为。这种观点并无根据。如果某出版物实际上只是一份普通的出版物，即使是明确的限制使用的说法也是无效的。换言之，一项普通的出版已将文学财产有效地奉献给了公众，而不管其所有者的实际意图如何。❶ 并且，原告所依赖的只是涉及演讲、戏剧和音乐表演以及艺术展览的案件，其中没有可与日报发行或无限制的公告发布相类比的普通印刷出版物。这些案件的处理原则与印刷复制件发行的处理原则应该有所不同，因而也不适用于该案。

第四，原告主张并被法院多数派作为裁决依据的理由是，被告在未自担成本的情况下挪用了原告创造的价值，且没有指明来源，即被告具有"搭便车"行为。布兰德斯指出，为了谋利而占用他人提供的信息成果，不做补偿甚至不承认来源，可能不符合道德礼仪。但法律此前一直认可这种做法，除非有前述例外情形。人们习惯上认为，一个人通常可以以任何形式制造、销售任何东西，可以准确地复制他人制造的东西，或者可以在未经同意、不予补偿的情况下使用他人的想法，而不会造成法律上的损害。❷ 一般来说，一个人完全有自由以合法手段去发现他人的商业秘密——不管它多么有价值，然后对其做牟利性使用，尽管原所有者为收集或生产花费了大量精力和金钱。

可以说，布兰德斯的观点可概括为：占便宜并不意味着违法，不一定构成侵权。

---

❶ Jewelers' Mercantile Agency v. Jewelers' Publishing, 155 N. Y. 241.
❷ Flagg Manufacturing v. Holway, 178 Massachusetts, 83.

将竞争认定为非法是需要条件的。基于公共政策的原因，法律拒绝为某种成果赋予财产属性；从他人处取得并牟利性使用此种成果，不会因为它本属于竞争对手并用于竞争而变为非法。迄今已被法律认可为救济依据的竞争的不正当性在于商业行为的方式或手段，具体而言，它应涉及欺诈或强迫或法律禁止的其他行为。在最普通而典型的不正当竞争案件即假冒案件中，非法行为往往是通过言语或行为诈称被告的货物是原告的货物。❶ 在其他案件中，贸易转移（diversion of trade）的实现往往是通过某种胁迫，或引诱违反合同或信托，或诱惑雇员。在其他一些被称为假冒竞争的案件中，准予救济是由于被告目的非法，也就是说，被告并非为了竞争，而是要故意和肆意破坏原告的业务。

竞争也不会仅仅因为不劳而获被认定为法律上不正当，即使为此牺牲了对手的利益。法院曾指出，法律允许、事实上是鼓励人们追随先行者进入一个新市场或制造他人新创的产品，谋求主要可归功于冒险先驱之劳动和花费的利润。在 Canal Co. v. Clark 等案中，有人通过其产品使一个城市变得闻名，但他必须要与他人共享由此带来的生意，而他人也许正因此之故才找到那里。❷ 以自己的名字成为质量保证的人，当同名者也许正因此故而从事同样的行业时，并不侵权，只要他能采取预防措施，以防公众受骗。一个人的名字因他人而闻名，可以享用由此带来的好处，即使这种享用可能会损害对该名字赋予价值的人。❸

行为上，国际新闻社获取并使用美联社新闻的方式显然都无可非议。一方面，国际新闻社从公开市场上人人可以购买的报纸或公开发布的公告中获得原告的新闻。其间，被告获取新闻的行为不含有违约，像希区曼诉米切尔一案中法院认为的那样❹；也没有违反信托，如莫里森诉莫埃案所出现的那样❺；也

---

❶ Hanover Milling v. Metcalf, 240 U. S. 403, 412–413.
❷ Canal v. Clark, 13 Wall. 311.
❸ Brown Chemical v. Meyer, 139 U. S. 540.
❹ Hitchman Coal & Coke. v. Mitchell, 245 U. S. 229.
❺ Morison v. Moat, 9 Hare, 241.

不涉及欺诈和强迫。另一方面，被告使用这些新闻的方式也无可非议。无论是向订户传送新闻还是在报纸上发表新闻，都没有以文字或行动提到过美联社；无论是国际新闻社还是其订户都没有从美联社的声誉中获得或试图获得特别的商业利益。只不过，他们在使用的同时没有给予补偿。但他们的所作所为是合法的，因为他们使用的对象不是财产，且他们与美联社没有任何约束性的关系。

代表原告的意见还认为，被告没有把美联社标明为其获得新闻的来源，这是一种诈称行为，可为原告提供救济依据。但布兰德斯认为，被告及其订户与美联社没有任何关系，不负有披露新闻来源的合同义务，同时也没有任何法律规则要求人们在复制无版权内容时要标示其来源。原告方还指出，国际新闻社误导其订户相信它自己是所传新闻的原始采集者，然后又进一步误导读者。而事实上，被告并没有任何这样的表示。信息来源有时会因合同要求而被提示；有时因为提示来源会让一个信息具有权威性；提示来源有时是为了摆脱传播新闻的责任。但国际新闻社未提示信息来源并不表明什么。

就被告之目的而言，国际新闻社使用美联社信息的目的在法律上也没有可非议之处，因而没有任何东西可以为救济提供依据。被告仅仅是为了迅速向其订户供应一切可得新闻而取用原告新闻，而不是为了损害美联社的业务，不是为了转移其业务，也不是要通过减少自己的花费而将原告置于不利地位。该法院就此已经宣称，该诉讼的提起实质上是为了美联社成员的利益，它们才应该是适格的当事人，而原告只是代表他们的利益提起该案。实际上，禁令带来的保护似乎并非指向原告新闻社的业务；因为该新闻社只是几百家报纸收集和发布新闻的工具，既不出售新闻，也不谋求利润。要受到保护的正是这些报纸；而提供的保护并非要防止被告的竞争，而是针对被告所服务的报纸的竞争。并且，对美联社成员的保护仅仅在于否认其他报纸使用有关新闻信息的权利——而某些信息采集者此前已（经相关者授权）将该信息提供给公众，但法律否认其财产属性。

被告方认为，美联社花钱购买的东西太容易消逝，因而在普通法院不能被认作财产。就双方当事人的情形而言，其中没有什么能够阻止被告这样说。该案没有显示衡平法所有权或违反信托的因素。在这样的案例中，诉诸衡平法院唯一可能的理由是法律给予的救济不够充分。而如果原告没有法律上的诉由，诉讼必然会失败。❶

第五，当时全国性新闻机构发展迅猛，信息传输手段进步巨大，美国领土广阔，这让新闻机构很容易就能无偿取用他人的信息成果，并在与原采集者的竞争中做牟利性使用。布兰德斯承认，这种做法显然具有不公平性。但是，对此施予法律救济不能只是将现有法律规则适用于新的事实，而需要创制新的规则。不成文法具有发展的潜力，并常常通过诉诸类比或扩张规则或原则来满足司法上的新要求，这在问题相对简单的情况下通常是足够的，就像仅涉及私人利益时可能面对的那样。但是，随着社会的日益复杂，公共利益正变得无处不在，司法需求提出的新问题也已不再单纯。此时，法院创设或承认一项新的私权可能会对公众造成严重损害，除非该权利的界限得到明确的界定和明智的保留。而为了协调新的私人权利和公共利益，有必要为其享用设立限制和规则，并要为该规则之实施提供管理机制。正是基于这一原因，为满足文明的迅速变化对司法提出的许多新要求，诉诸立法的频率近年来越来越高。

该案原告所主张的规则会导致财产权的重大扩展，并对知识和思想的自由使用带来相应的限制。该案事实提醒我们，承认新闻具有这样一种财产权而不对新闻采集者施加相应的义务是危险的。美国的大多数报纸以及大约半数的报纸读者都依靠美联社之外的机构获取他们普遍关心的新闻。而案件的背景事实是，国际新闻社以及大约400家报纸获取公众极其关心、有关欧洲战事的新闻的通道突然被关闭了，而此举并非因为它不愿意支付收集新闻的费用，而是因为外国政府禁止它获取各国新闻，禁止它使用有关电报线路。无论因何之故，这一禁令是完全不应该的，400家报纸及其读者是无辜的。无论因何之故，国际新闻社都可能会通过与美联社协商，以寻求暂时获得后者的新闻服务。无论

---

❶ Levy v. Walker, L. R. 10 Ch. D. 436, 449.

因何之故，国际新闻社的全部400家订户对此如果能够获得选择权，他们都会乐意成为美联社的成员。同样有可能的是，这些报纸大多数读者的境遇使他们不可能及时获得美联社提供服务的报纸。外国政府的禁令也可能被扩展到非美联社服务的其他1000多家日报获取新闻的渠道，其大部分读者也可能遭此境遇，以致无法迅速获得美联社所服务的报纸。

对于立法机关，当它试图颁布法律让新闻机构有权阻止他人挪用新闻信息时，应考虑各种有关事实和可能性，并进行适当的调查。美国立法机构应该会同意，除非愿意接受其他比试图纠正之恶更大的恶，新闻挪用所带来的明显不公是不可能被消除的。其实，这基本上就是美国立法部门的意见。比如，参议院此前曾讨论过的一项法案试图赋予新闻几个小时保护，其中规定，"在美国或其领土上出版的任何日报或周报，或者日报或周报之联盟，对该日报或周报之内容，或该报纸联盟所收集的超过100字之新闻，在付印后8个小时之内享有印刷、发行与销售的独占性权利"。❶ 法案还为有关的侵权行为规定了司法救济。该法案于1884年4月18日由图书馆委员会报告，未经修改，也未获通过。另外，美国还于案发不久前接受了明确排除新闻版权保护的国际公约。

面对该案涉及的问题，布兰德斯法官设想了各种立法上的可能性。

立法机关可能认为，针对新闻的擅自挪用，新闻机构可以获得损害赔偿之救济，但禁令救济则应被拒绝。这种做法并不新鲜，如衡平法院通常会拒绝禁止文字中伤以保护言论自由，或因其他理由而拒绝对纯粹的政治权利下达禁令。❷ 如果立法机关同意在依法追偿的范围内承认已发表新闻的财产权，它还可以为此设立法定赔偿金制度，以使救济措施更加确定而充分。

立法机关或许认为，即使承认已发表新闻含有一种有限的财产权也是不明智的。但在某些情况下，新闻机构应该就其业务获得充分保护，为此，擅自将他人新闻做牟利性使用的行为应该得到禁令救济以及损害赔偿救济。而如果立

---

❶ 参议院法案 No. 1728, 48th Cong., 1st sess。
❷ Giles v. Harris, 189 U. S. 475.

法机关强调新闻采集是一项受公众利益影响的业务，❶ 它可以宣布，只要新闻采集者能够以合理费率毫无歧视地向所有报纸提供新闻，新闻应该受到免于挪用的保护。如果是这样，立法者可能会进一步规定提供保护的条件和范围，而且还可能规定必要的管理机制，以确保公众、新闻界和新闻机构充分享用如此赋予的权利。

然而，无论如何，在对新闻之财产权应该受到的限制、私营机构收集的新闻应被视为具有公共利益的具体情况作出决定之前，必要的调查应该先行，而法院没有能力做这样的调查。同时，法院无权就所赋权利之充分享用作出必要的详细规定，也无权就这些规定之实施采纳必要的机制。鉴于诸如此类的考量，法院只能暂时拒绝为纠正新生的不义行为创设新的法律规则，即使某些补救措施的适当性似乎显得很清楚。

◇ 简评

美国法律法学界有一种诉讼显然是以该案冠名的，即"国际新闻社案类'热点新闻'诉求"（"hot-news" INS-like claim），❷ 可见该案之法律意义与历史地位。具体而言，该案为所谓"热点新闻"原则（"Hot news" doctrine）——实质即是信息窃用（misappropriation）之不正当竞争诉讼奠定了基础。

不过，美国第一例有关信息窃用的判例是纽约最高法院审判的基尔南（Kiernan）案❸。法院一方面认为，不应完全禁止公布一家公司经勤奋工作所获得的事实信息；另一方面又指出，"让一个人勤奋和付出的成果——新闻报

---

❶ New York & Chicago Grain & Stock Exchange v. Board of Trade, 127 Illinois, 153.
❷ National Basketball Ass'n v. Motorola, 105 F. 3d 841 (2d Cir. 1997).
❸ Kiernan v. Manhattan Quotation Telephone, 50 How Pr. 194 (N. Y. Sup. Ct. 1876).

道可以被另一个人窃取和发表而不受惩罚，这是一个残忍的观点"。"如果（某一方）试图从其竞争对手的高度勤奋中获利，在该财产权因出版发行而被放弃之前允许他这样做，则是不公平的。"可以看出，基尔南案已经包含了国际新闻社案涉及的问题、发表的某些观点。

国际新闻社案之后，窃用原则在很多州的普通法中得到吸收和发展，尤其是在纽约州。但是，该案判决意见并没有为信息窃用（或不正当竞争）界定范围，提出确定的认定标准。尤其是对热点新闻经历多长时间之后依然是"热点"并具有价值，法院没有统一的看法。这导致此后众多判例与论说在有关问题上犹豫不决，作出或宽或窄的适用与解释。有些判决会基本遵循这一先例，甚至进行相当宽泛的解释；有一些判例则作了狭隘解释，也不乏故意回避这一原则的判决，如1936年结案的克沃斯案。正因其界定不明确，《不正当竞争法重述》第三版的起草者甚至主张排除信息窃用原则。❶

在1997年审理NBA诉摩托罗拉公司一案时，美国第二巡回法院最终没有适用信息窃用原则，但它也没有否定这一原则的合理性，并提出了窃用原则检验标准，即五要素检验法，这让NBA案成为热点新闻窃用原则的另一个代表性案例。❷ 而必须明确的是，五要素检验法并非NBA案法官的创造，而更是一项发现与总结，因为五要素检验已经存在于最高法院对于该案的判决意见中。

无论如何，随着传播技术与新闻、信息产业的快速发展，信息竞争日益成为无法回避的法律问题。尤其是在数字与网络传播蓬勃兴起的20世纪末以后。此时，像布兰德斯法官在该案中发表的那种保守性的观点，似乎难以适应法律实践的需要。

其实，布兰德斯法官并不否认信息窃用的不正当性。他的顾虑只在于，在当时的美国法律框架下，此类信息窃用提出了一个前所未有的大问题，法院不可贸然为其颁布禁令，而更应该留待立法者去行动。但从总体上而言，最高法

---

❶ Stephen M. McJohn, *Copyright*, Wolters Kluwer, 2005, p. 430.
❷ National Basketball Association v. Motorola, 105 F. 3d 841 (2d Cir. 1997).

院多数派从衡平法的角度发表的意见还是有更多可取之处。可以说，这个案子提出的问题值得法理上的不断反思。什么是财产权？作为非物质成果的信息在公开之后，如果尚有商业价值客观存在并引起竞争者的觊觎，难道就不能称为财产权？在此，与知识产权客体的比较是有意义的：同样是非物质成果的作品、技术之所以能够被视为财产（智力性的财产权），其前提就是因为它们具有市场交换价值；那么，同样具有使用价值与交换价值的公开信息为什么就不能被视为财产呢？难道只有创造性信息才能获得财产权保护？法律史完全能够说明，作品、技术之所以被赋予智力财产权，关键性理由在于它带来的交换价值；而创造性只是赋予知识产权的政策性理由或类型化的方法。

所以说，遵循与知识产权制度相同的市场逻辑，未公开信息完全可以被赋予财产权。只不过，新闻信息毕竟不同于智力性成果，法律为其提供保护的条件与规则模式不应是相同的。而该案所提出的准财产或有限财产权、不正当竞争保护符合法律逻辑，也符合实践之需要。

另外，百年来的实务与理论发展已经表明，财产（权）是一个无所不包的大概念，其中的各类权利并不能单调划一，有着多种多样的范围与效力。带着近百年形成的这种权利观回首国际新闻社案，美国最高法院当时支持的"准财产"已不新鲜，并无不妥。究其实质，准财产其实就是一种利益，它可以多种多样。

面对百年前的诉讼，我们有必要联想到今天的反不正当竞争法。反不正当竞争法保护的是什么？或者说，不正当竞争损害的是什么？对此，我国《反不正当竞争法》有明确规定：除了权利，便是"合法权益"。其第1条规定，本法法益之一便是"保护经营者和消费者的合法权益"；而不正当竞争行为就被定义为"损害其他经营者或者消费者的合法权益的行为"（第2条）。而查考该法规定的各类不正当竞争行为，其所侵犯的对象大都难以在其他民事法律找到明确的权利；即使对商业秘密拥有者所主张保护的对象或内容，法律或学理上也并没有形成一个明确的"商业秘密权"的概念。就此而问，反不正当竞争法保护的对象是什么呢？我国法律给出的答案是"合法权益"，但这种合法权益又没有得到法律的"正名"——即权利化或类型化。所以，笔者认为，在我国法律已经确立的、类型化的有名权利之外，"合法权益"所指向的其他财产性利益可以说就是国际新闻社案所称的"准财产"，即一种有限的权利。由此，在今天，面对新闻信息领域可能发生的不正当竞争，提出诉求的信息持有者也可以在该案中寻找维权思路和启发。

2. 从报纸到广播：新闻、广告与窃用原则的犹疑

——美联社诉克沃斯案（1936）

概 要

美联社向华盛顿西区的美国联邦地区法院起诉称，被告克沃斯公司（KVOS, Inc.）经营的广播电台窃取并广播了原告采集并在其成员报纸上刊发的新闻报道，请求法院针对被告行为颁发禁令。地区法院判决不支持原告的诉求。美联社提起上诉后，第九巡回法院判决支持美联社诉求，批准禁令。克沃斯公司向联邦最高法院提起上诉后，后者判决撤销上诉判决，发回地区法院，并指示以缺乏管辖权为由驳回诉讼。❶

---

❶ 本文撰写主要依据三级法院的判决意见，AP v. KVOS, Inc., 9 F. Supp. 279 (W. D. Wash. 1934), 80 F. 2d 575 (9th Cir. 1935) 和 299 U. S. 269 (1936)。

◇ 主要案情： 报纸新闻的电台转播

关于原告美联社，上文（美联社诉国际新闻社案）已有介绍。该案涉及的美联社会员是西雅图地区的三家报纸，即《贝灵汉信使》《西雅图邮报》《西雅图每日时报》，美联社依据约定向它们提供新闻，并有权获得它们在其服务地区内采集并提供的新闻。这些新闻信息既有这些报纸自己采集的，也有依约从原告美联社收到的。原告所属报纸的大部分收入来自广告版面的销售，而广告版面的价值在很大程度上取决于所报道新闻的新鲜度和趣味性。

被告克沃斯公司（KVOS Inc.，以下简称"克沃斯"）在华盛顿州的贝灵汉经营一家广播电台，它每天早、中、晚分三次播出一套新闻节目，名为《空中报纸》（The Newspaper of the Air）。该节目被原告称为其最主要、最有趣的每日新闻节目。新闻广播是被告全部业务的一部分，它以此增加广告业务的收入。对于从事新闻采集和发布的原告及其会员报纸而言，从事广播经营的被告已经成为它们在推销广告方面的竞争对手。

原告指控称，被告克沃斯没有自己的新闻采集机构，其广播新闻的来源主要是挪用原告美联社及其会员所采集、发布的新闻，即购买原告成员发行的上述三份报纸，提取其中刊载的内容，系统性地通过无线电向被告的广播听众朗读涉案的新闻报道。被告的广播内容常常对原告新闻进行一字不差的复制，有时则对原稿的措辞做重新排列。就其过程来看，这三份报纸在出版后的一段时间内（有时长达 24 小时）还没有送达订阅者时，被告则已经可以迅速拿到这些报纸，提取并播报其内容，从而比报纸订户收看报纸要领先一步。这种做法非法剥夺了原告就其劳动和支出应当获得的正当利益，同样也损害了原告成员的利益，构成不正当竞争。

被告事先没有为其使用这些新闻而寻求原告或其会员的准许，原告为此曾一再要求被告停止上述做法，但均遭拒绝。被告行为的持续将对原告造成不可弥补的损失，因为在被告电台所服务的地区，由于被告对其新闻信息的窃用，原告采集和获取新闻的努力和开支将基本上不会获得经济回报。

被告克沃斯抗辩称，克沃斯广播与美联社报纸在新闻传播方面存在竞争；但自己不可能使用美联社的新闻服务，而是通过自己的记者和新闻采集机构——拥有7500名新闻采集与分发人员的无线电新闻协会，对全国、全世界的新闻事件进行及时报道，每时每刻、从早到晚。并且，其新闻广播效率大大高于报纸；它的新闻采集部门在某些独家报道方面已超过了竞争者。

举证中，原告具体列举了被告的180项挪用，共打印385页。仔细研究表明，153项挪用是对原告原文实质部分的逐字广播，且不可能源于克沃斯或其新闻联合机构。在这153篇文章中，425段广播与原文相同。此外，还有许多相同的句子包含了其他文章的要点。另外的27项广播存在的相似性可归因于克沃斯方面的解释，即源于一般新闻人对共同主题的处理，其中包含着相同的思想或情感要素。

被告从一开始就提出涉及诉讼管辖的两项异议：该案争议金额不超过3000美元，因而联邦法院不拥有管辖权；作为原告美联社之成员并有利益涉案的《贝灵汉信使》未作为原告加入，所以原告当事人有缺陷。被告指出的实体问题是，原告诉状并未说明衡平法上的诉讼理由，没有表明任何能使原告有权获得救济的事实，进而申请法院完全驳回原告的诉求。

该案先后得到华盛顿西区法院、第九巡回法院和联邦最高法院的审理，其判决结果分别是：一审不支持被告的管辖权争议，但驳回了原告有关实体权利救济的诉求；上诉法院支持原告，准予禁令救济；最高法院则以联邦法院缺乏管辖权为由推翻了下级法院的判决，将案件驳回。

◇ 一审判决：无竞争、不侵权

对于被告基于管辖权异议提出的驳回诉讼的申请，地区法院未予支持。关于事实之争，法院认定，原告有关事实的陈述明确而令人信服，被告有关其信息源的说明则不甚具体；被告电台的新闻广播确实对原告的新闻报道实施了窃用。接下来，一审判决主要讨论被告提出的实体法律问题，并最终认定，原告诉状没有表明衡平法上的诉讼理由，也没有足够的事实支持原告有权获得禁令救济，所以原告的实体权利诉求被驳回。

关于原告诉求的法律性质和依据，法院承认，这一诉求不是以任何成文法或《版权法》为依据，从而就排除了适用《著作权法》等成文法的可能。

实质而言，原告的诉求混合了不正当竞争与财产权侵犯，至少可以说是它对新闻享有的一种准财产。这显然是来自最高法院1918年有关国际新闻社案的判决。在法庭辩论中，原告律师强调了其有关不正当竞争的诉求，而不是它对新闻报道所主张的财产权。原告声称，至少在新闻报道经由某一家成员报纸首次发表后的24小时内，它对该新闻报道拥有这种财产权，而在这24小时届满前，被告通常就已经窃用这些报道并广播了多个小时。按照不正当竞争诉讼的常规逻辑，法院首先对被告获得新闻信息的途径发表意见，并称被告没有违反原告与其会员报社之间的合同，也没有采取某些偷偷摸摸或不诚实的行为，也不是在原告报纸发表新闻、发行报纸之前从私人的或保密性的源头获得信息。法院这种断言显然受到先例的影响，并试图以此否认该案含有不当竞争。

先例方面，原告最为倚重的自然是1918年最高法院判决的国际新闻社（INS）案❶，该案显然是最相关的，也难免成为对比讨论的重点。其他比较重

---

❶ INS v. AP, 248 U.S. 215, 39 S. Ct. 68, 63 L. Ed. 211, 2 A. L. R. 293.

2．从报纸到广播：新闻、广告与窃用原则的犹疑 ◎

要的案件还有美联社诉苏福尔斯广播协会案（未归档）❶，以及杂志上曾经介绍、讨论过的一起德国案例。

关于国际新闻社案，地区法院认为，最高法院并无意明确承认，对于其采集并向成员报社提供的新闻，原告在其公开发表或发行后获得或仍享有任何时间的绝对财产权。依其分析，INS案承认原告之财产权，被告实施不当竞争，与案件的特定事实无法分开。

地区法院明确强调，INS案多数派的裁决意见仅应限于对该案相关的具体事实的实际认定，这是无疑的。在INS案中，对于被告实施的不正当竞争，皮特尼（Pitney）法官发表的意见称，"有一种说法是，因为被告没有企图将自己的商品假冒为原告的商品，不正当竞争的要素就不具备——这是最常见的（即使并非最典型的）不正当竞争案的特征。……但我们不能承认获得衡平法救济的权利仅限于那类案件。在本案中，对原告权利的欺诈更加直接和明显。将新闻材料视为竞争双方用来努力赚钱的单纯材料，因此将它作为他们商业经营上的准财产（因为他们都在出售新闻材料本身），被告行为与商业活动中一般不正当竞争案的不同点在于，被告出售时没有将自己的商品冒充为原告商品，而是以窃用代替假冒，并出售原告商品作为己物"。❷ 继而，"在衡平法院，当问题属于不正当竞争时，如果原告以相当的成本正当获得的产品可以相当的利润正当出售，而竞争对手为了自己获利并致原告于不利而实施窃用，就不能说该产品过分难以捕捉或转瞬即逝，因而就不能被视为财产。对于判定竞争者因违反良知而实施的窃用属于不当竞争来说，它具有财产所必要的一切属性"。❸ 因而，该案多数派裁决中最重要的因素可以说是，对于新闻机构之间在营利业务方面的不正当竞争问题，多数派推断，原告已经将新闻报道发展到了可首先实现利润的程度，对于自己为经营而采集的新闻，可以说它拥有了一种防止不正当竞争者的准财产；竞争对手为了自己营利而窃用原告的新闻，并

---

❶ AP v. Sioux Falls Broadcast Association, 1933.
❷ INS v. AP, 248 U. S. 215, 241 (1918).
❸ INS v. AP, 248 U. S. 215, 240 (1918).

致原告于不利,就不能同时又说,这种新闻不能被视为财产。

但地区法院认为,国际新闻社案多数派意见并未表明,对于所有案件,在所有意义上,新闻采集者对其新闻报道均拥有一种绝对财产权。国际新闻社案之判决规则对该案不具有约束性作用,因为两个案件事实有着实质性不同;该案中,当涉案的新闻报道发表后,原告相对于被告广播电台,在任何时间都不再拥有财产权。国际新闻社案的多数派认为,原告和被告都是新闻机构,都从事营利性的新闻采集与签约发行,其间存在不正当竞争。而无论如何,该案被告广播电台取得原告的新闻报道,并不是为了出售或者向新闻广播者或其他新闻出版商做营利性发行。在新闻传播方面,被告广播电台可能正在从事与原告会员报社相同的服务,但这一事实本身并不一定使被告成为原告成员报社的竞争对手。原因在于,该成员报社依靠出售报纸并营利来传播新闻;而被告广播电台没有借公开传播新闻收取任何报酬,甚至只是免费为之。原告主张,被告维持其新闻广播服务的目的是,通过建立一个更广泛而高效的广告领域,使其广告服务时段对广告商显得更有价值;同样,通过扩大报纸的发行范围,原告成员报纸的有效广告领域也会得到拓展。但报纸出版商的营利途径,不仅是通过广告商购买广告版面,而且包括每一份报纸的公开发行。因此,被告与原告的成员报纸在广告领域竞争商业利润——仅仅这一事实并不能表明被告和这些报纸属于新闻传播方面的商业利润竞争者;进而也不能确定无疑地说,在没有获得补偿或直接利润的情况下,被告从原告成员定期发行并提供给公众的报纸上获取或盗用新闻报道,并向电台听众广播这些报道,与原告或其会员报纸的营利性新闻采集与传播业务构成不正当竞争。在这方面,国际新闻社案判决意见的措辞值得注意:"只要没有不合理地影响原告商业性使用的权利,单份报纸的购买者为了任何合理合法的目的任意传播其内容的权利可得到认可;但是,为了商业目的传播新闻,与原告相竞争(这正是被告所为并试图证明为正当的),则是非常不同的事。……这一过程相当于未经允许而干预原告正当业务的正常运作,而且恰恰是在其即将收取利润的时间当口儿,目的是将利润的实质性部分从努力获得者转移给本未努力者;因为被告没有为新闻采集负担任何方面的费用，它由此就可以获得特别的竞争优势。这种交易行为本身不言自明，衡平法院应该毫不犹豫地将其定性为商业中的不正当竞争。"❶ 但克沃斯案与此不同，被告是在免费广播涉案新闻，毫无利润，因此说，原告所依赖的国际新闻社案中最高法院多数派的意见不适用于该案事实。而布兰德斯法官就该案发表的异议倒应适用于克沃斯案。

1934 年判决的南达科他州案也是美联社起诉某广播机构。原告提交的判决文书显示，该案法官埃利奥特（Elliott）裁定，对于原告采集和传输的新闻、原告成员采集并有义务传输给原告的地方新闻，原告及其成员拥有归衡平法院处理的财产权；而该案所涉及的事实与克沃斯案完全一致。有人主张，埃利奥特法官认为国际新闻社案的裁决可适用于他审理的案件，并具有约束性。但这一主张没有得到本案地区法院的认可。

原告列举了法院审查过的其他案例，其中更为重要的似乎是被告未经许可使用了那些通过特殊技能或创造性劳动获得的市场行情报价或贸易信息汇编，它们通常没有被传发给普通公众，而仅限于签约成员。而克沃斯案与之不符。

地区判决意见还援引了当时一份法学杂志评介过的德国某案件。法院认为，该案判决发表的观点可适用于克沃斯案事实。该案中的报社挪用了广播电台发表的新闻。被告援引该案件为自己辩护，因为其中判定，广播电台在其新闻通过无线电被公开广播以后，就不再享有可受保护的权利。❷ 针对德国案例的判决，地区法院认为，德国案判决可以说至少表明了一种现代趋势，并指出一个主要欧洲国家的政策，即从新闻被首次奉献于公众使用的那一刻开始，就要保护新闻中的公共利益，拒绝私人企业对它提出诉求。并且，法院认为，在缺乏其他相反的约束性权威的情况下，该德国案的判决在此值得适当考虑；尤其是，比之于其他被援引的案件，该案的事实更类似于克沃斯案。作为法律依据，原告在这里援引了 1934 年《通信法》第 605 条的规定——"未经通讯发

---

❶ INS v. AP, 248 U.S. 215, 239 (1918).
❷ Journal of Air Law, 1931, vol. II, p. 63.

件人授权的人不得拦截任何通讯,并向任何人泄露或公布该被拦截通讯的存在、内容、实质、意图、效力或意义;任何无权获得该通讯的人,不得接受或协助以电报或无线电接收任何州际或国外通讯,也不得为了自己的利益或为了其他无权获得该通讯之人的利益使用该通讯或其中所含的任何资料。"❶ 而法院反对在此适用这一规定,因为《通信法》专门适用于有线或无线电通讯,而不适用于报纸上发表的内容。

地区法院认为,如果原告提供的一般新闻或据称其转载受其控制的地方新闻已在原告成员报纸上刊发且正常发行,则该新闻报道自那时起就属于公众,包括该案被告等,除非竞争对手将其出售以营利;被告以及其他公众同时收到这些新闻报道后,将其作为广播服务的一部分加以无偿传播,并不导致被告侵权,因为被告的这种做法并未涉及一家新闻采编机构对另一家此类机构实施新闻窃用——像国际新闻社案中那样。

地区法院还将该案置于更宏大的公共视域,讨论其社会性意义,并认为,这是一个非常重要的层面,因为它揭示了私有企业与公共利益之间长期存在的冲突。地区法院指出,"本案重申了一项原则,即为促进社会进步和公共便利而得以改进的设施,包括改善言论自由和新闻自由的机构,一定不能为了私人企业而被抛弃",除非实在法或其他情形对此有所要求。就该案事实而言,拒绝原告有关权利的解释及其诉求,可能会导致其附带的经济损失;但是,"只有国会才能削减公共利益以支持原告的私有企业"。而这个问题已经得到过去长期的考虑,国会一直没有就此采取任何行动。这表明,该案中的公共利益不容受到损害。

为更好地理解原告和被告各自在新闻传播中的地位,地区法院还回顾了交通和通信领域取得的重要发展及其带来的产业与权利格局的变化。在早期,私人邮件和公共新闻的传播所依靠的是步行的信使或骑马,后来出现了邮件马车,接下来是动力机车,邮件快递得以发展,但很快又部分让位于电报和电

---

❶ Communications Act of 1934, title 47 U. S. Code Anno., § 605.

话，后来则大部分让位于更加咄咄逼人的竞争对手，即汽车、卡车和飞机。交通领域的这些进步与发展也同时出现在新闻传播领域。就此可谓，"私人投资保护不得不向公众便利作出让步"。该案也正体现了现代新闻传播设施比过去更具效率的发展。比较而言，现代发展不可能导致原告及其成员报社的设施被废弃不用，但是，原告的设施曾经在过去、也可能在将来发挥的作用不能妨碍更现代的设施的利用——包括在某些方面超过原告设施的无线电台，这在某种程度上相当于飞机对于火车的优势。因而，对原告业务、新闻服务合同和投入资本进行适当保护，不能阻止被告广播电台和其他先进设施更迅速和更广泛地向公众传播新闻。即使被告或他人免费广播的新闻报道取自原告提供或控制的源头，如果这些报道已经通过原告成员报纸的公开发行而被提供作为公众信息，除非这种传播违反了相关的明确合同约定，或者违反了某实在法或界定明晰的一般行为准则。而在现实中，这种实在法、合同或行为规则并不存在。所以，地区法院得出结论认为，该案"没有表明衡平法上的诉讼理由，也没有任何事实能让原告有权获得它所申请的禁令救济"，其诉求应予驳回。

总之，地区法院的判决逻辑是，该案与国际新闻社案虽有相同之处，但其间的差异使该案原告与被告之间没有直接的竞争关系：原告报纸的营业收入包括报纸发行，而被告广播电台发布新闻则完全免费，因而它们面对的市场不完全相同；而宏观性的公共利益原则显然也影响了地区法院的判决：广播电台与报纸是不同的媒体，且广播电台比报纸更具有先进性，因而鼓励广播电台应用更关乎公共利益。

◇ 巡回法院：竞争不当，准予禁令

上诉法院讨论的问题是四个方面：（1）争议事项是否超出 3000 美元的管辖金额？（2）是否基于公民资格多样性而具有联邦管辖权？（3）诉状陈述的

事实是否足以构成有效的衡平法诉因；如果是，（4）初步禁令是否应该被批准？前两个问题决定联邦法院是否拥有该案的管辖权。其最终结论是，联邦法院拥有该案的管辖权；地区法院的判决被推翻，并命令颁发初步禁令。按照禁令，原告所采集的新闻在报纸上发表后的一段时间内，被告不得实施窃取、广播；其理由是，被告行为会妨碍原告获得并维持其报纸征订和广告收入。根据案情，法院认为该案应适用国际新闻社案的判决理由。

从产业背景的角度切入原告与被告之间的竞争关系，是巡回法院着力讨论的重点。

自20世纪初以来，无线电广播取得发展。在传播新闻和其他节目以吸引受众方面，无线电广播创造了大量的商机。就像铁路以及此后的电报传输那样，无线电广播再一次增加了新闻传播的速度。新闻内容一旦汇集到电台，其传播可谓瞬时之间，这与传统的报纸业形成鲜明对比，后者通常需要2~24个小时。

就招揽广告收入而言，这两种方法是相似的：它们通过机械和物理方法，在广告传播中穿插令人感兴趣的新闻与其他内容，吸引人们的注意力。或诉诸听觉，或诉诸视觉，但两种企业的基本身份特征不会因此受到影响，即都通过广告业务招徕顾客。两项业务都需要大量设备投资，这是其竞争力和传播机制之所需。两者都必须雇用大批训练有素的员工。每种业务都需要全国性的合作机构，负责收集信息并向外提供。在该案中，原告代表着会员报纸，而被告克沃斯代表的是广播新闻行业。除了上述，克沃斯还声称它的新闻服务远远优于美联社。从而，离开美联社的新闻，它仍然能够向外围地区高效提供当日新闻信息。

原告诉状称，其成员的许多报纸都分布在半径100英里的环域之内，而被告公司就在该区域内发布其新闻和广告，由此，在向当地居民争取广告业务方面，美联社报纸与克沃斯存在竞争。在此区域内，克沃斯谋求利润的全部收入都来自广告业务，而其广告收入支撑着它的免费广播。同样在此地区，原告报纸发行所依靠的收入包括广告与读者订阅费。

2．从报纸到广播：新闻、广告与窃用原则的犹疑 ◎

原告美联社指控，克沃斯从其成员的三份报纸中窃用的新闻是由美联社代表其所有成员收集的。克沃斯对窃用的新闻进行逐字逐句的广播，有时则略有改动。被告的广播行为实施于报纸发行完成之前。对于广播之前已经投递的报纸新闻，拥有无线电的报纸订户肯定会在之后不久免费获得相同的广播新闻。据称，在克沃斯广播发布新闻和广告的地区，至少有60%的居民拥有或能够使用无线电。

在国际新闻社案中，最高法院将挪用和传播竞争者热点新闻的行为称作新闻窃取，并认为这种窃取行为对新闻采集和发行业务以及采集者享有的利益造成重大的、不可弥补的损害，这种损害应得到禁令救济。该案诉状就是要针对克沃斯的做法，为申诉人及其众多成员寻求同样的救济。

两案之间最明显的差异是，该案中窃取的新闻是由电台发布，而不是由直接竞争的出版机构发布，像国际新闻社案那样。继而，两者之间的重要差异点还有：(1) 克沃斯寻求听众的关注，听众不向广播者付费，这不同于读者要向报纸付费；(2) 窃取新闻和伴随广告几乎是瞬间送达潜在客户，而印刷出版与发行则需要2~24小时。代表广播电台的意见强调认为，这些差别使克沃斯行为不具竞争性。但他们也不能否认，这些差异可能会诱使公众不再订购和阅读被盗版报纸，因为对某些人来说，被盗新闻在报纸到达时就已经过时；而对另一些人来说，被盗新闻在报纸投递后不久就一定能收到，且不用付费。由此，花钱订阅报纸的必要性不大。可见，被告行为显然会使美联社成员失去一部分订阅费和广告收入，损害了其业务及应该享有的利益。

被告克沃斯还辩称，在国际新闻社案中，如果国际新闻社成员当时能够比美联社更快速地传输被盗新闻，且完全依赖其报纸的广告收入，最高法院应该会驳回诉状；克沃斯的意图显然是，克沃斯广播比美联社报纸更快速地传输新闻，且完全依赖广告收入而听众免费，所以就不宜再像国际新闻社案那样，对被告下达禁令。

关于被告坚持质疑的管辖金额（须超过3000美元）问题，按照上诉法院的认定，基于双方的市场地位，被告行为构成不正当竞争，这给申诉人造成的

45

损害超过了管辖权数额。分析最高法院有关国际新闻社一案的判决,得出的结论一定是原告与被告之间存在竞争关系,因为该案的裁决表明报社的逐利业务是原告公司宗旨不可分割的部分;而在克沃斯一案,据称有数百万美元被投入美联社业务,它很可能因被控盗用行为遭受3000美元的损失。即使原告公司所在是一个利益有限领域,但美联社长期持续地存在,拥有成员超过1000人——这一事实表明,采集并发送新闻的活动一定产生了附加值。最高法院在国际新闻社案中提问道,"某人为了随后进行印刷出版而不惜代价收集一般信息或新闻,他能否就该出版享有免于干预的利益?这一问题曾被多次提出,虽然从来没有(也许)以现在这种确切的形式提出过"。❶ 对于这个问题,最高法院给予了肯定回答,即新闻采集机构对其所采集的新闻本身拥有值得保护的利益,即所谓"准财产权"。巡回法院最后认定被告窃用新闻给原告造成的损失超过3000美元,这不仅为联邦管辖权,也为禁令救济提供了基础。

接下来,对于案件双方的竞争关系,第九巡回法院明确指出,克沃斯的广播业务融合了广告与盗用新闻,且以广告收入营利,对原告之报纸业务构成不公平竞争,因为报纸的业务是采集新闻并连同广告一起发布,以此从广告服务和读者订阅中获利;而当其新闻遭到克沃斯的盗用,"报纸在履行公共职能和从事合法业务方面都遭受不合理的损害"。

为论证各自诉求的合理性,双方当事人都强调新闻采集和分发中的公众利益,以及收集者和分发者的公共义务。媒体具有公共职能可谓全社会的共识。而问题在于,当两家媒体自身的利益发生冲突时,谁更代表公共利益?谁的私人利益应该受到限制?该案冲突就涉及这一考量。就此,巡回法院从宪法之新闻自由条款切入,进行了必要的分析。法院指出,联邦《宪法》第一修正案有关新闻自由的规定承认了新闻媒体具有公共职能;虽然该案没有涉及宪法权利问题,但宪法上的这一认可突出了该案所涉权利有其特殊性质。按照第一修正案,新闻自由指的是从事新闻采集和传播的私人或机构免于政府干涉的自

---

❶ INS v. AP, 248 U.S. 215, 237 (1918).

2．从报纸到广播：新闻、广告与窃用原则的犹疑 ◎

由，这意味着《宪法》承认，新闻采集和传播中的公共职能掌握在私人手中。结合美国制度与实践，可以说，"新闻传播作为一项公共职能，在很大程度上要依靠利润动机诱导下的商人行为"。这样来说，面对私人利益冲突，空谈媒体的公共职能在根本上无济于事。

诉讼毕竟是从私益出发的，而私益冲突的判断依然需要具体考察私人行为。法院特别注意的是，在新闻之"准财产"利益存续期间届满前，新闻窃用不可避免地会导致新闻采集与传播机构业务收入的减少，效率遭受损害，而这也可能会影响到传播机构所能发挥的公共职能。"所以可以说，美联社在这里不仅是在寻求保护其合法业务，而且是……在履行具有根本价值和重要地位的公共职能。"法院此意似乎还可以继续推论说，美联社保护其私人利益不仅与其履行公共职能没有矛盾，而且是促进公共职能的重要手段，甚至是其题中应有之意。

而对于广播电台，法院首先对其性质与作用进行了肯定。法院认可广播在新闻传播方面发挥的重要作用，将它与传统的出版机构类比；并且，广播具有速度上的优点（虽然缺点是没有印刷记录，不便做深思熟虑的理解）。如果无线电通讯产生于18世纪，这种媒介很可能会与报纸一起写入《宪法》第一修正案。如今国会已经认识到无线电的重要性，并试图通过调控波长利用以使其高效而有序。但就该案所提出的问题来看，法院认识到，无线电台虽然经历着业务上的巨大扩张，却不能说其广告收入资源不足以支持它自己的新闻采集业务。"即使不考虑衡平法庭上的诚信问题，我们也无法在诉状中找到任何东西能支持我们判定，如果不允许无线电台窃用出版机构采集的材料，它将不能履行其新闻传播的公共职能。"

无线电传播之迅速已经使其比报纸占据优势，而该案所起诉的盗用行为必然使出版机构的业务遭受更为确定的伤害；更不必说，该案被告向无线电用户免费传送，更使它在广告竞争方面对报纸产生致命性的影响。在此情形之下，被告克沃斯要求驳回原告诉讼无疑是要容忍新闻盗用及其对出版机构产生的破坏性影响。

被告克沃斯的理由是，它盗用并免费传播的信息对于听众而言，实在是一种恩惠和慈善，而绝对不能被视为与报社展开广告竞争的武器。可是，法院更相信这是一个常识：被告盗用新闻的行为是其营利性广播业务的构成部分。当被告在通过大范围的广播获得利润的同时，却让美联社成员付出了牺牲其报纸发行量的代价。美联社的新闻原本是新鲜的，而广播电台的率先播报使其报纸新闻变得过时；并且，广播新闻对于公众还可以免费获得。新鲜而免费的广播新闻必然会减少美联社的报纸发行及其收入，同时使其失去基于发行量的广告收入；又同时，美联社报纸的广告量与收入却转移给了被告克沃斯。但所有这些，竟然来自广播电台对美联社报纸新闻的窃取、盗用——法院肯定地说，"我们无法找到任何学说对此作出解释，而只能将其认定为'不正当竞争'"。

关于营利性问题也是该案的一个争论焦点。被告为自己提出的一个抗辩理由是，其新闻广播行为非为营利，所以挪用新闻并不违法。这一理由曾得到地区法院的支持。按照这种理由，被告将盗取的新闻免费提供给听众，而没有直接出售新闻信息，所以该盗用行为不违法。为此，巡回法院援引了它曾判决的赫伯特诉尚利公司一案。❶ 其中，被告因为公开表演音乐作品而被诉侵犯版权。作为被告，表演音乐的餐馆管弦乐队辩解称它"不是营利性表演"，因为顾客没有为此付费，是在免费享受音乐的快乐。该案法院支持这一观点："被告的表演不是慈善性的。它们是公众付费总额中的一部分"；顾客只是被要求为某一特定项目（餐饮）支付了价款，这一点不说明问题。食物在其他地方可能会更便宜，在这里却比较贵，因为这里还有音乐，即使音乐没有被明码标价。所以，账单表面显示顾客只为食物付费，实际上却暗含了音乐等隐性商品。音乐的作用是营造环境，吸引更多的顾客或吸引有音乐爱好的顾客。来此就餐的顾客也为了享受音乐，而账单里也暗含了音乐。"如果音乐无利可图，它就会被放弃。如果它有利益，就要从公众口袋里掏钱。不管它能否生利，它的利用价值就是为了利润，这便足够了。"同样地，对于克沃斯案，被告盗用

---

❶ Herbert v. Shanley Co., 242 U.S. 591, 37 S. Ct. 232 (1917).

2．从报纸到广播：新闻、广告与窃用原则的犹疑

并播报新闻表面上没有直接为被告创收，但新闻的利润已经隐含在广告营利中。"如果新闻娱乐被删去，在其他地方（广告）很可能会变得更便宜。"如果新闻传输"有报酬，它花的是（广告商）口袋里的钱。""不管它是否收费，它的利用目的就是利润，这便足够了。"

关于营利性的问题，原告美联社提交的、未受异议的证词显示，克沃斯向华盛顿特区相关当局提交了两类广告收费表，一类是在新闻广播过程中插入类广告，另一类则不是插入类广告。由此可见，新闻广播时段中的广告收费要高于其他时段。这样的事实只能得出这样的结论：被告克沃斯的广播正在与报纸出版形成竞争，竞争的目的是获取广告商赞助；如果广告与被告的广播新闻融合在一起，广告商将为其广告传播支付更多的费用，而新闻广播显然促进了这种高收费。

克沃斯声称它支付了本地记者的工资，也为其广播新闻收集机构提供的新闻支付了可观的费用，从而使新闻混合广告产生更高的价格；即使如此，这些新闻传播只是教育性公共服务的一份馈赠，而不是为了从高额广告费中获得利润。这种主张可谓违背常理。这些事实其实驳斥了克沃斯的另一类主张，即在广告商的潜在听众的心理上，无线电新闻广播只产生了过于短暂易逝而模糊的印象，因而没有明显地增加克沃斯相对于美联社报纸的广告竞争力。

盗用数量也是克沃斯的抗辩理由之一。新闻混合广告的高价格驳斥了克沃斯的争论。克沃斯提出，新闻时段只占克沃斯广播时间的10%，是其业务中很不起眼的插曲，因而不足以表明应给予衡平救济。问题在于，新闻广播的时间长短并不重要，重要的是它引起听众兴趣的强度；而尤为重要的是，插播新闻广告的高收费正表明了新闻对于广告的吸引力。比较而言，在国际新闻社案中，盗用新闻在国际新闻社发布的新闻中占据比例并未引起特别注意；相反地，盗用行为似乎主要限于来自英国的新闻，这确实只是其全部报纸新闻的一小部分。但这并不影响该案判决允准禁令救济。

与之关联的问题是，在新闻传播中，在为了附加利润而进行的可能是一种合法的商业竞争中，该竞争的展开是否源于克沃斯利用了它从竞争对手美联社

盗取的新闻？

克沃斯辩称，禁止克沃斯窃用原告的新闻将会剥夺更偏远地区的克沃斯听众享有的权利——法院认为，这一说法并无意义。因为克沃斯承认，它通过自己的新闻采集机构和记者获取新闻信息，也能够满足该地区广大公众的新闻需求。

法院经比较发现，在国际新闻社案中，初步禁令所依据的事实记录中只有不到 30 项盗用，而该案盗用超过其 5 倍，这更足以支持初步禁令救济；而且，当时并没有明确证据表明原告美联社因国际新闻社盗用而损失订户，最高法院就认为被告威胁到了美联社成员报纸的发行。该案法院也同样注意到，这种盗用很可能会影响原告的订户和广告收入。另外，在克沃斯的广播区域，申诉人通过向报纸发送新闻获得的收入大致为每月 6000 美元，每年 72000 美元。

总之，巡回法院最终决定推翻地区法院原判，要求下达禁令，在美联社将其采集的新闻在其报纸上发表后的一段时间内，禁止克沃斯实施挪用和广播。

◇ 最高法院：驳回诉讼

针对巡回法院判决，克沃斯公司向最高法院提起上诉。最高法院则推翻了上诉法院的结论，理由是原告美联社未能证明其所遭遇的实际损害，因而地区法院对该案没有管辖权。

最高法院认为，在考虑初步禁止令之前，应首先审查案件的管辖权问题。一旦当事人对管辖权提出异议，原告美联社有责任证明地区法院具有管辖权。由于原告无法以足够的证据证明其损失金额达到 3000 美元，从而表明联邦管辖权成立，法院就可以推断，标的争议金额存在争议，管辖权存在异议。从而，最高法院判决，巡回上诉法院的判令被撤销，诉案被发回地方法院，并指示其以缺乏管辖权为由驳回诉讼请求。最高法院尤其提到，原告所谓其丧失会员的危险,仅仅是一个没有得到支持的结论,因为没有迹象表明哪家报纸会做出撤出的威胁,并且也不能表明原告可能因此遭受的损害之性质或程度。

◇ 简评

一案三审,三种结论。对于后来的法院来说,最高法院的判决固然是具有最高效力的先例,但三种适法理由难免也会让后来者感到疑惑。不过这倒也给学者们提供了学理上不断研析的空间,尤其是在历经技术、产业与法律的长期发展之后。

首先,几乎成为全部争议的基础问题的是,新闻信息本身是否具有财产权。作为代表性先例,最高法院在国际新闻社案中承认新闻信息具有财产权,即使是一种准财产权。但是,如上文所述,该案地区法院不支持对该案适用国际新闻社案的裁决,明确否认美联社对于其新闻信息的财产权,而这也是它驳回原告诉求的理由。

新闻之财产权一直备受争议。即使此前的国际新闻社案肯定了新闻信息含有有限的准财产权,即有时限的、具有相对性的财产权,但这一观点一直没有成为共识。这显然是更具理论性的问题。即使知识产权的财产权属性也一直受到质疑,至少不被视为具有与物质财产相同的法律性质和地位,更何况并无成文法规定的信息之财产权。但在信息竞争日趋激烈的时代,信息带来的财产利益毕竟是人们无法否认的;何况国际新闻社案已经明确承认了信息财产权的存在——即使是有限的、准财产权。所以,在已具开放性的财产权理念背景下,承认新闻信息的财产权,可能也只是一个观念选择的问题。对此,上诉法院就明确地承认了国际新闻社案判决对该案的适用效力,从而肯定该案原告对其报纸新闻享有准财产利益。

其次,与财产权问题相关的争论是,原被告双方是否存在竞争关系,尤其是被告行为是否构成不正当竞争。这是地区与巡回法院判决最明显的分歧。这方面，地区法院的核心观点值得强调：第一，原被告双方之间没有直接的竞争关系，重要原因是，原告报纸是收费发行，而被告的广播则是免费传播。这似乎就是说，被告的广播新闻不具有营利性。第二，即使被告广播电台与原告方的报纸在广告领域竞争商业利润，也不能推论说这让它们成为新闻传播方面的商业利润竞争者。这一主张会令人觉得匪夷所思。

巡回法院则明确承认美联社与克沃斯之间的竞争关系，并认可后者对前者实施了不正当竞争。如上述，在承认被告广播电台与原告报纸之间存在广告竞争的同时，矢口否认二者之间存在新闻传播方面的商业竞争，显然是站不住脚的。事实是，原告、被告同为媒体，他们不仅面对同一个广告市场，也提供同样的"产品"——新闻信息，因而也面对同一地区的同一群受众、同一个市场。其间的整体性竞争关系如何能否认呢？另外，原告报纸收费而被告广播免费只是经营模式差异，并不能否认他们都在以同一种商品争取同一群消费者的事实。其差别只在于二者收益支付方式上的差异：原告新闻即报纸的发行是由新闻受众为自己付费，而被告新闻即广播的提供是由广告商代替受众付费，但实质上最终还会将成本（至少是部分）转移给不特定的广大消费者——受众。为说明这一点，巡回法院专门讨论了被告提出的营利问题。免费广播表面上看好像新闻提供本身没有发生营利，但这并不能否认被告广播不是营利性行为，更不能否认其作为整体业务没有发生营利。而实际上，被告广播公司是营利的。对此，巡回法院特别依靠的支持理据有两点。其一，被告的广告收费中，插播新闻的广告价格高于不插播新闻的广告价格，这表明新闻在其中发挥了交换价值。完全可以说，在这里，广告商在代替广播受众为新闻广播付费。其二，巡回法院通过音乐表演侵犯著作权的先例说明，音乐、新闻营利与否，需要结合被告整体的业务经营情况，而不能单盯着账单、单盯着是否有一笔专款支付给了音乐演奏或新闻广播。依照现代媒体的经营形态，这个问题已经不是问题。

再次，关于被告行为是否存在某种"不当"或"非法"性，地区法院认为，原告的新闻报道已经通过其报纸公开发行而成为公众信息，它本身不具有财产权，被告就可以自由取用并免费广播，除非被告违反了某些明确禁止的合同，或采取了某些偷偷摸摸或不诚实的行为——比如在原告发表新闻、发行报纸之前从私人的或保密的源头获得信息，或者违反了某实在法或一般性的行为准则。但被告并没有实施这些行为。

而巡回法院的逻辑显然不同于地区法院：在承认原告对其新闻拥有特定时限的准财产权的前提下，巡回法院认为，被告行为明显具有不正当性。如上述，在诉讼双方具有争取受众与广告的竞争关系的情况下，被告利用自己的速度优势，未经许可窃取原告尚具新鲜性即时效性的新闻，并抢先于原告报纸或几乎同时向受众传递，从而势必导致原告报纸订户与广告数额的双双下降。巡回法院说，"我们无法找到任何学说对此作出解释，而只能将其认定为'不正当竞争'"。

巡回法院判决多处提及被告缺乏诚信的表现。被告克沃斯新闻节目的负责人称，他本人没有、整个克沃斯电台也从未挪用、盗取或使用过属于任何原告的新闻，或其任何成员报纸的新闻。但事实并非如此。对于被告广播的153项挪用中有425段与原告新闻相同的情形，被告的狡辩让法院以为，"这是对常识的挑战，使克沃斯的诚信再次遭受质疑"。

最后必须强调的是有关公共利益的考量。显然，原告和被告都强调了媒体的公共职能，都想借此为自己加分，仿佛自己赢了就是公共利益赢了。同样，法院也都将媒体的公共职能作为切入案件的重要视角。

地区法院对此颇费笔墨。它指出，该案"揭示了私有企业与公共利益之间长期存在的冲突"，这是事实；"本案重申了一项原则，即为促进社会进步和公共便利而得以改进的设施，包括改善言论自由和新闻自由的机构，一定不能为了私人企业而被放弃"，这种主张符合一般公共利益优先的原则；"拒绝原告所要求的权利解释，可能对其造成附带的经济损失"，这符合可能性事实；"只有国会才能削减公共利益以支持原告的私有企业"，这不违背法治原则；"国会至今也没有就此采取任何行动"，这也属于美国立法状况。回顾交通与通讯的技术与产业发展史后，地区法院说，"原告的设施曾经在过去或可能在将来提供的服务不能被用来妨碍更现代的设施的利用，包括在某些方面超过原告设施的被告无线电台，这在某种程度上相当于飞机对于火车的优势"，此言并不为过，并可以继续推论称，"适当保护原告之业务……不能证成阻止被告广播电台……先进设施更迅速和更广泛地向公众传播新闻"。但法院最后驳回原告诉求的决定并未直接、完全依据有关公共利益的考量，这符合司法的逻辑。

巡回法院称，由于被告窃取行为，原告美联社的报纸"在履行公共职能和从事合法业务方面都遭受不合理的损害"。巡回法院首先肯定媒体之公共职能及其在宪法上的地位，但进而又指出，"新闻采集和传播中的公共职能掌握在私人手中"，"作为一项公共职能，新闻传播在很大程度上要依靠利润动机诱导下的商人行为"，这似乎有意在强调，至少就该案而言，公共利益考量最终还是着眼于具体私益。巡回法院由此认定，当该案原告对其新闻享有准财产利益的时候，被告窃用必然影响作为新闻收集与传播者的原告报纸的各项收益，后者所应发挥的公共职能也难免会受到影响。所以，该案美联社所寻求保护的，既是其自身的合法业务与利益，同时也是在履行各方都认可的具有根本性价值的公共职能。按照巡回法院的观点，可以说，仅仅高喊公共利益难免空泛，公共利益的保护还是要体现为私人利益冲突中的恰当选择。对于该案，保护美联社的利益，就是保护媒体所维系的公共利益。

令人不解的是，最高法院竟以管辖权为由驳回诉讼。比较而言，该案与国际新闻社案十分近似。虽然主体之业务类型有差别，国际新闻社案双方当事人都是新闻通讯社，可谓完全的同业竞争；而该案属于不同类型媒体之间的竞争，即比较老旧的报纸行业和正在新兴的广播产业。但决定法律是非的应该主要是主体的行为性质，而不是单纯的媒体性质。如同在国际新闻社案中那样，克沃斯案原告美联社依然可以对其新闻信息享有一定时间的准财产权；被告也是擅自窃取并使用了原告仍具有时效性的信息，其行为的主观目的、客观性质与效果等，与国际新闻社案之被告并无明显的本质性差别。可以说，最高法院

2．从报纸到广播：新闻、广告与窃用原则的犹疑 ◎

驳回案件的管辖权理由很难站得住脚。事实上，即使国际新闻社案中的原告也难以拿出明确的损害账单；而且，法律上通常允许原告以可能损害作为损害赔偿的理由。而对于国际新闻社案中的管辖权问题，最高法院在克沃斯案中基本采取回避的态度。总的来说，这一结果让后来的司法对国际新闻社案中的准财产权规则之适用性、媒体行业之不当竞争的判断多少感到困惑。❶

强调一下，笔者认为，巡回法院有关该案争议之法律定性、公共利益保护及其私益之关系的分析等，对于今天的法律实践依然具有借鉴价值。

---

❶ Victoria Smith Ekstrand, *News Piracy and The Hot News Doctrine*, LFB Scholarly Publishing LLC, New York, 2005, p.88.

3. 从报纸到广播：再为新闻窃用原则背书
——波茨敦新闻出版诉波茨敦广播（1965）

> 概　要

　　该案原告波茨敦每日新闻出版公司（Pottstown Daily News Pub. Co.）是一家报纸出版商，通过本地新闻采编和广告销售获得收益。被告波茨敦广播公司（Pottstown Broadcasting Co.）是广播电台 WPAZ 的所有者，曾未经原告许可多次使用原告采集并已在报纸上发表的本地新闻，用于其每日新闻广播。经过两审，宾夕法尼亚州地区法院和最高法院均认为，广播公司侵犯了原告新闻的财产权，构成不正当竞争。宾夕法尼亚州最高法院承认，报纸出版者就其提供的新闻享有有限的财产权，法律将保护这些财产不受竞争对手的非法侵犯。

被告以宾州法院缺乏管辖权为由，将案件诉至联邦地区法院，但遭到驳回。[1]

◇ 案情简要

案件初审原告是报纸出版商波茨敦每日新闻出版公司（以下简称"新闻公司"），该公司出版了一份名为《波茨敦信使》的报纸。1960年10月14日，它依据衡平法向宾夕法尼亚州蒙哥马利郡的民事诉讼法院提起诉讼，要求对波茨敦广播公司（以下简称"广播公司"）下达禁令，因为后者拥有的WPAZ广播电台擅自挪用了原告报纸发表的本地新闻报道。

新闻公司诉状称，原告、被告均在同一地区传发新闻并销售广告；原告投入大量资金经营其报纸，并培训员工，努力开发本地的新闻资源；原告报纸的主要内容包含对新闻的专门性处理。原告认为，它对这些新闻拥有版权，版权声明就写在其报头上。一段时间以来，被告未经原告准许，频繁地将原告采集、发表的新闻报道用在其每日新闻广播节目中，侵犯了原告的版权，以及原告对上述新闻享有的财产权。

被告广播公司答辩否认了诉状中的大部分指控。一方面，被告称新闻公司对新闻不享有普通法财产权（common-law property right），不可提起不正当竞争之诉；另一方面，主张蒙哥马利郡民事诉讼法院对该案缺乏管辖权，因为原告诉由是基于违反美国联邦版权法和与版权法有实质性关联的不正当竞争诉求，其管辖权应专属于联邦法院。以缺乏管辖权为由，被告申请蒙哥马利郡民事诉讼法院驳回诉讼。该法院认为，原告新闻公司所针对的是"作为不正当

---

[1] 本文撰写主要依据宾州最高法院和宾州东区联邦法院判决意见，Pottstown Daily News Publishing Co. v. Pottstown Broadcasting Co., 411 Pa. 383, 192 A. 2d 657 (1963), Pottstown Daily News Pub. Co. v. Pottstown Broadcasting Co., 247 F. Supp. 578 (E. D. Pa. 1965).

竞争诉讼标的的财产权",并认定该院拥有判定该案的管辖权,即使其中所涉问题与版权法有着实体性关联。最终,法院驳回了被告提出的请求。

1963年1月,被告上诉至宾州最高法院。该院判决认为,只要原告新闻公司起诉的事实违反了联邦版权法,就只能在联邦法院审理;而如果原告指控广播公司"盗取"的是新闻公司以其特别服务所收集的新闻,就表明它属于财产权侵犯和不正当竞争之诉,州法院理所当然拥有管辖权。而案情调查证明了后者的存在,州法院具有管辖权,最终维持了一审法院的判决。

最后,被告向宾州东区的联邦地区法院提出案件移送请求。联邦地区法院对案件的移送或发回重审进行了审查,最后判决指出,该联邦法院对原告主张的诉由不具有专属管辖权,而州法院对不正当竞争之诉享有管辖权;该法院同时指出,移送问题必须严格遵守法律规定,而该案应被退回,由宾州蒙哥马利郡民事诉讼法院对原告提出的侵犯财产权和不正当竞争之诉作出裁决。

转了一圈之后,宾州最高法院的判决就成了该案诉争的最终结果,这样,依照宾州最高法院判决,宾州蒙哥马利郡民事诉讼法院的一审判决得到维持,原告的诉讼请求得到法院支持。

◇ 新闻财产权与不正当竞争

关于实体权利问题的争议,广播公司认为,新闻公司对于新闻并不拥有财产权,因而也不存在所谓侵权问题。对这一问题,宾州最高法院首先提到这一领域的代表性案件,即美联社诉国际新闻服务社案;并认为,国际新闻社案与该案相比,其诉讼双方显然有着非常相似甚至相同的竞争关系。❶ 国际新闻社案中,美联社是由报纸出版商组成的一家非法人联合体,它通过训练有素的员

---

❶ INS v. AP, 248 U. S. 215.

3．从报纸到广播：再为新闻窃用原则背书 ◎

工和巨额投资从事新闻采集；这些新闻没有版权，每天由美联社通过电报传送给它在全国各地的付费会员，专供他们出版。国际新闻社与美联社是竞争对手，向众多报纸提供收费服务；它从美联社或其成员的早版报纸或公告栏上获得新闻，并分发给它遍布全国的成员报纸。国际新闻社及其报纸由此与美联社及其报纸展开竞争，而所使用的新闻则是无偿取自后者，而后者为此支付代价。联邦最高法院认为，相对于国际新闻社，美联社即使已经将其新闻公开发表，仍然在衡平法上拥有一种"准财产"权利；他人如果为了自己之私利而挪用这些新闻，就会构成不正当竞争，应受禁止。最高法院所肯定的，可以说是一种基于准财产权保护的不正当竞争原则；自从1918年国际新闻社案以来，这一原则经受了不断的争议、怀疑，但也得到很多判例的肯定。比如，也是在宾州最高法院，在1937年的韦灵（Waring）案判决中，国际新闻社案得到援引，其提出的不正当竞争原则也得到该案判决的采纳。❶

就宾州法院对于波茨敦案的判决来看，它所处理的实体问题是，原被告双方是否存在竞争、如何看待不正当竞争的范围等。

国际新闻社案中的新闻窃用能否构成不正当竞争，这在当时显然是一个具有挑战性的新问题，主要原因在于，新闻竞争、新闻窃取属于新现象，而传统的不正当竞争对此未曾涉及。可以说，20世纪初的法院面临着恪守还是变革传统不正当竞争法理的挑战。而国际新闻社案中最高法院的选择显然是一种突破。国际新闻社案中，霍姆斯法官在附议中区分了两种不正当竞争行为。人们已经熟悉的普通不正当竞争是被告将自己的产品假冒为原告产品，但同样的过错也可能来自反向假冒（opposite falsehood），即通过明示或暗示，将他人的产品假冒为自己的产品。霍姆斯认为，国际新闻社的行为便是将对方的产品（新闻）拿来，假称是自己的产品并对外售卖。与普通的不正当竞争相比，这种反向假冒更显微妙，伤害更为间接；而无论是哪种假冒，都应归于不正当竞争，都应受到相同原则的规制。这一观点显然有助于扩大不正当竞争的范围，

---

❶ Waring v. WDAS Station, 327 Pa. 433（Pa. 1937）.

59

因而也得到宾州最高法院的肯定。

扩大不正当竞争的做法也正在得到较多的认可，宾州法院为此援引了相关的先例与论说。比如，在联邦最高法院1935年判决的 A. L. A. 家禽公司诉美国一案中，首席大法官休斯说："普通法上为人熟知的'不正当竞争'是一个有限的概念。在主要的且在严格的意义上，它涉及某人将自己的商品冒充为竞争对手的商品。……近年来，其范围已有所扩大，就像适用于假冒（misrepresentation）一样，它也被认定适用于窃用（misappropriation）。"❶ 这是对窃用属于不正当竞争的明确支持。

而美联社诉克沃斯案与波茨敦案显然有着更为近似甚至相同的案情，其论理似乎可直接被借用：新闻纸媒起诉广播媒体窃用新闻，构成不正当竞争。该案中，原告美联社指控克沃斯无线电台挪用了美联社三家会员报纸已经发表的新闻，这些新闻由美联社的新闻采编部门采集并分发给会员报纸。当这些新闻遭到被告挪用时，它们仍然具有一定的热度、新鲜性，即时效性，且被告在原告报纸广泛发行之前将其公开广播。尽管被告克沃斯公司辩称，原告属于电台，所面对的是无须付费的听众，不同于原告属于报纸，面对的是付费订报的读者，因而双方缺乏竞争；被告还强调，它所窃用的新闻材料与附带的广告几乎瞬间到达潜在客户，而报纸出版和发行需要花费2~24小时，而巡回上诉法院最后仍判决禁止广播电台窃用这些新闻。❷ 值得注意的是，克沃斯案诉至联邦最高法院之后，最高法院以原告无法证明其实际损害数额，初审法院缺乏管辖权为由，推翻了下级法院的判决。❸ 这意味着被告不正当竞争的指控并不成立。即使如此，上诉法院的分析仍然具有重要意义，因而也受到了本案宾州最高法院的重视和援引。

当时的学者观点也可支持宾州高院摈弃狭隘的不正当竞争法理。法学者查菲（Zechariah Chafee, Jr.）说过，"最高法院（在国际新闻社案中）确立了这

---

❶ A. L. A. Schechter Poultry v. US, 295 U. S. 495, 531（1935）.
❷ KVOS, Inc., 80 F. 2d 575（1935）.
❸ KVOS, Inc., 299 U. S. 269（1936）.

样的观点,即便挪用者不是竞争性新闻机构,而是(比如)一家广播电台,新鲜的新闻也不得出于牟利之目的而被挪用"。❶ 显然,查菲此言是对国际新闻社案和克沃斯案的总结;对于将窃用认定为不正当竞争,从而扩大不正当竞争的范围,前案已在某种程度上为后案确立了范例,奠定了基础。

另外,考察波茨敦案的最初指控,原告名义上并没有明确诉称被告实施了不正当竞争。但法院指出,如果被控行为在法律结果上确实构成不正当竞争,名义并不重要。事实上,"侵权行为的学术分类总是在追随而非引导普通法法院承认某些事实指控构成不法"。宾州最高法院也曾在韦灵案中提出:"被告争辩说,诉状中没有指控不正当竞争;但它所依据的事实是充分的,原告不必使用确切的术语来指明所诉行为的法律效果。"❷

放眼新闻行业,竞争一直实实在在地存在,这有助于从实践的角度理解、支持有关新闻竞争的认定。宾州最高法院的判决意见明确承认:

> 在当今时代,没有哪个法院会忽视这样的事实,即报纸、电台和电视台为了广告而相互竞争,而广告已经成为我们经济中的巨无霸。实际上,新闻和娱乐节目几乎已经成为报纸、电台和电视台的附属功能。

在这里,宾州高院也提到此前一系列类似的先例,如美联社诉克沃斯案。并且,与国际新闻社案所发生在世纪之初不同,20 世纪中叶之后的媒体竞争尤为突出,广告已经成为各类媒体的生命线,而媒体中的新闻报道貌似成了为吸引广告商而提供的服务。同时不可否认的是,对于数量众多的媒体来说,广告数量有限甚至是具有稀缺性的资源,媒体不得不为此展开激烈竞争;而对于广告商,它们必定要在众多媒体中选择那些更能被受众认可,因而更具有市场影响力的媒体;至于报纸、广播或电视之间的类型区别,其对于广告商的吸引力恐怕是不言而喻的。

在这样的产业经营与媒体竞争背景下,作为媒体内容或服务项目,新闻报

---

❶ Chafee, Unfair Competition, 53 Harv. L. Rev. 1310.
❷ Waring, 327 Pa. 433, 456 (Pa. 1937).

道的质量、特色、风格一定成为媒体吸引广告商的重要卖点。而在该案中，新闻公司正是为了满足广告业务之需设计并提供其新闻内容，而它指控竞争对手的侵权诉由也正基于此：对方正是为追逐广告而将原告的新闻窃为己用；其结果，被告也正是靠着从原告那里窃取的新闻来使自己吸引受众，进而吸引广告商。

"商业竞争受到法律的严格保护，法律反对那种可能削弱或扼杀竞争的做法。"宾州高院将该案以及商业竞争置于知识产权法的大背景下加以考察。一方面，在遵守专利法、版权法和商标法的前提之下，任何从业者都可以模仿竞争对手的商业做法、流程和方法；但在另一方面，法院似乎并不认为只要竞争行为不违反这些专门的知识产权法，就可以为所欲为。因为法律鼓励、保护竞争并不也不应该支持任何人恶意篡夺竞争对手的辛劳投入与投资。对于该案，在新闻作品可受版权法保护之外，新闻报道也并非可任由他人随意使用。法院在这里的意见表明，新闻侵权领域可以区分两类诉讼、两种保护对象：侵犯版权之诉的理由是要保护作品、激励作品提供者的创造；而不正当竞争之诉的目的在于，新闻公司对于经专业化处理的新闻也应受到保护。只不过，与版权相比，此种保护的对象是一种有限的财产权，其保护之效力范围、程度等都是有限的、相对的。

因此说，新闻公司如果能够证明广播公司未经授权使用了其训练有素的员工通过专门化方法采集、编辑的新闻，这种擅自使用行为就构成对财产权的侵犯。

最终，宾州最高法院指出，只要新闻公司诉称广播公司"盗取"了新闻公司以其特别服务所采集的新闻，就表明它属于财产权侵犯和不正当竞争之诉，州法院就享有管辖权。而该案已充分提出了一个可由本州法院受理的诉由。继而，宾州最高法院维持了一审判决。

3. 从报纸到广播：再为新闻窃用原则背书

◆ 简评

在新闻窃用之争讼方面，波茨敦案属于屡被引述的先例，其最大的意义应该说是，该案的最终结局基本平息了此前存有争论的问题：在广播电台窃用报纸新闻的案例中，广播电台与报纸之间是否属于竞争对手？[1] 如前述，人们都会记起 1936 年由联邦最高法院审理结案并不了了之的克沃斯案。其中，被告广播公司窃取原告新闻出版公司的报纸新闻，将其用于新闻广播。其中，巡回法院可谓非常明智地认可了二者在新闻与广告业务方面存在的竞争，联邦最高法院却硬是以联邦法院不具有管辖权为由，推翻上诉意见，发回地区法院，而地区法院的意见是，二者之间不存在竞争关系。这个案子似乎表明，最高法院虽然在国际新闻社案中提出了热点新闻窃用原则，对此却依然有些模棱两可、难以定夺。

可以说，就案情而言，波茨敦案并不复杂，也不新鲜，尤其是在克沃斯案之后；宾州最高法院的推理与论证也比较简洁，远不如克沃斯案的一、二审法院那样谈古论今、公私兼理，表现出广阔的视野。但该案以简洁明了的方式，为热点新闻窃用原则继续有效进行了重要背书。也许可以说，形势如此，法理已不容置疑。

---

[1] Victoria Smith Ekstrand, *Hot News in the Age of Big Data*, LFB Scholarly Publishing LLC, El Paso 2015, p. 138.

4. 新闻摄影：版权属性与合理使用

——时代杂志公司诉伯纳德·盖斯（1968）

概 要

肯尼迪总统遇刺现场，扎普儒德碰巧拍摄了一套影像作品；有一部研究性图书为说明问题必须复制部分影像图片；经过努力，在未能取得版权人许可的情况下，被告以素描的方式复制了这些影像画面。影像版权人时代杂志公司起诉图书作者与出版商侵犯版权，而被告认为新闻照片不受版权保护；即使其享有版权，其使用也应属于合理使用。法院判决原告新闻照片享有版权，但被告行为属于合理使用。[1]

---

[1] 本文撰写主要依据纽约南区联邦法院判决意见，Time Incorporated v. Bernard Geis Associates, 293 F. Supp. 130（S. D. N. Y. 1968）。

4. 新闻摄影：版权属性与合理使用 ◎

◇ 案件缘起

原告时代公司（Time Inc.）是一家出版公司，麾下出版有杂志《生活》《时代》《财富》以及图书，还拥有广播业务。涉案的《生活》杂志便是时代公司的一个分部门。

1963年11月22日，肯尼迪总统在达拉斯遇刺身亡，亚伯拉罕·扎普儒德碰巧在现场拍摄了一套影像，成为有关这次不幸事件的最重要的图像证据；几天后，影像被《生活》杂志买下，部分图片被刊印在几期杂志中。对于这几期杂志及其内容，包括扎普儒德的影像与图片，《生活》杂志按《美国版权法》办理了登记事宜。

宾州哈弗福德学院的哲学助理教授汤普森在对这起刺杀案件进行深入研究之后，撰写了一本名为《达拉斯六秒钟》的图书。该书关乎案件证据，其分析严肃、认真，而又引人入胜。书中包含大量有关这一事件的素描（sketches）图片，事实上都是对扎普儒德影像中部分画面的复制。1967年11月18日，伯纳德·盖斯合伙公司（Bernard Geis Associates）这家合伙企业出版了该书；伯纳德·盖斯是该合伙公司唯一的一般合伙人；兰登书屋股份公司（Random House, Inc.）承担了该书的公开发行。

1967年12月，原告时代公司向纽约南区联邦法院起诉称，汤普森撰写、盖斯合伙公司出版、兰登书屋发行的《达拉斯六秒钟》一书侵犯了其版权，并构成不正当竞争，因为该书复制了《生活》杂志发表过的扎普儒德影像画面（frames），而时代公司拥有其版权。依据有关词典，审理法院对所谓影像"画面"❶进行了必要的解释。电影由一系列照片构成，它们在轻微变化的连

---

❶ 电影里的 frame 通常可译为帧、镜头或画面等。

续性状态中展示场景中的事物。当这些系列照片得到连续不断的展示时,其所呈现的光学效果是物体运动的图画。系列影像中的每一幅单独的图片被称为"画面/镜头"。

原告申请对被告发布禁止令,并责成被告赔偿损失。被告答辩认为,扎普儒德影像不具有独创性,因而不是版权客体;承认其版权将导致版权所有人的独占;被告属于合理使用,且受到《宪法》第一修正案的保护,因此不能颁发禁令;禁令将对被告造成不可挽回的损害。

◇ 案情详述

1. 肯尼迪遇刺影像的制作与权利

1963年11月22日,肯尼迪总统到访达拉斯,扎普儒德准备到现场拍摄一套影像。他有一部8毫米彩色家庭摄影机,配有一个长焦镜头。起初,他想从他位于埃尔姆大街501号一座办公大楼的办公室拍摄,大楼位于埃尔姆大街和休斯敦大街的拐角处,总统的车会从休斯敦大街左转进入埃尔姆大街。后来他感到他可以在地面上拍出更好的照片,于是他和几个人一起从他的办公室走下来,沿着埃尔姆大街前行,试图为相机找到最佳的位置。经过多处测试,最后他在一个大约4英尺高的斜坡上选定了一个混凝土基座,他可以从这一位置朝埃尔姆大街望去,并看到总统左转的拐角处;总统车辆将会从前方走过来,并直接从他面前经过。他认为,这是他拍照的"极佳地点"。

车队走进视野,扎普儒德将速度控制置于"运行"(大约每分钟18帧),随即启动相机。而当汽车走近时,扎普儒德万万没有料到,枪击突然发生,还有车里的一切反应——这一切恐怖和慌乱都在无意中被留在了彩色胶片上。

扎普儒德当天就把彩色原片冲洗出来,并制作了三套复制件。这套胶片大约有480帧画面,其中140帧显示突发的枪击事件,40帧与射击本身有关。为了识别画面,情报机关工作人员对每帧画面确定一个编号,画面1是休斯敦大街上走进视野的领队摩托车,然后连续编号。

扎普儒德后来将两份复件交给了情报机关,并声明这些复件严格限于政府使用,而不得透漏给报刊,因为他希望出售这些影像。后经协商,《生活》杂志与扎普儒德于11月25日签署协议,由前者买下了影像原件和所有三份复件(其中两件被注明由情报机关占用),连同其中的所有权利,价格15万美元,分期付款,每年2.5万美元。

2. 影像发表与官方利用

1963年11月29日《生活》杂志刊发了一期包含30帧扎普儒德影像画面的专题报道,并称之为"非凡的独家连载"。由于时间紧迫,这些画面使用的都是黑白片。1963年12月7日《生活》杂志推出"约翰·肯尼迪纪念"专刊,以特写形式发表了9帧经放大的彩色画面,并讲述了影像如何拍摄,如何惊人而又清晰地记录了那悲惨的一幕。

1963年11月29日,约翰逊总统指派了一个由首席大法官沃伦任主席的委员会,调查肯尼迪遇刺案。该委员会于1964年9月24日提交了长篇报告(沃伦报告),还有相关的所有证据。其中,沃伦报告广泛使用了扎普儒德影像(如第97页、第98~115页),并将其作为主要的依据。有6幅画面展示于报告的主体部分(第100~103页、第108页、第114页),大约160幅画面被包含在附随的证据列表中。

根据沃伦委员会的要求,《生活》杂志派人于1964年2月25日携带扎普儒德原版影像来到华盛顿,向委员会、FBI和情报局的代表作了展示。

然后,根据委员会的要求,《生活》杂志从原版胶片中为其制作了3套35毫米的彩色透明胶片,但第207~212帧画面未包含在内。这些原版画面在处理中似乎受到了意外损坏。《生活》杂志无法根据原版提供这些画面的复制件,但情报局根据原版制作的两套复件可以使用,其中一份在证据中被标记为证据904。《生活》杂志还把它占有的根据原版制作的复件交给委员会，供其在华盛顿使用。

若未经版权所有者同意，联邦政府似乎没有特权使用这些版权材料。对于联邦政府的版权侵犯行为，美国成文法（28 U.S.C. §1498（b））规定了索赔法院（Court of Claims）的救济。《美国版权法》（17 U.S.C. §8）规定，政府出版版权材料不会导致其版权丧失，也不准许"未经版权所有者同意对版权材料……做任何使用"。事实上，《生活》杂志已同意委员会使用扎普儒德影像并在报告中进行复制，但要做出正常的版权声明，然而委员会显然忽视了这一但书。

沃伦报告提交后不久，1964年10月2日的《生活》杂志做了一个封面专题，包括5幅彩色放大的扎普儒德影像画面，委员会的一个成员为此撰写了一篇有关沃伦报告的文章，其中，扎普儒德影像被称为"提交给委员会的最重要的证据之一"。8幅放大的彩色扎普儒德影像画面被印在正文的旁边。

沃伦委员会将所有的证据以及工作文件存放在国家档案馆，其中包括至少一份完整的扎普儒德影像复制件，还有《生活》杂志提供的透明胶片。研究者因此便可以接触使用扎普儒德影像以及作为委员会报告证据的扎普儒德图片。然而，档案馆保管人声称，按照《生活》杂志的要求，尽管允许档案馆向有资格的研究者出示扎普儒德影像，但禁止复制；扎普儒德画面的复制件可按要求提供，但这些复制件背面被盖了章，说明应该向《生活》杂志获得出版许可。

报告及附随的大量证词由政府印刷办公室印刷，因而可以从该办公室购买。

3. 官方报告的反响与汤普森的愿望

沃伦报告发表后，大量批评先后出现，焦点是它的结论：所有枪击都来自一个地方，射击者系独自行动。

作为对沃伦报告特别感兴趣的批评者之一，汤普森深信，该报告是不完备的，其主要结论不可靠。为此他开始研究这一问题，并走向沃伦委员会存放在国家档案馆的证据材料；并且他特别想看到《生活》杂志拥有的原版影像和画面，相信它们应该比档案馆的留存证据更加清楚。

也是在这时，大量书籍对沃伦报告提出了严厉的批判，引起公众的广泛关注，其中有的还占据了非虚构畅销书排行之首。在此情况下，《生活》杂志再次对这一主题展开调研，另一篇文章正在写作，其他文章也在计划中。

此时，汤普森已决定写一本书，并与盖斯公司签出版协议。汤普森便找到《生活》杂志的雇员比林斯——他正在参与有关报道计划，两人于1966年9月谈过话。汤普森和比林斯讨论了刺杀案、汤普森的观点，以及汤普森的写作。汤普森后来说到，他曾告诉比林斯，他的书"需要使用扎普儒德影像中的某些画面"；而比林斯否认曾提到过此事。比林斯向《生活》杂志特刊部副编辑克恩介绍了汤普森，克恩也正在为《生活》杂志的文章做准备。

1966年10月7日的《生活》杂志发表了一篇维恩外特撰写的社论；鉴于沃伦报告引起的怀疑，该社论倡议政府重新审议这一问题。

1966年10月20日，被告盖斯安排了一次会议和午宴。来自《生活》杂志的维恩外特、克恩和比林斯，来自被告公司的盖斯和普瑞思顿以及汤普森都参加了。合伙公司方面表示期待推出汤普森正在撰写的这本书。大家讨论了汤普森的观点，各方之间某些形式的合作，包括让汤普森成为《生活》杂志的顾问，参与有关文章的创作。汤普森说，比林斯"实质上"还曾告诉他，如果不能获得扎普儒德图画的使用许可，汤普森还可以使用素描，足可满足其目的。但有关证据不认可这种情况曾经发生。

按照口头协议，汤普森从1966年10月31日开始成为《生活》杂志的顾问。按约定，他为此获付了聘金、月薪以及他的业务开支；双方都可以提前30天提出解约。汤普森主要和克恩、比林斯工作。他大多数时间是在家里工作，只是偶尔来一下办公室。

汤普森书面誓词中承认，在他开始为《生活》杂志工作之前，他曾知道《生活》杂志将不会允许他在其书中使用扎普儒德画面的复制件。

工作中他不能接触扎普儒德影像原件，也几乎没有任何人在研究中使用它们。汤普森被允许接触一份据原件制作的 8 毫米复制件，35 毫米的幻灯片和 3 英尺×4 英尺的透明胶片。影像复制件被存放在克恩办公桌的一个未上锁的抽屉里；幻灯片和透明胶片存放在比林斯办公室一个上锁的橱柜里，偶尔也放在克恩的书桌抽屉里。当汤普森研究扎普儒德画面时，他只在克恩的办公室里，克恩常常会在场，但偶尔也不在。

1966 年 11 月 18 日，工作日结束时，克恩离开办公室，汤普森单独继续留在那里。而当克恩于傍晚回办公室取文件时，他看到，汤普森一个人正在用他自己的相机对扎普儒德画面制作复制件。

从诉状来看，汤普森似乎没有被明确禁止，这些复件也没有被明确说明是由汤普森"秘密窃取"，但汤普森肯定知道，他不应该自行制作扎普儒德画面的任何复件，并且他也知道，这样做的行为是不合适的。无论如何，汤普森独自在下班时间、使用自己的相机制作复制品，这一事实表明他承认了这种行为是不合适的。

比林斯、亨特（《生活》杂志的主任编辑）后来都得知此事。根据克恩和比林斯的书面证词，《生活》杂志没有任何人对汤普森提出任何批评与纠正，没有人向他说明他做了一件被禁止的事，没有人向他索要他已披露的影像。他被允许冲洗他的胶片并保留复制件；估计正是那些复制件被用于涉案的"素描"。当然，尽管没有令人满意的解释，《生活》杂志人员的这种消极态度并不能使汤普森得到谅解。

聘用汤普森做《生活》杂志顾问的书面协议时间是 1966 年 11 月 23 日。按约定，汤普森的工作是写作关于暗杀的文章，计划发表于 1967 年上半年；他向《生活》杂志提交的材料都将属于《生活》杂志的财产；协议虽然允许汤普森在他的书中使用他向《生活》杂志提供的"照片"，却没有明确允许汤普森使用扎普儒德画面——无论是以"素描"或其他形式。这对于案件的认定不能说没有意义。

1967 年 2 月底，经双方同意，汤普森结束他在《生活》杂志的聘任工作，因为《生活》杂志停止了进一步关注总统遇刺事件的计划。汤普森获得1966年11月1日到1967年2月28日工作期间的报酬。

4. 《生活》杂志进一步使用影像

《生活》杂志1966年11月25日的专题文章是《一个值得合理怀疑的问题》。该文是封面上的唯一主题，黑色背景上是单一色调的扎普儒德画面，标题是"来自影像：备受争议的关键瞬间"。所谓争议是指针对沃伦报告结论的争议，即一颗子弹击中了州长康纳利和总统，其中详细讨论了康纳利州长对该结论的异议。有一幅插图是州长正在研究扎普儒德拍摄的著名影像的放大版，而这被说成是唯一的无懈可击的证据；并且根据州长的证词，这被认为是问题的基础。作为文章的配图，大量扎普儒德画面被以彩色复制。该文的结论是，"该案应该重新调查"。

原告称它已有一个涉及肯尼迪总统之死的电影项目，目前处于后期规划阶段，而扎普儒德影像将是其"关键特征"；该规划电影将在影院与电视上播映，且原告已经"以相当大的成本"来保证该项目使用的其他材料。另据原告称，扎普儒德影像还将被用于以后的《时代》和《财富》杂志，用于原告出版的图书以及广播业务。

沃伦报告遭受某些批评的理由是它没有在其证据中印刷四幅扎普儒德画面，标号为第208～211号；此外，第171～334号画面按顺序打印在报告的第18卷。报告对这一疏忽没有任何解释。一些批评者看到了这一疏忽的重要性，人们开始听到"丢失的画面"这一说法。人们提到，《生活》杂志不能向沃伦委员会提供根据原件制作的第207～212帧画面。但是，情报部门有两份根据原件制作的复件，《生活》杂志有另外一份；委员会拥有完整的影像。所以，所谓"丢失的画面"是不存在的。而为解决这一问题，《生活》杂志于1967年1月30日向公众公开了这四幅画面，并附有一份解释性声明，对此次发布的理由做出说明："结束一场无关紧要的讨论。"

1967年5月15日，《生活》杂志在版权局为扎普儒德影像办理了版权登记。刊有扎普儒德画面的三期《生活》杂志此前已经作为"期刊"得到登记，纪念专刊则已作为图书办理登记。《生活》杂志的三期周刊和它的纪念专刊一共发行2375万多册。美国之外出版的包含扎普儒德画面的《生活》周刊发行量超过300万册。

显然，《生活》杂志遵守了版权法的所有规定，如果扎普儒德图片属于版权客体，《生活》杂志便因此获得法定的版权。

5. 以素描进行复制：被告的无奈之举

如上所述，汤普森一直在为研究图片、获得图片而努力。

1967年6月22日之前，被告多次努力为此获得许可。判决书详细列举的事件显示，汤普森及其他被告代表不厌其烦地与《生活》杂志人员进行各种形式的联系，请求获得有关画面的使用许可。其中，汤普森表示，扎普儒德画面是其作品的"缺漏"，并表示他多么强烈地需要获得许可，并为此提出了相当丰厚的条件；汤普森强调，由于"财产法之怪癖"拒绝他使用扎普儒德图片而令其感到"沮丧"，《生活》杂志虽然可能拥有"法定权利"，而"道德诉求"则是"岌岌可危"；被告出版编辑普雷斯通表示，没有人质疑《生活》杂志的法定权利，而己方绝没有以此牟取暴利的企图。

原告方多名负责人均表示了拒绝的态度。他们称，如果允许汤普森使用这些画面，《生活》杂志也将不得不允许"无数"他人提出的使用要求，所以《生活》杂志必定要拒绝许可。"在美国，不允许任何人使用该影像的任何部分"是该公司的政策，该影像被视为"公司的无价之宝"，"它的使用将限于我们的出版物和经营活动"。

被告盖斯公司甚至提出，作为使用许可费，愿意将该书的所有利润支付给《生活》杂志，以换取对方的授权。原告不愿做丝毫让步。

认识到最终无法获得生活杂志的许可，被告决定以素描的方式使用有关画面。其具体做法是，雇用艺术家以木炭绘制素描，从而达到准确复制有关图片的目的。这种做法显示是考虑到原告可能提起诉讼，他们也只能尽量避免。

1967年11月18日开始，合伙公司出版了该书，并交由兰登书屋发行。

书中，任何扎普儒德画面都没有被完整复制，但画面中的重要部分得到复制，具体有22幅受版权保护的画面的重要部分被复制在图书的有关页面。考察可知，被告方只是以木炭复制了原画面，而没有自己的创造性或原创性；被告盖斯本人在该书开头的题记中清楚地表明了这一点。盖斯特别强调了这些复件所具有的准确性：它们都经过与原始资料即受版权保护的图片进行严格核对，以便它们能准确地表现事件本身；所有素描都是用同样的细心与耐心完成的，为此他专门提到《生活》杂志于1967年1月发表的一幅扎普儒德画面的照相副本，建议读者将原作与该书中的木炭素描进行比较。不过，盖斯也试图为其复制开脱责任：扎普儒德影像作为关键性历史文献，不应该因为私人所有这一偶然事件而消失于人们的视野。

汤普森于1967年12月2日在《周六晚间邮报》上发表了一篇文章，介绍该书及其结论。邮报整个封面都给了这篇文章，背景是该书护封使用的照片。这篇文章使用了与该书第79页相同的资料，但也有很大的区别；有关的素描画也被复制在邮报文章中。

◇ 新闻摄影：事实与创作

地区法院指出，扎普儒德图片是否拥有有效的版权是一个必须首先要解决的问题。其中的关键是，这些新闻图片是不是合格的版权客体。

代表被告的意见是，扎普儒德图片完全是事件记录，其中没有摄影人的个性成分，且新闻不可能成为版权客体。但是，依据当时有效的《版权法》（第4条、第5条）规定，"照片"（photographs）可以成为版权的客体，而且没有任何限制。为此，法院追溯了有关照片版权问题的法律史。

美国立法中有关照片的版权条款最早出现于1870年7月8日的法案中，

它成为当时《版权法》第5条（j）。最高法院于1884年在伯罗－贾尔斯案中适用了这一条款。❶ 该案审理的问题是，王尔德的影棚照片（studio photograph）能否成为版权的客体。当时的成文法已经承认所有照片都是版权的客体，但有人提出：按照美国宪法的规定（Art. I, § 8, cl. 8），国会不应承认照片版权，因为照片并非摄影师作为"作者"（authors）的"著作"（writings）。争议的焦点在于，照片是"单纯机械性的"，而不包含"新颖性、创造性或独创性"。最高法院认为，该案件中的照片包含拍摄对象的姿势摆放和服装选择、背景等；照片是以摄影师为作者的著作，国会依宪可以将这种照片作为版权客体。不过，实际生活物品的普通照片依宪能否成为合格的版权客体，这一问题在此悬而未决。

在布雷斯坦案中，这个问题再次摆在最高法院面前。❷ 涉案作品是马戏表演的彩色平印图（chromolithographs），是经特殊工艺印制的图片。霍姆斯法官代表法院裁定，这种图片依宪已经被视为版权的客体。法院认为显而易见的是，该图片虽呈现实际可见的事物，这一事实不会影响法律结果，这种"来自生活"而非经过"构思"的图片可以获得保护。就此而论，该法院宣告："他人可自由复制原物，却不能自由复制复制品"；"最不矫饰的图片也比通讯录之类有更多的独创性，它们可以享有版权"。

汉德（Learned Hand）法官曾指出，任何照片都能成为版权的客体，因为最高法院曾裁定，"无论多么简单，照片不会不受作者个人的影响，没有哪两张照片会绝对相同"。汉德法官在该判决中说道：按照《版权法》第5条（j），"无论照片中的'个性'（personality）程度如何，照片都受到保护。至少说，自1909年以来，这一点没有在任何案件里被认定为一个条件。宪法可能不包括所有照片，这种意见在我看来有点过头了"。❸

---

❶ Burrow - Giles Lithographic v. Sarony, 111 U. S. 53 (1884).
❷ Bleistein v. Donaldson Lithographing, 188 U. S. 239 (1903).
❸ Jewelers Circular Publishing v. Keystone Pub., 274 Fed. 932 (S. D. N. Y. 1921), affirmed 281 Fed. 83 (2d Cir. 1922).

对此，绝大多数论者的研究结论是，任何照片都可以成为版权的客体。例如《尼默论版权》在说明汉德法官的结论已成为"流行观点"之后，继续指出："任何……照片都可仅仅依靠摄影人对对象的个性选择、照片的角度、用光以及照片将被拍摄的准确时间来主张必要的独创性以支持版权。"❶ 有一篇法律评论文章曾经部分地涉及这个问题："快照（snapshot）的拍摄无疑有一些个性的因素——对象的选择、相机视窗里的取景、何时拍摄的决定。……它的视觉吸引力，它对艺术作品之性质的体现，似乎一直阻止法庭对照片中的艺术水准、技巧或努力的程度进行评判。对单纯照片赋予版权保护的另一个理由是这样一个熟悉的谚语，即一张照片胜过千言万语。对同一场面，一幅照片如果能像长篇书面描述一样具有教育性，它就可以像文章一样促进我们对于应用性技艺和知识的了解，增进我们对于历史和自然事件的理解。如果后者因其合乎宪法的目的而享有版权，为什么照片不能——无论是经过深思，还是随意偶然？……如今，要确定一张照片是否有可享有版权的充分独创性，几乎没有困难。"❷

第二巡回法院在50年前有过一件有趣的案子，所涉问题是，一幅展示了纽约第五大街上公共图书馆的街景照片是否享有版权。最终判决认定其享有版权，其中声明："决定何时拍摄照片，运用光、影、位置等其他附带性特征，给有生命的和无生命的物体营造适当的背景设置，这无疑是需要独创性的。"❸

该案中，法院指出，扎普儒德对他的摄影显然有资格享有版权；仅仅因为它记录了一个悲剧事件而否定其版权，这是基于何种原则呢？

为支持其"新闻不能受版权保护"的观点，被告援引了美联社案等。新闻事件不享有版权，这一论断当然是完全正确的。该案原告《生活》杂志也不对该事件的新闻成分主张版权，而是主张对扎普儒德所制作的特定形式的记

---

❶ *Nimmer on Copyright*, p. 99.
❷ Gorman, *Copyright Protection for the Collection and Representation of Facts*, 76 Harv. L. Rev. 1569, 1597 (1963).
❸ Pagano v. Beseler, 234 Fed. 963, 964 (2 Cir. 1916).

录享有版权。

美联社案涉及的是新闻文章（字词）而不是照片。该案不涉及版权材料，但法院讨论了作为版权客体的新闻文章，并仔细区分了"新闻要素""信息的实质内容""作者用于传达它的特定形式或者词语搭配"。而后者即"特定形式"则被认可属于版权的适当客体，最高法院就此指出："毫无疑问，新闻文章通常拥有文学的属性，在普通法上属于文学财产的客体；我们也并不质疑，这种文章作为文学作品，根据现行法的规定，属于版权的客体。"❶

代表被告的说法是，这些图片不享有版权，因为其"缺乏创造性"。这个观点已在上面的讨论中得到解决。用汉德法官的话来说，任何照片都反映了作者的个性影响，没有哪两张照片完全一样。事实上，扎普儒德图片有很多创造性元素，尤其是，扎普儒德选择了相机类型（动画而不是快照）、胶卷种类（彩色）、镜头种类（长焦）、拍照区域、拍照时间以及（测试几个地点之后）操作相机的地点。

作为辩解，代表被告的观点还援引了莫里斯案判决所确立的原则。❷ 为避免所谓让原告独占肯尼迪总统遇刺这一事实，法院判决也援引了这一案件。莫里斯案涉及促销竞赛的规则（rules of a sales promotion contest）。竞赛的实质内容本身被裁定不享有版权；同时，由于竞赛规则得以表达的方式非常有限，如果这些规则被作为版权的客体，不可享有版权的比赛内容将被规则之版权的所有者占为己有。所以法院拒绝将版权保护延伸至这些规则。但法院认为，这一裁定并不能适用该案。《生活》杂志已经承认，达拉斯事件没有版权；在讲话、图书、图画、音乐以及其他各种表达方式中，该事件都可以被自由地呈现。《生活》杂志所主张的一切，只是扎普儒德影像之特殊形式的表达的版权。而表达受到"垄断"正是版权法所明确赋予的。

法院肯定地指出，原告《生活》杂志对扎普儒德影像享有有效的版权。

---

❶ INS v. AP, 248 U. S. at 234.
❷ Morrissey v. Procter & Gamble, 379 F. 2d 675 (1st Cir. 1967).

另外，法院指出，被告聘请艺术家以木炭制作素描这一事实并不影响被告行为属于复制。正如《尼默论版权》所说："根本的是，作品版权不仅禁止未经授权以作品产生的原初媒介进行复制，也禁止其他任何媒介形式的复制。因而，照片版权将禁止未经授权的绘制或其他形式的复制，也禁止照相式复制。"

因此，被告行为（素描）对原告的图片构成版权侵犯。

◇ 被告行为的正当性：从私利到公益

即使扎普儒德图片有资格受到版权保护，被告提出了合理使用抗辩，这是法院下一步考虑的重要问题。对此法院认为，被告的使用是不是合理使用，是该案最困难的问题。

尽管版权所有者拥有印刷、重印、出版、复制和出售版权作品的排他性权利，法院还是一直承认，如果具有合理性，复制或对版权作品做其他挪用并不一定产生责任。合理使用问题是衡平法上的灵活而无法定义的原则，上诉法院法官（如汉德、帕特森等）多次将其称为"整个版权法律制度中最棘手的问题"。❶ 为了论证该案问题，该法院判决进行了历史追溯。

早在1841年，上诉法院法官斯托瑞（Story）在弗尔萨姆诉马什一案中最早提出并讨论了这一原则。❷ 该案涉及华盛顿某些信件的版权。斯托瑞法官指出："问题是，这是否属于对独创性材料的正当性使用，如法律所承认的那样没有侵犯原告的版权。"而其结论是，该案中的版权受到了侵犯。

依据该判决意见，合理使用的检验标准主要关乎原告遭受侵害的程度："如果取用如此之多，以至于原作的价值明显被贬低，或者原作者的劳动被他

---

❶ Dellar v. Samuel Goldwyn, 104 F. 2d 661（2 Cir. 1939）.
❷ Folsom v. Marsh, 9 F. Cas. 342（C. C. D. Mass. 1841）.

人挪用到了实质上是有害的程度,依法律而言,这就足以构成盗版的行为。……但是,如果被告可以取用原告版权所涵盖且专属于他们的319封信,另一个书商就没有理由不能取用500封,第三人则可拿走1000封,且可以此类推,原告的版权因此也就遭到彻底摧毁。"而考虑案例中的数据是没有意义的,因为每一案件均据其本身的事实作出判决。

第二巡回法院与该案最近的案例是罗斯蒙特案。[1] 该法院对合理使用原则采取了多少有点宽松的观点。摩尔(Moore)法官突出强调的因素是"信息自由传播的公共利益",并认为,源于系争作品的公共利益决不会因被告谋取商业收益的动机而受到影响。

罗斯蒙特案裁定不久之后,众议院于1967年4月通过了有关《版权法》的修正案,相同的法案也得到了参议院的审议。两部法案都包含同样的条款,即"专有权的限制:合理使用"。依其规定,尽管版权人享有法定的排他性权利,版权作品的合理使用——包括为批评、评论、新闻报道、教学、学术或研究等目的,以复制件或录制品等方式进行复制等使用,不构成侵犯版权。然后,该条款还规定,在判定具体案例中的作品使用是否合理时,应该考虑的因素包括:(1)使用的目的和性质;(2)版权作品的性质;(3)所使用部分与整个版权作品相比的数量与实质性;(4)对版权作品的潜在市场或价值构成的影响。关于这一规定,国会司法委员会的报告说:"尽管法院针对合理使用原则进行了一次又一次的考虑和裁断,但从未就这一概念形成真正的界定。事实上,因为该原则是衡平性的推理法则,不可能存在一个可普遍适用的定义,提出这一问题的案例都必须根据其本身的事实作出决定。另外,法院发展了一套标准——尽管绝非决定性的,却为保障公平提供了手段。这些标准有不同的表述方式,但基本上都可以被归纳为1964年法案中的四项标准,并在该委员会的第107条修正案中再次得到采纳。"该委员会明确表示,合理使用的任何精确定义都是不可能的,并且,"特殊案件中可能产生的各种各样的情形不允

---

[1] Rosemont Enterprises v. Random House, 366 F.2d 303 (2 Cir. 1966).

许成文法形成确定的规则。我们认可合理使用司法原则的目的和一般范围,正如本报告早期所概述的,但成文法没有固化这一原则的趋向,特别是在技术快速变革的时期。除了有关合理使用是什么的宽泛性法律解释以及一些可适用的标准,法院必须在诸案分析的基础上将该原则自由适用于特定情形。经委员会修订后的第107条旨在重申有关合理使用的已有司法原则,决不以任何方式改变、限制或扩大它"。❶

而法律实践的困难常常表现为相关标准的适用。该案审理过程中,被告行为乍一看难以得到合理使用的支持,因为汤普森制作其复制品时的行为以及该书中深思熟虑的挪用看上去枉顾了版权所有者的权利。而合理使用的前提是诚信和合理交易。但另一方面,让被告得以在该书中复制扎普儒德画面的,并非汤普森独自的夜间行为;被告原本也可以从国家档案馆获得这些画面,或者使用《沃伦报告》或《生活》杂志发表的复制品;并且,被告对于该书的商业收益并无多大的奢望,何况被告为获得画面使用许可,还承诺将该书的全部利润作为许可费支付给《生活》杂志,这对被告之合理使用认定是最有利的理由。

法院继而认为,公共利益的考量有利于被告。公开提供有关肯尼迪总统遇刺案的最全面的信息,这符合公共利益的需要。而汤普森在此问题上从事的是一项严肃认真的工作,他对这一事件的解释所提出的意见值得公众考虑。汤普森的观点可通过该书第87页和《周六晚间邮报》中所使用的素描得到解释,但书中所附复印件的解释事实上更容易理解。

原告即版权所有者几乎没有因该书的出版而受到什么伤害。原告与被告没有竞争关系。原告没有以同样的方式出售扎普儒德图片,而被告也不出版杂志,且版权作品的市场需求看上去并未受到被告的影响。原告称其未来有计划将这些图片用于电影或图书,但被告使用某些画面对原告计划的影响只是推测性的。而看上去更为合理的推测是,被告图书的出版更有可能提高扎普儒德图片的价值,但其价值会因此而减少的可能性无论如何是看不到的。

---

❶ H. R. Rep. No. 83, 90th Cong., 1st Sess. 29–30, 32 (1967).

基于上述，法院认为，在合理使用的判定上，天平显然更加倾斜于被告。

法院随后也指出，原告并没有依据州法提起不正当竞争的诉讼理由。双方没有竞争关系，且被告的复制行为是公平而合理的，这已经上述认定。版权作品的复制如果在《版权法》上是不可诉的，它是否属于纽约法上的不正当竞争也值得怀疑。

最终，法院指出，清楚明确的是，如果被告因为其复制属于合理使用而没有侵犯原告之版权，那么无论如何，纽约法也不能再将这种复制行为定性为不正当竞争。原告的全部诉讼请求被驳回。

◇ 简评

这个案子仅一审而成定案，身为超大媒体的时代公司没有恋战，正说明它认识到自己的无理，也说明该案结果难有异议。所以，在美国版权法史上，在新闻作品尤其是新闻照片版权与合理使用问题上，这个一审判例有理由纳入经典的名单。

这个判决书最明显的一大特点是，就像肯尼迪遇刺案件引人关注一样，判决书也在试图讲述一个引人入胜的故事，并达到了这一效果。不过，法官绝没有忘记，他是在撰写法律文书，他最终要提交一份让人信服的判决书；正因此，所有的故事讲述其实都在服务于这一目的：照片的产生过程证明着其创作性、版权性；汤普森及其他被告费尽心机与原告"纠缠"，让人在真切感受其良苦用心的同时，也体会到其"侵权"行为的正当性。所以，到最后，法官的论证似乎不必太多，被告合理使用的结论便可水到渠成。

关于合理使用，该案在总述其历史沿革并对其特点进行简要评说之后，并没有就本案之适用做太多分析。而按照美国法院后来的惯例，合理使用的判断常常要就其四要素做一一辨析的；而此类辨析也常常能让人多角度体会合理使用的要义。该案中,乍看上去,原告至少可以有一半的胜算:四要素中的第二、第三两项有利于原告:照片本身完全受版权保护,而被告的使用虽是素描,却逼真而精确,属于实质性的复制。但在法官的心目中,合理使用的"天平看上去有利于被告"。四要素中虽然也有两项有利于被告,双方之间有点2∶2平局的势头,但被告赢得的是合理使用判定中最重要的两票,即被告使用的目的、被告使用对原告的市场影响。其中,按照法院判决意见,被告使用行为的目的与性质应该比其市场影响更加决定了案件总体性质的判定;这在篇幅上也可以看出,有关市场影响的论述有点轻描淡写,原因当然也是无甚可言。

就名称而言,"合理使用"的核心显然就在于使用行为在目的与性质上具有合理性、正当性。毋庸置疑,该案被告之使用行为是为了研究、分析一起公共性案件,而非营利;这起案件牵动着全国、全世界,被告的研究客观上有利于公众认知,甚至还可能推动刺杀案件的告破;被告也曾本着诚信谋求授权却不得——所以,还有什么理由能否认被告目的的正当性呢?而一旦行为被认定为正当、合理,其他因素便都不再重要,即使被告图书为他们赢得盆满钵满,合理使用之天平的重心也难以偏向原告。就此而言,合理使用虽然是一个法律原则,其道德色彩也确实是显而易见的。

相反地,对于大媒体时代公司,在法官判决的叙事中,其全心全意只顾一己私利、置公益于不顾的资本家的形象也跃然纸上。

5. 公众人物、偷抢新闻与合理使用

——哈珀与罗出版社诉《国家》杂志（1985）

概　要

原告哈珀与罗出版社（Harper & Row Publishers）独家获得福特总统回忆录《疗伤时光》的图书出版权，《时代》杂志独家获得该书出版前的杂志之刊载权。在《时代》刊发文章前不久，被告《国家》（Nation）杂志获得回忆录副本并率先刊发了一篇文章，其中引用了回忆录的重要段落。《时代》杂志撤销原出版计划并取消与哈珀的合同。哈珀遂起诉《国家》杂志侵犯版权。

该案讨论所涉及的重要事实问题包括，涉案作品是一部回忆录，即事实性、历史性作品，且仍具重要的新闻价值；作者是公众人物，作品内容具有较

大的公众关注价值；作品尚未出版，但即将出版；原作篇幅约20万词，引用部分只有大约300词，分布在原作多个章节；引用部分在原作也在被控作品中占据重要地位。由此，该案争议焦点在于，被引用部分是否属于可享有版权保护的表达；该引用是否侵权或构成合理使用。

受理案件的纽约南区联邦法院判决被告侵权，第二巡回法院则予以推翻，认定被告系合理使用；最高法院又推翻二审意见，判决被告侵权。奥康纳法官代表最高法院多数派发表判决意见，布伦南法官发表反对意见，另外两名法官联名参加。❶

美国联邦最高法院称，此案考虑的核心问题是，1976年美国《版权法》的合理使用条款在多大程度上准许未经授权便可引用公众人物未发表的书稿。

1979年3月，《国家》杂志取得来源不明的前总统福特自传《疗伤时光》的书稿复件。该杂志的一位编辑直接根据该失窃的书稿，迅速完成了一篇短文，题为《福特回忆录——赦免尼克松的背后》，并"抢先于"《时代》周刊杂志之前发表，而后者计划即将发表一篇内容基本相同的文章。此前，《时代》杂志已经通过合同从书稿版权人哈珀与罗出版社（以下简称"哈珀"）和读者文摘协会有限公司（以下简称"读者文摘"）购得书稿出版前的独家摘要发表权。正因《国家》文章的抢先发表，《时代》希望落空，取消了计划和协议。哈珀对《国家》杂志提起版权诉讼，且一审胜诉。在《国家》杂志提起的上诉中，第二巡回法院推翻了下级法院的侵权判决，裁定《国家》杂志的行为属于对版权材料的合理使用。哈珀向联邦最高法院提起上诉。

---

❶ 本文内容主要依据最高法院的判决意见及布伦南法官提交的异议，部分表述参见初审与二审判决意见。Harper & Row Publishers v. Nation Enterprises, 557 F. Supp. 1067（S. D. N. Y. 1983）; 723 F. 2d 195（2ed Cir. 1983）; 471 U. S. 539（1985）.

◇ 主要事实与下级判决

1977年2月，刚刚卸任的前总统杰拉尔德·福特与哈珀和读者文摘签约，授权哈珀出版独家福特尚待完成的回忆录。此回忆录包括"至今尚未发表的重要材料"，其中涉及水门事件、总统尼克松下台、福特赦免尼克松，还有"福特先生对这段历史以及有关道德和人格的反思"。除了授权以图书形式出版回忆录外，该协议还将出版前摘录发表的排他性许可权授予哈珀，此即出版行业所谓"首次刊载（连载）权"❶。两年后，随着回忆录即将完成，哈珀与《时代》周刊杂志达成一项出版前许可协议，授权后者摘录发表书中有关赦免尼克松的描述7500个单词；《时代》杂志同意为此支付2.5万美元，预付1.25万美元，发表之后再付余款。该期杂志具体发行时间定于图书运往书店前大约一周。在这里，独家性（Exclusivity）是一个重要的考虑因素；哈珀就图书出版制定了意在保障书稿秘密性的程序；而如果该材料在摘录发表之前被其他印刷品披露，《时代》周刊保留重新协商第二笔款项的权利。

然而，就在《时代》周刊文章刊期前两到三周，有身份不明者将福特书稿的复制件交给了政治评论杂志《国家》的编辑纳瓦斯基。纳瓦斯基知道他对该书稿的拥有未得到授权，并且书稿应该被迅速返还其"源头"，以免被发现。于是，他就匆忙整理了一篇自认为是"真正热门的新闻报道"，包括完全取自书稿的援引、改述和事实。纳瓦斯基以为，如果他要"在福特图书出版之前""制造新闻"，就需要"加快速度"，所以他没有增添独立的评论、研究或批评。这样，一篇大约2250个单词的文章于1979年4月3日发表在《国家》杂志。而由于《国家》杂志的这篇文章，《时代》周刊取消了它的出版计

---

❶ first serial rights，指在图书出版之前，由报刊将其内容进行率先连载或节选的权利。

划,并拒绝向哈珀支付合同余款。

为此,哈珀向纽约南区联邦地区法院起诉被告侵占财产、非法干涉合同以及违反《版权法》。经法院审判,判定《疗伤时光》享有版权保护,被告使用版权材料属于侵权,包括复制作品的权利、许可制作演绎作品的权利以及首次公开发行作品的权利;同时,地区法院驳回了被告依据《版权法》第107条提出的合理使用抗辩。法院认为,尽管该文章被称为"热点新闻",但其中并没有包含任何新的事实。被告杂志"为谋取利益而发表该文",抓取了"即将出版"的作品之"核心"。这种未经授权的使用"导致《时代》的协议被中止,且因此降低了版权的价值"。《福特回忆录》中的某些内容本身虽然不具有版权,如历史事实,但地区法院认为,正是"这些事实和备忘录连同福特的反思所构成的整体(totality),使它们具有《国家》杂志所青睐的价值……享有版权法的保护"。

受理上诉的第二巡回上诉法院意见不一,多数派推翻了原判。多数派意见认为,福特的逐字"反思"是受版权保护的原创"表达",但地区法院错误地认定这些表达"与没有版权的事实相结合,将这些信息转换为一个受版权保护的'整体'"。版权及于表达,而不及于事实或思想。所以,为了避免对历史和新闻背后的事实赋予版权垄断,此类作品中的"'表达'必须被限于其最少的成分,即单词本身的排列和选择"。因此,在评估在后作者的使用是否侵权的时候,受质疑作品之间因借用无版权材料(诸如历史事实、备忘录和其他公共文件,以及引自第三方的评论)而具有的相似性必须被忽略。"无版权的材料一旦被去除,《国家》杂志的文章最多包含大约300个单词受到版权保护。这些剩余的片段和零星短语都逐字引自以前从未在其他出版物中发表过的回忆录,包括福特与亨利·基辛格和其他几个人之间的一小节对话。福特对于尼克松的印象式描写,他辞职和被赦免后患上静脉炎以及尼克松的性格,构成了这一材料的主要部分。法院在审查版权材料是否被'合理使用'这一问题时,必须将其焦点放在杂志文章的这部分内容上。"

在依据《版权法》第107条合理使用四要素进行审查时,多数派意见认为，被告文章的目的是新闻报道；原作品在本质上具有事实性；300 单词的挪用对于 2250 个单词的文章，可谓无足轻重；原作受到的市场影响极其微小，而证据不支持认定被告非常有限的使用导致了《时代》周刊取消合同。《国家》杂志的逐字引用，只是为具有重大政治意义的材料增加了可信性，对事实报道有所补充。对上诉法院发挥了特别影响的是这一题材的"重大政治意义"这一属性以及与此有关的版权法理念，即《版权法》的旨意要避免阻碍民主国家所必要的知识之丰富，避免"通过禁止版权作品的有限使用来妨碍新闻活动"。

◇ 从版权法的要旨说起

最高法院表示认可上诉法院的基本理念，即版权的宗旨是增加而非阻碍知识丰富；但同时认为，第二巡回法院未能充分重视版权法确立的体制旨在鼓励原创作品，从而为知识之丰富提供种子和内容；版权法授予权利正是为了确保知识积累的贡献者为其劳动获得合理回报。美国知识产权法的宪法根基说明了这一点。《宪法》第 1 条第 8 款规定："国会有权力……通过保障作者和发明者在一定期限内就各自的作品和发明享有排他性权利，以促进知识和实用性技术的进步。"1984 年最高法院在索尼案判决中指出，宪法这一"有限授权是用以实现重要公共目的的手段。它旨在通过提供特殊奖赏来激发作者和发明者的创造性活动，并在有限的独占性控制到期后允许公众获取其才智的成果"。"因而版权所造成的垄断奖赏作者个人，从而施惠于公众。"[1] 这个原则平等地适用于虚构性与非虚构性作品。例如，该案所涉图书花费两年时间创作，以合同向出版商授予作者的版权，出版商再进行生产、销售、服务。在该书的创作

---

[1] Sony v. Universal City Studios, 464 U.S. 417, 429 (1984).

过程中，作者福特撰写了有关公众人物的短文、有关文字描述，参加了数百次录音采访，然后整理、提炼出他自己的思想等。显然，版权授予的垄断有效地发挥了作用，即推动具有潜在历史价值的新作品的创作。

《版权法》第106条向版权人赋予一揽子的排他性权利，即自作品产生之日起，作者被授予发表、复制和发行其作品的权利。在实践中，作者通常将其权利出让给支付使用费的出版商，以换取它们在生产和销售环节的服务。同时，版权人的权利也受制于某些法定的例外，如《版权法》第107条规定的他人实施"合理使用"的传统特权。并且，任何作者不能对事实或思想享有版权（第102条）。版权保护仅限于作品的某些层面，即表达，它体现着作者独创性的标记（stamp）。

非虚构类作品的创作，即使是纯粹事实的汇编也都可以表现出独创性并享有版权，如园艺目录版权、照片版权等。❶ 尚未出版的《疗伤时光》书稿整体上受到《版权法》第106条的保护；其版权人还遵守了法律规定的通告和登记程序。即使被告也表示，除非其作为合理使用，逐字复制书稿之原创表达，构成侵权。但版权并不阻止在后使用者从在先作品中复制那些非原创性的成分，如作品中的事实、公共性的材料等。而该案下级两审法院之间在可版权性问题上的一个争议焦点是，《国家》杂志挪用非原创和无版权要素，是否侵犯了原作品作为整体所表现出来的独创性。尤其在事实性叙事方面，无版权要素与作者原创部分结合形成受保护的表达，其可版权性问题尚无法律定论。可以比较的是，Wainwright Securities案将版权保护赋予了作者的分析、材料的组织和事实的编排，而Hoehling案将版权保护限于词语的排列和选择。❷

对此，最高法院认为，该案审理不需要涉及上述可版权性问题，因为被告《国家》杂志已经承认，它从版权人的原创性表述中逐字引用了共计300～400

---

❶ Schroeder v. William Morrow & Co., 566 F.2d 3（CA7 1977）；Burrow-Giles Lithographic v. Sarony, 111 U.S. 53, 58（1884）.

❷ Wainwright Securities v. Wall Street Transcript, 558 F.2d 91（CA2 1977）；Hoehling v. Universal City Studios, 618 F.2d 972（CA2 1980）.

个单词，数量占自己文章的13%。《国家》杂志大量逐字摘录福特未出版的书稿，为其报道增加了可信性，只此一点，实际上就已经使它抢夺了原告的首次发表权（right of first publication）❶，而这是一项重要的可转让的附属权利❷。

可以说，对于审理该案的各级法院，尤其是对于最高法院来说，福特回忆录原作、被告从中摘取的部分均具有可版权性。所以，最高法院便将其分析的焦点置于被告行为的合理性上。经过下列分析，该院最终裁定，被告对该书稿的使用不是《版权法》所允许的合理使用；即使将审查对象删减至被告承认属于版权性表达的逐字引用，结论也是如此。

◇ 合理使用与公共利益

合理使用的要旨

关于合理使用，美国最高法院援引了较早学者的一个解释："版权所有者之外的其他人未经同意以合理方式使用版权材料的特权（privilege）。"❸合理使用抗辩是一项普通法原则，美国国会通过《版权法》第107条将其纳入法典；该条款要求逐案判断特定使用行为是否合理，为此还具体列举了需要考虑的四个非排他性要素。

合理使用的正当性与版权法的正当性密不可分。"曾一再得到法院暗示的

---

❶ 在英语中，publication 含有发表、出版、出版物之意；right of first publication 因而也可以翻译为"首次发表权"或"首次出版权"。而就案情所涉主题而言，该案中的 right of first publication 更有理由翻译为"首次发表权"。当然，是不是因此可谓美国《版权法》早就含有对"发表权"的保护，这是一个值得探讨的问题。

❷ 附属权利（subsidiary right）是指，图书出版商在通过合同获得专有出版权的同时取得的其他附属性权利，这些权利通常会影响有关图书的市场发行。国际惯例较为常见的是报刊刊载权、复印权、汇编权等。

❸ Horace G Ball, Law of Copyright and Literary Property 260, M. Bender & Company incorporated (1944).

是，作者同意他人合理使用其版权作品是促进知识和实用技术进步这一宪法政策的必然，因为禁止这类使用会阻止后来的作者在已有作品的基础上取得进步，从而……阻碍所要实现的最终目标。"❶ 国会在修改《版权法》的过程中，受委托参与有关研究的拉特曼教授指出，以往法律依赖于被复制或被使用的材料在理性的版权人（reasonable copyright owner）心目中所具有的重要性；或者说，理性的版权人是否同意某种使用。❷ 早在1841年的一起涉及前总统华盛顿信件的案件中，斯托里法官指出，"如果一个评论家确实是为了公平而合理的批评而使用某些段落，他可以合理地大量引用原作。另一方面，如果他引用了作品中最重要的部分，不是为了批评，而是要取代原作的用途，且是以其评论来代替它，很显然，这种使用在法律上将被视为盗窃"。❸ 斯托里法官在此有一个假定性的声明，合理使用原则往往要排除使用者从事"取代原作用途"。

合理使用之于未发表作品

该案难点在于，未发表作品能否适用合理使用原则。被告主张，立法者一方面将首次发表包括在《版权法》第106条列举的权利中，而这些权利又明确受制于《版权法》第107条的合理使用，正表明合理使用同样适用于已出版和未出版的作品。但最高法院认为，《版权法》不支持这一主张。

在法理上，合理使用原则乃基于作者在发表作品时已默示同意"合理且习惯性的"使用。也许正因如此，对于擅自复制未发表作品所引起的侵权指控，合理使用传统上未曾被用作抗辩理由。基于普通法上的版权，有判例指出，作者对于智力创造成果的财产被认为"是绝对的，直至他自愿放弃"。❹当然，这种绝对性原则实践中也会因合理使用的衡平法性质而得到缓和。在特定情况下，默示同意之类的因素可能会导致权利的衡平倾向于支持未发表作品

---

❶ Horace G Ball, 260.

❷ A. Latman, Fair Use of Copyrighted Works (1958), reprinted as Study No. 14 in Copyright Law Revision Studies Nos. 14–16.

❸ Folsom v. Marsh, 9 F. Cas. 342 (No. 4, 901) (CC Mass.).

❹ American Tobacco v. Werckmeister, 207 U.S. 284, 299 (1907).

的使用，比如通过表演或散发作品造成事实上的出版；曾有论者建议，以不构成技术性"出版物"的形式向公众散发的作品也要受制于合理使用。❶ 不过，如果原告的作品尚未出版，这一事实是不是一个倾向于否定合理使用抗辩的因素，从来没有得到过认真讨论。在作者授权传播之前擅自发表其作品，严重侵犯了作者决定何时、是否将其公开的权利，这确实是已发表作品之合理使用原则未曾涉及的问题。

回顾立法史有助于理解这一问题。1976年《版权法》代表的是对版权制度进行过一次大规模立法复审的最终成就。在各项改革中，它从创作完成之时起就将法定保护赋予一切作品，从而取消了以出版来区分普通法和成文法保护；它还首次承认了法定性首次发表权，而这以前属于普通法保护的范围。众议院司法委员会报告确认，"第106条第（3）款设立了排他性的发表权。……根据该规定，版权所有者有权控制经其授权的作品复制件……的首次公开发行"。

最高法院指出，首次发表权像《版权法》第106条列举的其他权利一样，明确受制于《版权法》第107条合理使用规定，但合理使用的分析必须始终根据个案情况做出调整。受到威胁的利益的性质与特定使用是否合理有着密切关系。首次发表的权利涉及作者的最初决定：是否，且以何种方式发表其作品；首次发表与《版权法》第106条其他权利有着本质性差异，因为只有一个人能够成为首次发表者；原告与《时代》周刊之间的合同表明，该权利的商业价值主要在于其排他性、独家性。比较而言，如果通过司法强制执行，让作者与擅自使用者"共享"首次发表权，作者遭受的潜在损害是巨大的，因此，公正的天平在评估此类合理使用主张时一定要有所不同。

国会参议院报告曾表明，国会希望作品的未发表属性能在合理使用分析中得到凸显。在讨论影印材料的课堂合理使用时，委员会报告称："合理使用的

---

❶ Copyright Law Revision—Part 2: Discussion and Comments on Report of the Register of Copyrights on General Revision of the U. S. Copyright Law, 88th Cong., 1st Sess., 27 (H. R. Comm. Print 1963).

5. 公众人物、偷抢新闻与合理使用 ◎

一个关键因素（尽管未必是决定性因素）是，该作品是否可供潜在用户获用。如果该作品已经'绝版'且无法通过正常渠道购得，则使用者就更有理由复制它。……合理使用原则对于未发表作品的适用受到严格限制，因为尽管该作品不能取得，但这是版权所有者故意选择的结果。通常情况下，版权所有者的'首次发表权'将优先于为课堂目的进行复制的需求。"❶ 尽管该委员会选择课堂材料影印来说明合理使用，但它要强调的是，"相同的合理使用一般标准可适用于所有类型的版权材料的使用"。被告曾辩称，众议院报告暗示它有意忽略已发表和未发表作品在合理使用方面的传统性区别，但最高法院认为这一论点没有说服力。相反，有关课堂材料影印合理使用的讨论在最终报告中被删掉了，因为教育机构和出版商在此期间商定出一套指导准则，使得这一讨论被舍弃。尽管如此，众议院报告仍将该讨论纳入了附属参考资料，引用参议院报告并指出，"本委员会已经审查这一讨论，并认为它对（合理使用）问题各个方面的分析仍然具有价值"。❷

最高法院又指出，即使立法历史在此问题上完全保持沉默，但就国会将《版权法》第107条定性为"重述"来说，结论仍然是：国会的目的是继续保持有关未发表作品合理使用的原有法律，也像其他类型的合理使用一样，且不"对它做出改变、缩小或扩大"。最高法院于是得出结论，作品未曾发表这一属性是其倾向于否定合理使用抗辩的一个关键因素，尽管未必是决定性因素。

被告还主张，福特书稿已经授权并即将出版，这表明他想发表，因而可得合理使用。最高法院对此也不予支持。被告的理由是，版权材料未发表这一属性仅对信件或其他无意传播的秘密写作显得重要；而普通法版权也确实常被用于保护个人隐私。但最高法院指出，在商业性背景下，作者选择何时发表的权利依然值得保护；包括作品的酝酿、写作预备以及为公开传播而整饰等在内的各环节都是至关重要的。《版权法》向作品版权人赋予控制首次公开发行的权

---

❶ S. Rep. No. 94–473, p. 64 (1975).
❷ H. R. Rep. No. 94–1476, p. 67 (1976).

利正呼应了普通法的关注,即作者或者版权人对整个关键阶段应保持控制。❶ 就法律效果而言,保证作者有时间发展他们的思想而无须担心他人干预,这对作者和公众都有明显的好处,并且比过早发表作者的表达所能产生的短期新闻价值更为重要。作者对首次公开发行的控制,既涉及控制创作的人身利益,也涉及利用出版前权利的财产利益;它们本身都有其价值,并可作为形象宣传和市场营销的重要辅助。曾有判例承认,成功的市场营销有赖于对连续刊载和向公众发布进行协调;❷ 业内也有一种观点认为,附属权利的利用对于新书的市场成功至关重要。

总之,最高法院指出,通常情况下,对于未曾公开的作品,作者控制其首次发表的权利将比合理使用诉求更重要。

合理使用和公众人物作品

为了抢先报道(scooping)别人已获授权的首次连载而进行逐字引用式的复制,这种做法通常不符合合理使用的要求。在该案背景下,借口福特回忆录内容具有重大的公共意义,被告认为,美国《宪法》第一修正案的价值要求适用不同的规则。被告解释说,被告复制福特书稿的表达,对于它报道书中呈现的新闻内容至关重要。在被告看来,除了回忆录中所包含的事实,福特"自我表达的准确方式"也具有报道的价值;公众尽快获知该新闻的利益比作者的首次发表权远为重要。第二巡回法院此前曾指出,"当被传递的信息涉及公众高度关注的问题时,(合理使用的)范围无疑要更加宽泛"。但最高法院撤销了该案判决。❸

第二巡回法院在该案判决中指出,版权法上的思想/表达二分法"允许在自由传播事实的同时保护作者的表达,从而在美国《宪法》第一修正案和

---

❶ Comment, The Stage of Publication as a "Fair Use" Factor: Harper & Row v. Nation Enterprises, 58 St. John's L. Rev. 597 (1984).
❷ Belushi v. Woodward, 598 F. Supp. 36 (DC 1984).
❸ Consumers Union of U. S. v. General Signal, 724 F. 2d 1044, 1050 (CA2 1983), cert. denied, 469 U. S. 823 (1984).

《版权法》之间维持一种界定性平衡"。任何作者都不能对他的想法或他叙述的事实享有版权;版权法不会限制言论自由,因为版权仅保护表达形式,而不保护被表达的思想。最高法院多年以前也曾指出,"新闻要素——文字作品所包含的关于当前事件的信息——不是作者的创作,而是通常属于公共利益的事件报道;它是当时的历史"。❶ 版权对那些撰写和发表事实叙述的人保证,他们至少可以享有销售其原创性表达的权利,以作为其投入的正当补偿。

对此,最高法院指出,被告的观点试图在扩大合理使用的范围。如果仅通过将侵权称为新闻报道合理使用就可以规避责任,版权的承诺也就终将成空。❷ 离开版权保护,回忆录的创作与营利都将失去激励,公众人物作品的版权预期因此落空,最终结果是,公众也将失去重大历史信息的重要来源。

对于该案争议的作品类型,如果作者和出版商已经为原创作品创作投入了大量资源,并准备向公众披露,他人不能借口任何合法目的来抢夺他人的首次发表权。作者为修饰其叙述而选择的语言本身可能具有新闻价值,但这一事实对于在发表之前擅自复制作者表达的做法并非一个可独立成立的理由。通过改述第二巡回法院最近的另一项裁定行,最高法院指出,"为了启发受众,被告拥有使用(回忆录中)揭示的任何事实信息的无限的权利,但它没有必要通过利用部分实际的(书稿)来'整体性地挪用'(福特先生)对信息的'表达'。法律拒绝承认事实的有效版权,信息自由流通的公共利益因此得到保障。合理使用原则不是公司盗窃的许可证,它在法院确定相关作品可能具有公共性价值的材料时授权法院忽略版权"。❸

最高法院指出,人们在快速传播新闻的时候,不应该忘记,立宪者有意将版权本身作为自由表达的引擎。正是通过为表达设立可以买卖的权利,版权为创造和传播思想提供了经济激励。该院在梅泽诉斯坦案中指出,"授权国会保

---

❶ INS, 248 U. S. 215, 234 (1918).
❷ Wainwright Securities v. Wall Street Transcript, 558 F. 2d 91 (CA2 1977), cert. denied, 434 U. S. 1014 (1978).
❸ Iowa State University Research Foundation v. ABC, 621 F. 2d 57, 61 (1980).

护专利和版权的该条款背后的经济哲学是这样一种信念：以个人获益鼓励个人努力，是通过'知识和实用技术'领域作者和发明人的才智促进公共福利的最佳途径"。❶ 艾肯案判决称，"我们版权法的直接目的是为'作者的'创造性劳动确保合理回报。但最终的目标是，通过这种激励，为一般公共利益激发（有用作品的创作）"。❷

而必须从根本上考虑到，为那些对公众最重要的作品赋予较少权利是与版权制度不协调的。这样的观念忽略了版权的主要前提，并损害了作者和公众。"每当'（传播的）社会价值……超过艺术家所受损害'时就主张准许合理使用，无异于建议，正当版权人面对那些能够付费的使用者时，却剥夺其财产权利。"❸ 正如有论者所言，"如果每本符合公共利益的图书都可以由竞争出版商盗版……公众很快将没有值得一读的东西了"。❹

另外，思想和表达自由包括自由发言的权利和完全沉默的权利。最高法院认为，保持沉默的权利不会准许版权人滥用其垄断，从而将该权利作为压制事实的工具。但纽约州的法官说过，"第一修正案的基本要旨是禁止对思想的自愿公开表达实施不当限制；它保护那些希望发言或出版的人，以阻止他人要求其沉默。在适当界定的范围内，必然有一种与之伴生的不公开发言的自由——它与积极层面的言论自由有着相同的最终目的"。❺

各法院和评论者已经承认，版权，特别是首次发表权，对美国《宪法》第一修正案具有补偿性（countervailing）价值。鉴于第一修正案的保护已经体现于《版权法》对于版权性表达和无版权事实所做的区分，且合理使用在传统上为学术和评论提供了自由的空间，最高法院认为，没有理由扩大合理使用范围以创造所谓公众人物的版权例外。在特定案件中，要判断逐字复制公众人

---

❶ Mazer v. Stein, 347 U. S. 201, 209 (1954).
❷ Twentieth Century Music v. Aiken, 422 U. S. 151, 156 (1975).
❸ Gordon, *Fair Use as Market Failure*, 82 Colum. L. Rev. 1600, 1615 (1982).
❹ Sobel, *Copyright and the First Amendment: A Gathering Storm?*, 19 ASCAP Copyright Law Symposium 43, 78 (1971).
❺ Estate of Hemingway v. Random House, 23 N. Y. 2d 341, 348 (1968).

物书稿是否合理，还是应该以传统的合理使用之衡平为依据。

◇ 合理使用分析

《国家》杂志的文章是否构成美国《版权法》第107条规定的合理使用，必须按照前文所述原则进行审查。美国《版权法》第107条具体规定了合理使用判断需要考察的四项要素，正如已得到普遍承认的，各项因素都不具有排他性。最高法院指出，合理使用混合了法律和事实问题，而地区法院认定的事实已足够就每个法定因素进行评估，并从法律上得出结论。国会曾指出，由于该学说是衡平性推理规则，不可能做出可普遍适用的界定，且提出问题的每个案件都必须根据其自身的事实做出判定。❶ 于是，最高法院就合理使用各要素对该案的适用进行逐步考察。

（1）使用的目的：抢占市场。

第二巡回法院和最高法院都承认新闻报道是《国家》杂志涉案行为的一般性目的。按照参议院报告，《版权法》第107条列举的多种事例就某些行为类型提供了指导性理念，法院可在某些情况下将某些行为视为合理使用，❷ 而新闻报道就是这些事例中的一种。不过，依据《版权法》第101条有关解释，该法第107条有关各项情形的列举不具有排他性；它也无意假定性地将某些特定用途直接视为"合理的"使用。法律起草者曾对特殊利益集团试图创设假定性合理使用类型的压力进行了抵制，而仅仅将该条文构造成为需要逐案分析的肯认性抗辩。❸ "在具体案例中，第107条第一段提到的某种使用是否为合

---

❶ H. R. Rep. No. 94-1476, p. 65 (1976).
❷ S. Rep. No. 94-473, p. 61 (1975).
❸ H. R. Rep. No. 83, 90th Cong., 1st Sess., 37 (1967).

理使用，取决于各判断性因素的适用，包括第二段中提到的那些因素。"❶ 一篇文章如果按理说属于"新闻"，且属于增益性使用（productive use），这一事实仅仅是合理使用分析中的一个因素。

所以说，如果仅因为被告行为属于新闻报道就认定其合理，这是最高法院所不能同意的。最高法院指出，该案上诉法官梅斯基尔明智地指出，"法院应该谨慎地决定什么是新闻，什么不是新闻"。曾有学者分辩说，"问题不在于什么构成'新闻'，而在于新闻报道的主张对于侵犯可版权性表达是不是一项有根据的合理使用"。❷《国家》杂志有权争取成为第一个发布信息的人。但它不仅报道了不享有版权的信息，而且试图在未经许可的情况下通过抢先发表著名人物的版权性表达来制造"新闻事件"，这就是问题。

商业性的出版物不是非营利性的，该事实是不利于合理使用认定的一项独立因素。《国家》杂志辩称新闻报道的目的并非单纯商业性的，最高法院不认可这一主张并指出，营利与非营利之分的关键不在于使用的单一动机是不是金钱收益，而在于使用者是否获利于版权材料的利用却没有支付合理的费用。

在评估使用性质和目的时，《国家》杂志对即将出版的硬皮书和《时代》杂志摘要进行抢先报道这一目的不应被忽视；无论《国家》杂志的使用产生了何种附带性结果，其所预期的目的则是，挤占版权所有者的具有商业性价值的首次出版权；这就是说，被告文章的目的是与原作进行竞争。同样与使用性质相关的还有被告行为是否得体或正当。曾有法院和学者承认，"合理使用以'善意'和'公平交易'为前提"。❸ 该案初审法院已经认定，《国家》杂志故意利用了一份被窃取的书稿。就像其竞争对手《新闻周刊》一样，被告可以自由争取获得对《疗伤时光》进行摘录的权利；而就像 Wainwright Securities 案曾引述的，合理使用"对'真正的学者和为其个人利益侵犯他人作品的骗

---

❶ S. Rep. No. 94-473, p. 62（1975）.
❷ W. Patry, *The Fair Use Privilege in Copyright Law*, 119（1985）.
❸ Time v. Bernard Geis Associates, 293 F. Supp. 130, 146（SDNY 1968）.

子'做出了区分"。❶

由上可见,最高法院没有简单地因为被告杂志的一般业务性质属于新闻报道而认定其被控行为具有合理性。

(2)原作属性:未发表。

版权法引导关注的是版权作品的性质。该案中《疗伤时光》是一部未发表的自传、历史性讲述。法律通常承认,事实性作品比虚构作品更具有传播的价值和必要性。另外,"即使在事实作品领域,事实和虚构的相对占比也存在层次性的渐变。比如从修饰稀少的地图和电话簿到文辞优美的传记可能均属于事实作品。所以,为了确保基础性事实的传播,人们必须允许表达性语言被复制的程度将因具体案情而有所不同"。❷

就回忆录而言,某些简短的引用可以说是充分传递事实所必要的。例如,福特将白宫录音带这一相对确切的证据描述为"冒烟的枪"(smoking gun),这种表达与被表达思想形成一个整体,因而就不可彼此分离,并可以被他人复制。但是,《国家》杂志的摘录并未止步于这种孤立的短语,而是摘录了有关公众人物的主观描述和刻画,其吸引力正在于作者的个性化表达。这种使用集中于作品最具表现力的成分,超过了事实传播的必要。

作品尚未发表这一事实是福特书稿的关键属性。之前的讨论表明,未发表作品合理使用的范围要窄得多。在对已发表作品进行评论,或者在对已公开散发的言论进行报道时,即使大量引用也很可能被视为合理使用;但是,最高法院指出,作者在首次公开发布其作品之前实施控制的权利应该优先于他人使用。因为首次发表权涉及诸多方面,不仅包括是否发表的选择,也包括何时、何地、首次以何种形式发表的选择。

对于福特书稿,版权人的保密利益是无可置疑的;版权持有人已经签订了对书稿保密的合同,并要求看到过书稿的所有人也签署一项同类的保密协议。

---

❶ Wainwright Securities v. Wall Street Transcript, 558 F. 2d, at 94.
❷ Gorman, *Fact or Fancy? The Implications for Copyright*, 29 J. Copyright Soc. 560, 563 (1982).

版权持有者还与《时代》周刊签订合同，要求后者在发表日前七天提交其拟定的文章。而《国家》杂志的行为明显侵犯版权人在保密和创作控制方面的利益，很难被称为合理。

(3) 使用部分：原作之核心。

《版权法》提示审查的第三个因素是所使用部分相比整个版权作品的数量和实质重要性。可以说，被告实际引用的文字在《疗伤时光》中所占比例或比重并不突出，但地区法院认定，《国家》杂志使用的实质上属于原作的核心部分，但上诉法院未予承认。值得对比参照的是，曾有案件认定，从1小时29分钟的影片中提取55秒，数量虽少，性质上却可以认定为实质性内容。❶最高法院引用双方杂志编辑的证言来说明问题。《时代》周刊的一位编辑认为，书稿中关于赦免尼克松的章节是"整个书稿中最有趣且最动人的部分"；被告编辑纳瓦斯基选择引用的就属于这些章节的最具吸引力的段落。他作证称他进行了逐字摘录，因为仅仅引述事实信息不足以传达"福特自我表达的绝对确定性"，或难以表明"这是来自福特总统"，或无法体现原作"确定的特征"。简言之，被告编辑引用这些段落，恰好是因为它们从性质上体现了福特的独特表达。

法律条文的措辞显示，取用不能仅仅因为它在侵权作品中所占数量比重不大而被免责。汉德法官曾中肯地评论说，"任何剽窃者都不能通过展示其作品有很多不属于盗版来为其违法开脱"。❷相反，侵权作品的某实质性部分如果是逐字复制，这就足以证明被复制材料的价值所在，这对于原创者和剽窃者来说都是一样的。该案中，被告文章对未发表书稿的直接取用部分至少占侵权文章的13%。近似的是，在有一个案例中，受版权保护的信件在侵权作品中的占比不到1%，但特点突出。❸

该案被告文章的整体结构正是以被引用的摘录为中心，这些摘录已成为其

---

❶ Roy Export v. CBS, 503 F. Supp., at 1145.
❷ Sheldon v. Metro-Goldwyn, 81 F. 2d 49, 56 (1936).
❸ Meeropol v. Nizer, 560 F. 2d 1061, 1071 (CA2 1977).

中引人注目的焦点。所以，鉴于摘录部分的表达价值及其在侵权作品中的关键作用，最高法院不同意第二巡回法院的意见，即《国家》杂志事实上仅仅用了福特原作中很少量的语言。

（4）市场影响：损害直接而明显。

《版权法》聚焦的最后一个因素是使用对版权作品的潜在市场或价值产生的影响。最高法院称该因素无疑是合理使用中一项最重要的因素。有学者指出，"在适用得当的情况下，合理使用被限于他人不会对被复制作品的市场销售产生实质损害的复制"。❶ 该案初审法院认定，被告行为对原告作品的市场同时产生了实际与潜在的影响。《时代》周刊取消了它计划的连载并拒绝支付12 500美元，这是侵权行为的直接后果。而上诉法院以明显错误为由否决了这一事实认定，并指出，案档没有证明《时代》周刊不履行合同的行为正是因为被告擅自发表了福特回忆录中的表达（而非引用其事实）。但最高法院认为，没有任何侵犯版权的案件能对实际损害举出如此明确的证据。哈珀曾向《时代》周刊保证，在1979年4月23日之前，不会授权其他人发表该书稿的任何部分。第1章和第3章中任何材料的发表都可导致《时代》周刊重新协商其最后的付款。《时代》周刊作为其不履行义务的举证理由是，《国家》杂志的文章中含有未发表书稿的逐字引用。关于版权侵权带来的利润比例，最高法院曾经指出，将侵权和非侵权成分混合在一起的侵权人如果不能对其利润做出区分，以向受害方证明应该归他自己的部分，他就必须承担一切后果。❷《版权法》第504条（b）也要求，侵权人应该对可归因于侵权作品以外的其他赢利因素提供证明。同样，版权人一旦以合理的可能性证明侵权与收入损失之间存在因果关系，侵权人就要举证证明：如果它没有使用受版权保护的表达，原告的这种损害依然会发生。上诉人哈珀提出了实际损害的初步证据，而被上诉人却未能做出合适合理的反驳。可以说，初审法院对实际损害赔偿额和利润核

---

❶ 1 Nimmer § 1.10 [D], at 1-87.
❷ Sheldon v. Metro-Goldwyn, 309 U. S. 390, 406 (1940).

算所做的判付是合适的。

更重要的是，否认合理使用者只需要表明，被控使用行为一旦变得普遍而广泛，就会对版权作品的潜在市场产生不利影响。这样的调查不仅要考虑原作遭到的损害，而且要考虑其演绎作品市场受到的损害。"如果被告作品对版权作品之任何权利的价值产生不利影响，则该使用不属于合理。"❶

最高法院认为，除了逐字引用，《国家》杂志文章中的事实材料无疑也都完全取自有关赦免尼克松的章节。这些摘录被用作了赦免尼克松报道的特色片段；而上诉人曾许可《时代》周刊使用的，恰恰也是这一部分。对未发表书稿进行这些逐字摘录，为《国家》杂志文章增添了一种特殊的可信性，正如被告编辑所称，读者会相信这是福特而非《国家》杂志自己说的话。由此可谓，为了抢占出版前书稿摘要的市场份额，被告实行了直接竞争。对此，参议院报告曾指出，"除某些特殊例外……挤占版权作品的部分正常市场份额的使用通常会被视为侵权"。❷

从更宽广的视角看，合理使用原则如果允许未经版权人许可对未发表书稿进行广泛的出版前引用，首次刊载权的市场价值通常会面临实质性的损害。而"轻微侵权的孤例如果成倍增加，汇集起来就成为大规模的版权侵犯，这必须被禁止"。❸

（5）判决：使用不合理。

最高法院最终否决了上诉法院的结论。它指出，上诉判决的错误在于，被告《国家》杂志对于原告版权材料的使用可因相关题材的公共利益而免责；上诉判决忽略了原作品尚未发表这一性质；而在合理使用的名义下允许未经授权的出版前摘录，对原告的首次刊载权的潜在市场造成了影响。最后，上诉法院认定该被告的引用可谓微不足道（infinitesimal），忽视了原作表达被引用片段在性质上的重要性。总之，《版权法》所包含的传统合理使用原则，不准许

---

❶ 3 Nimmer § 13.05 [B].
❷ S. Rep. No. 94-473, p. 65 (1975).
❸ S. Rep. No. 94-473, p. 65 (1975).

《国家》杂志使用这些受版权保护的材料。任何版权侵犯者都可以声明通过促进公众获取版权作品以造福公众。❶ 但国会没有设计一项强制性许可来允许任意获取没有发表、享有版权的公众人物表达，法院对此也没有实施司法强制的理由。

最高法院最终判决，《国家》杂志对未出版书稿实施逐字摘录不属于合理使用，上诉法院的判决应被撤销。

◇ 布伦南法官的异议

布伦南法官不同意法院多数派的判决，撰写了篇幅很长的反对意见，另有两位法官支持并参与联名。反对意见开始，布伦南就突出了几个关键因素：被告从未出版的 20 万词的书稿中引用 300 词；这些引文涉及一个具有重要意义的历史事件；多数派强调其所追求的值得称赞的目标是保护"创造与传播思想的经济激励"；布伦南表示担心的是，多数派如此积极捍卫版权利益，难免会阻碍思想和信息的广泛传播，而这并不符合版权法的宗旨。多数派判决对合理使用的范围进行了极其狭窄的界定，这不利于技术与知识的进步、开明公民所必要的积极的公共舆论。

布伦南指出，该案提出了两个问题。第一，《国家》杂志以非直接引用的方式使用福特书稿中的材料是否侵犯了原告的版权。第二，对书稿大约 300 个词汇的引用是否因其不属于合理使用而侵犯了版权。法院判决认为，该案不需要解决可版权性这个基础问题；而引用 300 个词汇超出了合理使用的范围，属于侵犯版权。而布伦南不同意法院有关合理使用的判定，并认为有必要对基础性的可版权性问题做出判断。

---

❶ Pacific & Southern v. Duncan, 744 F. 2d, at 1499 – 1500.

1. 两分法与困难的平衡

"国会根据《宪法》颁布版权立法不是基于作者在其著作中享有的任何自然权利……而是为了通过确保作者在一定期限内享有其著作的排他性权利来保障公众福利、促进知识和实用技术的进步。"❶ 因此，国会试图界定版权中的权利以服务公众福利，而未必是为了最大化作者对其产品的控制。挑战版权是为了维持两个方面的"困难的平衡"，"一方面是作者和发明者控制和利用其作品和发现的利益，另一方面是社会对思想、信息和商业自由流通拥有的对立性利益。"❷

美国《版权法》第102条规定的独创性要件是对各类竞争性利益维持恰当平衡的关键。依据立法史角度的解释，该条款将版权保护给予作者的文学表达形式，但允许他人自由使用作者传播的思想和信息。国会的报告称，"版权不阻止他人使用作者作品中显示的思想和信息。它关乎作者用以表达智力观念的文学……形式"。❸ 最高法院的判决也表示，"当然，版权法只保护表达形式，而不保护被表达的思想"。❹ 可以看出，将版权保护限于表达形式，排除对事实（包括历史叙事）的版权主张，已是共识。国际新闻社案判决也指出，立宪者授权国会保护版权，并非打算为那个可能碰巧首次报道某历史事件的人授予在一定时期传播它的排他性权利。❺

知识的进步要求对作者的控制范围进行限制。如果一位作者能够阻止其他作者使用其作品所包含的观念、思想或事实，创造性事业将会衰微，学者将被迫对前人的研究做无意义的重复。版权的限制还确保版权保护与最重要的《宪法》第一修正案价值保持协调。有关公共问题的辩论应该不受限制，充满活力和开放——国家对这一原则的坚定承诺不会为信息和思想的法定垄断留下

---

❶ H. R. Rep. No. 2222, 60th Cong., 2d Sess., 7 (1909).
❷ Sony, 464 U. S. 417, 429 (1984).
❸ S. Rep. No. 93 - 983, pp. 107 - 108 (1974); H. R. Rep. No. 94 - 1476, pp. 56 - 57 (1976).
❹ New York Times v. U. S., 403 U. S. 713, 726 (1971).
❺ INS, 248 U. S. 215, 234 (1918).

任何空间。正如道格拉斯法官在一起案件中所言,"如果政治家对其演讲或哲学家对其著作享有版权,进而获得对其中思想的垄断,公共辩论的舞台就会变得死寂"。❶ 积极活跃的公众舆论、信息与知识丰富的市民被视为"自治之本质",原则、思想和事实信息的自由而广泛的传播对此至关重要。每个公民进行必要的政治选择,他必须能够自由地获取多样而丰富的思想和事实。

因此,版权侵权必须只能针对表达的取用,而不能涉及版权作品中的思想或信息。但在具体案件中,表达是否受到侵权挪用的判定总有一定的难度,原因至少表现在两个方面。首先,在实践中,表达与信息或思想之间的区别往往难以捉摸。其次,侵权行为必须是基于表达遭到实质性挪用。而对此进行判定同样具有挑战性。侵权判断没有精确的公式。具体的调查路径通常是沿着两条线进行:在后作者如何密切地因循模仿了(tracked)在先作者的特定语言和表现结构;在先作者的语言和结构有多少被在后作者所挪用。

该案中,侵权分析所针对的是一部历史传记;其中,作者记录了他在白宫任职期间的事件,并以其独特的视角对这些事件进行评论。除了引用(quotations),《国家》杂志文章中几乎所有的材料都间接复述了(recounted)福特总统有关尼克松辞职和赦免的事实叙述,他对总统任期内某些事件的事后思考,以及他对这些事件中心人物的看法。这些信息不得被主张版权。因此,侵权判断的依据必定是被告对福特之表达进行的太过紧密并具实质性的因循模仿(tracking)。

语言。《国家》杂志传达的许多信息完全没有采取改述(paraphrase)的形式,而是对福特书稿中的长篇讨论进行摘要(synopsis)。在这种扼要呈现的过程中,《国家》杂志使用了与福特书稿原作极为近似的语言。但这些语言近似不足以构成侵权,原因有三。第一,法律必须给那些希望传达事实的在后作者留有余地,因为希望表达事实作品中的思想的人通常只能在狭窄的表达范围内进行选择。第二,《国家》杂志所改述的大多是不能享有版权的材料。第

---

❶ Lee v. Runge, 404 U.S. 887, 893 (1971).

三，《国家》杂志没有改述任何一个整体段落，更不必说某章或整个作品了。《国家》杂志所改述的最多也只是原作中众多孤立的句子。基于改述而认定侵权通常要求原作语言受到更为紧密而实质性的因循模仿，该案没发生这种情况。

呈现结构。被告文章没有模仿福特作品的结构。《国家》杂志呈现的信息是从福特作品各分散的章节中提取的，而没有采用福特作品的顺序。被告有关赦免的讨论大致因循了福特书稿呈现相关信息的顺序，但这种近似都只是遵循有关事实的时间顺序，不存在侵权问题。而且，一篇300多个单词的文章很难说整体性地挪用了一本20万词的图书的结构。福特的大部分创作和他讲述的大部分历史根本没有呈现于被告的文章中。

因此，在《国家》杂志没有引述福特书稿的情况下，其试图传达福特书稿中的历史信息的做法并未紧密和实质性地因循福特作品的语言和结构，从而造成对其表达形式的挪用。

2. 合理使用分析

基于上述，只有当300个单词的引用侵犯了哈珀根据《版权法》第106条享有的任何排他性权利时，《国家》杂志才负有版权责任。《版权法》第106条明确授予的排他性权利要受制于《版权法》第107～118条规定的限制；第107条规定的是合理使用（已如上述）。该案问题便是，依据第107条，《国家》杂志的引用是否属于非侵权的合理使用。

在有关合理使用的基本理念方面，布伦南与其他法官似乎并没有原则性分歧。他指出，关于合理使用，国会当初"避开了严格、明晰的合理使用分析路径"。❶ 这样，法院应在四个法定因素的引导下，应用"衡平性的推理规则"，分别考察被告使用行为的合理性。这些因素在合理使用考察中未必是排他性的决定因素，也不能机械地用来解决合理使用问题；"普遍适用的定义是

---

❶ Sony, 464 U. S. , at 449.

不可能的，而提出问题的个案必须依据各自的事实得以决断。"❶ "特定案件中可能出现的各种各样的情况不允许在制定法中构建精确的规则。"❷ 好在，法定性因素确实为法院从事恰当的事实性调查提供了实质性引导。

对于该案所涉历史性作品，特别是公职人员的回忆录，要想依据法定性因素对合理使用问题进行准确分析，必须密切关注版权法对于表达与信息或思想所做的关键性区别。合理使用分析面对的问题往往是这样的：鉴于使用之目的、版权作品之性质，被使用的表达的数量以及该使用对原作市场之影响，在后作者对原作表达形式的使用是否属于《版权法》第107条意义上的合理使用。

就历史作品而言，将合理使用考察局限于在后作者使用原作表达形式的适当性（propriety），并非易事。事实上，仅仅禁止大量、实质性地挪用表达形式，并不能确保历史作者获得与其全部劳动价值相称的回报。《疗伤时光》之类作品的表达形式所体现的仅仅是该书中的部分劳动。此类历史作品之创作过程占比较多的，往往是收集、筛选、组织和反思等工作。这些工作所具有的价值主要存在于其所揭示的信息和思想，而不在于表达信息和思想的特定词语搭配。因此，版权不能保护历史作品中这些最具价值的东西，而且，法院必须抗拒这样一种倾向，即因为感到历史作者可能被剥夺其全部劳动的价值而拒绝合理使用抗辩。在后作者对信息和思想的引用不是任何意义上的剽窃，因为版权法根本没有对信息和思想创造任何财产性利益。

历史学家的大部分劳动成果可以被无偿使用，这一观点似乎隐含着不公平。所以，强烈要求就信息和思想的在后使用做出补偿，这种愿望也许是可以理解的。然而，对于一种旨在确保虚构性作品获得回报的法定性版权机制，这一效果并非不可预见的副产品。国会做出的肯定性选择是，版权法应该如此适用："版权并不排除他人使用作者作品所揭示的思想或信息。它所涉及的是作

---

❶ H. R. Rep. No. 94-1476, at 65.
❷ S. Rep. No. 94-473, p. 62（1975）.

者用以表达智力观念的文学……表达形式。"❶ 这一区别乃是版权法的本质所在。仅当法定垄断不妨碍信息和思想的各种间接使用及随之而来的广泛传播时,版权法才能充当"言论自由的引擎"。为确保技术与知识的进步和《第一修正案》价值的完整性,思想和信息不得被主张所有权。

在布伦南看来,最高法院的合理使用分析落入这样一种迷惑:仅因表达形式的最少使用而判决被告侵犯版权,从而为历史作品的信息挪用提供补偿。该院判决意见所做的合理使用分析的各个方面都表现出它未能正确地区分信息和表达形式,从而导致它最终得出错误的结论。而在适用法定性分析的同时,注意信息和表达之区别,该案就能直截了当地作出合理使用的裁定。

(1) 使用目的:只是为了新闻报道。

《国家》杂志引用福特书稿 300 个单词的目的是新闻报道,这是法院判决已承认的。福特作品包含着有关当代重要事件的信息。1979 年《国家》杂志出版时,福特先生和亚历山大·黑格将军两位被广泛视为总统候选人。《国家》杂志在未做独立评论的情况下客观报道了福特书稿中的信息,这决不会弱化它是在报道新闻的结论。典型的新闻报道完全不同于社论,因为它以直截了当而简明扼要的方式呈现具有新闻价值的信息。信息的特殊来源也不会致使《国家》杂志文章的新闻报道性质被减少。书籍和手稿、约稿和主动投稿,通常都可以成为新闻报道的题材。❷ 通常情况下,手稿在新闻报道时并未发表。

《版权法》第 107 条将新闻报道列入了允许合理使用的主要事例。就像该法第 107 条明确认可的批评和其他目的一样,新闻报道让公众获得信息;其措辞表明,立法者将知识和信息的传播视为挪用表达的最具合理性的事由。因此,上诉法院得出的结论是正确的,即《国家》杂志使用的目的是传播福特作品引述的信息,是对公共利益的促进。可以说,被告借用福特作品表达形式

---

❶ H. R. Rep. No. 94 – 1476, at 56 – 57.
❷ 可参见五角大楼文件案,即 New York Times v. U. S., 403 U. S. 713 (1971)。

的目的强烈地支持着合理使用判定。

该法院承认新闻报道目的的有效性,但随后又很快以三个据称是对抗性的考虑抵消了这个理由。第一,该法院认为,由于《国家》杂志系营利性出版,它对福特回忆录的引用就被推定为不合理的商业性使用。第二,该法院主张,《国家》杂志所称创造"新闻事件"的愿望表明其具有剥夺版权人首次发表权的非法目的。第三,该法院声称,《国家》杂志恶意行事,因为其编辑"明知利用了被窃取的书稿"。布伦南法官认为,法院判决认定《国家》杂志使用具有的商业属性是"一个倾向于反对合理使用判定的独立性因素",这在当时的背景下是不合适的。《版权法》第107条作为合理使用范例列举的多种用途——包括批评、评论和新闻报道,通常都是为营利而进行,国会在颁布该法第107条时显然已经意识到这一事实。而借口新闻报道或批评是为营利而出版,否定因新闻报道或批评而做合理使用的观点,将导致国会对这些用途的认可变得毫无意义。

《国家》杂志创造新闻事件的意图也不应该不利于合理使用判定。就像该法院反对营利性新闻报道的自动性推定一样,这一规则将破坏国会对新闻报道目的的认可。新闻企业通过不断快速地发布新闻,并常常针对竞争对手进行"抢新闻",为自己赢得声誉和读者。更重要的是,该法院未能坚持对信息和表达的区分,这影响了它对这一问题的分析。由于哈珀对福特书稿中的信息和思想没有合法的版权利益,《国家》杂志完全有权努力成为第一个向公众披露这些事实和思想的人。案档表明,《国家》杂志只是试图成为第一个揭示福特书稿信息的人。在这种情况下,《国家》杂志所称抢发新闻的目的不应该对合理使用主张产生消极影响。事实上,最高法院在此问题上的倾向似乎仅仅是因为不喜欢努力成为首位新闻发布者这一惯例。

判决认为《国家》杂志具有推定性恶意同样是没有根据的。不曾有哪个法院认定《国家》杂志系非法持有福特书稿,或违反了哈珀公司的任何普通法利益;该案中的全部普通法诉由均被摒弃或驳回。即使书稿属于"被窃取",案档记录没有任何证据能归咎于《国家》杂志;最多可以说,《国家》

杂志明知版权人不会准许，却仍然利用了书稿的内容。

该法院在多个方面称这种行为是偷窃。这一判断站不住脚，且可能受到该院在该案中未予明言的倾向所影响，从而以信息和思想取用为理由认定被告侵权。关于信息和思想而非被引用词语的挪用，即使受到版权人的反对，《国家》杂志的使用无疑也是完全合法的。引用300个单词是侵权还是合理使用，这是一个在该院和上诉法院之间引发尖锐分歧的焦点问题。如果《版权法》被认为不禁止该使用，则版权所有者就没有提出反对的法律依据。《国家》杂志已意识到会遭到反对，这不能算是恶意。仅仅因为被告知道这种反对意见就称其为恶意，这不利于案情分析并妨碍做出正确的推论——事实上，合理使用分析的目的因素原本极其有助于认定被告合理使用。

（2）原作性质：更需自由传播的史实。

最高法院曾在索尼公司案中指出，"复制新闻广播可能比复制电影更有理由主张合理使用"。这些说法体现了《版权法》第107条的原则，即当借用表达源于事实或历史作品时，合理使用的范围通常会更宽广。信息性作品"容易让他人进行增益性使用，从而受到较少的保护"。[1] 福特书稿正是这样。因而在该案中，第二个因素也应支持合理使用判定。

该法院承认，"法律通常认可事实作品比虚构或幻想类作品更需要广泛传播"，并且，"对回忆录做一些比较简短的引用可以说是传达事实所必要的"。但该法院却又低估了这一因素，主要是因为它更多地将原作尚未发表视为关键因素。在这一点上，该法院在分析中采纳了一种反对发表前合理使用的绝对性推定——其判决意见称，"通常情况下，作者控制其未传播之表达的首次公开发表的权利优先于合理使用主张"。

此种绝对性推定本身并无根据，也违背了国会的意图。发表之前的他人使用是否会损害作品中所谓首次发表权的利益，取决于版权作品的性质、出版前使用的时机、被使用表达的数量以及在后使用者用以传播的媒介。并且，某些

---

[1] Sony, 464 U.S., at 496–497.

使用相对于某些特定目的，是可以容忍的。该法院判决所依赖的，究竟是未发表作品不得合理使用的推定力，还是就特定使用之目的与效果所做的分析，有些模棱两可。就该法院依赖该推定而言，仅仅依据对发表前时机安排的快速考察，它就推定其间有不可容忍的损害——尤其是经济利益的篡夺。由于"国会已经明确指示我们，合理使用分析需要做出微妙的利益衡平"，最高法院此前曾认定，合理使用调查绝不可能在这种"二维的"分类方法的基础上得到解决。在索尼案中，"增益性使用"就曾被拒绝作为一项绝对性要件。

就该法院对该案事实进行的评估来看，其分析所依赖的是完全的推断。从书稿中引用300个单词不会侵犯福特的隐私利益；作者本希望书稿中的文字能成为对其总统任职的公开陈明，因而其间并不存在所谓为了对表达进行保密而做慎重选择。该法院将这描述为版权人的"保密"（confidentiality）利益，而完全不是什么隐私利益；而毋宁说，这只不过是就首次公开发布信息获得全部价值的经济利益。另外，也没有任何迹象表明《国家》杂志的使用干预了版权人对书稿进行编辑控制的利益，《国家》杂志是在福特书稿正式出版前夕使用它的。

所以，《国家》杂志的出版前使用可能侵犯的唯一利益，只是版权人对首次发表获取全部经济价值的利益。最高法院将这种利益视为版权作品之"性质"的一部分，从而，在它还没有对《国家》杂志的使用所产生的经济损害进行调查的情况下，就否定了《国家》杂志的主张——作品的信息属性支持其合理使用。就此而言，经济损害问题是作为第四个法定因素进行考虑的，而不应作为版权"性质"的推定要素。

（3）使用部分：重要性是为了新闻报道。

有关被引用部分的数量与实质性，其判断可能是该案更有难度的问题。《国家》杂志从20多万个单词的书稿中仅仅引用了大约300个单词，并且该引述来自作品不同部分各自分散的段落。但引用数量上"极其微小"这一判断并不能决定问题的解决；从性质方面对其进行重要性的评估依然是必要的。被引材料大多是福特对他与他人的对话进行的实事求是的陈述；这些引文"可以说是充分传达事实所必要的",且没有丰富的表达性因素。另外,部分被引材料来自福特书稿中最动人的表达;特别是《国家》杂志对福特表达的六处引用是他对事件的反思或有关尼克松的看法。合理使用审查所依赖的是使用这些引文的适当性,而这些引文被公认具有强烈的表达性色彩。

该法院认为,鉴于这些摘录的表达性价值及其在侵权作品中的关键作用,第三项法定因素不支持合理使用判定。为支持这一结论,该法院声称要依靠地区法院的事实认定,即《国家》杂志提取了这本书的核心。布伦南认为这是错误的,这是最高法院未能正确区分信息和表达形式的又一个结果。当地区法院作此判定时,它所评估的不是受到争议的引文,而是福特作品中的信息与反思性评论构成的"整体"。因而被地区法院视为福特作品之核心的大部分属于思想和信息,《国家》杂志对此本可自由使用。从性质上看,书稿的大部分价值很可能就在于《国家》杂志所使用的信息和思想。但是在这个意义上,对书稿的这种"核心"部分的挪用与版权分析无关,因为版权不能禁止他人使用信息和思想。

也许是意识到如此依赖地区法院裁定是不合理的,法院判决对《国家》杂志文章中的表达的性质进行了独立评估。该法院称,"实际引用的部分是纳瓦斯基先生从最具影响力的段落中挑选出来的"。仅仅基于这一观察,也许还根据引文对《国家》杂志文章很重要这一事实作出的推断,该法院坚持认定,《国家》杂志挪用了福特书稿之核心内容。

至少就福特有关尼克松的观察和反思所做六处引用来看,布伦南同意法院的结论,即《国家》杂志挪用了某些具有实质性意义的表达形式。但布伦南认为,被取用表达的实质性对于《国家》杂志新闻报道之目的而言,并没有明显过度或不合适。

如果这些引述被用在对福特作品做批评性书评的语境下,该使用无疑符合合理使用要求。无论是量还是质的方面,该使用的数量和实质性肯定都符合这种使用的目的。将这些引述词语用于新闻报道,很难发现有不当之处。法院判决承认,对已发表作品进行的评论,或对已公开发表的演讲进行新闻报道,即使实质性的引用也可以被视为合理使用。例如，关于赦免之动机和对卸任总统的心理洞察，福特的反思和感受如此充满感情和深刻的个人价值判断，以至于有限复制福特本人的话语就能极大地增进人们的充分理解。毕竟，作品的重要性不仅在于揭示此前未知的事实，还在于揭示了关键历史时期两位总统的思想、观念、动机和担忧。因此，这个问题尽管不容易解决，但这六处引用很难说与新闻报道之目的无关。

已出版作品的新闻报道即使做实质性引用也是适当的，法院判决承认这一点，其实就同意如此引用对于《国家》杂志的报道目的而言并无明显不当。在法院判决看来，决定性因素在此依然是，该使用的实质性对于出版前时机而言是不合适的。关于该使用对版权作品产生的市场影响，这的确是一个反对理由。

（4）市场损害：再大也只因信息透露。

布伦南法官同意法院多数派的观点，视市场影响"无疑是合理使用中唯一最重要的因素"。法院恰当地将焦点置于《国家》杂志的使用是否消极影响了原告的连载潜力，而不只是福特作品本身的销售市场。遗憾的是，该法院未能区分信息利用和表达形式之挪用，这严重扭曲了它对这一因素的分析。

对于合理使用分析，法院认为，包含引文的整篇文章足以侵蚀福特作品的连载市场潜力；鉴于《时代》周刊取消了其连载协议，法院指出，侵犯版权的案件很少会提供如此明确的实际损害证据。法院就此裁定，《国家》杂志对该作品出版前的书摘市场份额实施竞争，无疑造成了《时代》周刊的最终解约。但布伦南认为，这并不表明，对哈珀造成了这一损害的正是《国家》杂志300个单词的引用。除了这些引用，《国家》杂志还发表了来自福特书稿的重要信息和思想。而如果不是这少量的引文而是这类信息的披露导致了《时代》周刊取消了其连载协议，无论连载市场遭受什么样的负面影响，该影响都是源于完全合法的活动。

布伦南表示完全同意上诉法院认定，案件证据并不足以支持判定被告对有限表达的借用造成了《时代》周刊决定不刊发摘录。如果《国家》杂志与

《时代》周刊存在竞争，该竞争的市场并不是争夺表达的摘录，而是为了福特作品中的信息。正是信息而不是表达形式，代表了涉案作品大部分的真正价值，而哈珀与福特之间签订的出版合同条款充分揭示了这一点：

> 作者承认，对于该作品将包含的此前从未披露的有关其职业和个人生活的独特信息，作者的公开讨论将会大幅降低出版商在此获授之权利的价值；作者同意，在本作品首次发表之前，作者将尽力不在任何媒体上散发任何此类信息，包括电视、广播、报纸和杂志上的访谈。

可见，该合同清楚地说明，哈珀试图通过垄断福特独家信息的首次披露达到充分获利。因为《国家》杂志在该案中是第一个传发该信息的人，它的确有可能从哈珀那里争得了某些价值，而这是出版商试图通过与福特签订协议，并许可《时代》周刊来谋取的价值。哈珀完全有权通过合同协议垄断该潜在市场的收益，但它无权将版权作为竞争这一市场的盾牌，因为版权不保护信息。《国家》杂志有权争取成为该信息的首位发布者。

3. 结语：狭窄的合理使用视野阻碍信息自由

布伦南总结性地指出，信息和表达之间的区分一旦明确，合理使用之法定四要素的权衡自然会得出这样的结论：《国家》杂志对表达的有限使用并不构成侵权。使用之目的和版权作品之性质都强烈支持该案被告的合理使用抗辩。《国家》杂志挪用福特的表达乃是出于《版权法》第107条合理使用之立法目的，被借用作品的性质证明该挪用有助于信息传播。最有可能不支持合理使用诉求的因素是被使用表达的数量和实质性。部分被挪用的表达无疑属于福特书稿中最动人的部分，但相对于新闻报道之目的，这种取用难说有什么过分。无论如何，因为案情不能证明是表达的挪用而非信息的使用损害了哈珀的经济利益，有关借用表达之数量是否适当的不确定性的处理应该有利于合理使用判定。

鉴于《国家》杂志文章引文范围有限、引用目的毫无疑问的正当性，布伦南法官批评性地指出，最高法院的判决采取的完全是一种极其狭窄的合理使用视野，从而导致对本质上属于不受保护之信息的取用追究侵权责任。

而有关合理使用的这一极为狭窄的视野使哈珀得以垄断信息。最高法院的判决"导致财产权的重大扩展，相应地也限制了知识和思想的自由使用"。❶这样做可能提高了历史学者（或者至少是最近离职的公职人员）就其所掌握的信息获取全部经济价值的能力，却令公共问题的积极争论——"自治之本质"承担风险。❷《国家》杂志在为公众间的积极争论提供营养，而该法院却对《国家》杂志施加责任，其唯一理由仅仅是，该杂志成功地率先向公众提供了某些信息。

◇ 简评

能有机会在美国联邦最高法院过堂的案件，肯定不是简单的小问题。即使最高法院已对该案下了定论，即使美国《版权法》还因此而得到修改，它所反映的问题，就真的已经"定"了吗？很难说！

各级法院的分析都遵循了版权侵权的惯常性理路：从思想—表达二分法到合理使用四要素考察。但同样的事实、同样的法律原则，却得出完全不同的结论。即使最后的"定论"，最高法院法官们也并未达成共识，而且6∶3的分歧不能说小。由此完全可以推断，即使在今天，该案所面对的问题如果再度起诉，法院依然会感到棘手；尤其是，在美国《版权法》已经修改之后，争执可能更加激烈。

为了理解该案的症结问题，我们可以不妨就合理使用分歧再做简要回顾。

第一，大家都不否认被告的使用具有新闻报道的属性，这是法定的合理性

---

❶ INS, 248 U. S., at 263（所引系布兰德斯法官的反对意见）。
❷ Garrison v. Louisiana, 379 U. S., at 74 – 75.

用途。分歧在于，最高法院多数派认为，被告明知书稿乃"失窃"之物，还是在偷偷摸摸中快速摘取了最重要的部分；说是要抢新闻，其实就是为了商业竞争、为挤占他人的市场，所以不合理。而按照布伦南等人的异议，抢新闻乃是新闻界惯例，并无不妥；继而，抢新闻不等于抢市场、抢金钱，而是为了新闻报道、公共利益；抢新闻可以不管对象是什么、从何而来，况且也没有证据表明是被告亲自窃取了原告书稿。

第二，原作是史实性作品，这有利于合理使用；但这是一部未发表的作品，因而"可能"不利于合理使用。分歧主要在后者，多数派判决似乎为未发表赋予了强保护的性质，不允许合理使用；而异议者则认为未发表也可以合理使用，只要是为了实现新闻价值、公共利益。

第三，被告使用了原告作品的表达，而且使用了核心部分、最受人关注的部分。异议辩称，被告所使用部分的重要性在于它是核心信息；即使涉及表达，也是为传递信息所必要的，所以不妨碍其合理性认定。

第四，被告行为直接导致原告丧失合同利益，这似乎是最无可辩驳的。但异议观点认为，无论是被告，还是作为案件第三方的《时代》周刊，他们认为最有价值的是回忆录原作中包含的历史信息，而不是其表达；也就是说，《时代》周刊付款购买的、如今又放弃的对象是信息，而不是表达。所以，导致第三方取消合同、原告失去金钱收益的真正原因，是被告率先披露了原作的信息，而这与表达无关，也与版权无关。

总的来说，争议中最微妙、最难定夺的症结显然在于竞争方式的道德性与思想表达两分法。这样的问题估计永远也不会达成共识：被告抢新闻这种竞争方式，即使是业界惯例，其被认可的合理性程度究竟有多大？被告明知原作来历不明、尚未发表但又即将发表，这一点是否决定性地被认定为不合理？被告所摘抄的表达性成分究竟有多大比重且是否与信息混同而不可区分？

表达与信息的混同是该案的一个焦点。从版权法理上，如果被告确实使用了原作表达的实质性部分，且不存在表达与思想事实的混同，它就应该被判定侵权。这主要是一个事实问题，只能依赖法院的查证。不过，该案案情以及布伦南的反对意见不无启发。尤其是，福特不是在虚构故事，也不是在自由随意地写作；其作品之用语很可能是讲述往事所必须使用的语句，如此，这种表达的版权性就值得怀疑；原作的有些表达很可能不是作者的表达，而是历史中人的实际表达，包括作者本人当时的内心感受，这些也可能属于史实本身。

该案在法律上的微妙之处还在于被告的使用目的与性质，其实，这一点永远都是合理使用之争的焦点。

既然认定被告具有新闻报道的目的和业务性质，为什么又借口某些理由认定其不合理呢？事实上，杂志主体的一般属性与其单个行为的具体性质是两回事。按照法院判决意见，由于被告在与原告争夺期刊市场，且明知其使用将为自己赢得利益并损害他人利益，其新闻报道之目的的合理性难免大打折扣；何况被告还明知书稿未发表、属于失窃物。

这就涉及该案特有的另一个问题，书稿原作未发表，尤其是"失窃"这一因素是否影响合理使用判定。实质而言，"合理使用"一语本身是一个具有道德色彩的评价，这也正是诉诸良知、公平原则的衡平法的本质所在。就此，被告行为的性质离不开道德评价——普通道德与行业道德。比如，使用他人作品，即使是其中的信息，是不是应该先经其同意？如果明知该书的首次刊载权已经有着落，抢发依然有理？抢发新闻固然是新闻竞争的必然，但是否可以不顾及他人利益、是否应遵循一定的行业道德？

布伦南似乎认为，法院判决结论决定于他们不赞成抢新闻这种做法。抢新闻一直是媒体竞争之常态，甚至有媒体不择手段。竞争是要受到鼓励和支持的；但法律与行规恐怕都更加支持善意的、有序的竞争。就像该案，如果被告抢发新闻的做法被视为合理，难免激励更频发的违规、违约、不择手段等；相反地，《时代》周刊那种通过合同购买首次连载权的和平竞争的做法难免遭受冷落和挫折。再者，从新闻运作的角度看，当被告拿到并决定刊载福特回忆录时，征得主人的同意、取得主人的核实等，应该是更加善意的常规做法吧？

相应地，按照后来的法律，未发表作品不妨碍合理使用认定，原告和法院判决就失去一个理由，最终的审判结论一定会改变吗？笔者以为，亦步亦趋的守法的判决并不少见；但如果法院坚持该案最高法院多数派的理与据，最终的结构估计也难有改变。

关于公共利益问题，这是两派意见都表示同意的支持合理使用的因素。事实上，公共利益的外延往往是相当模糊的。所以，公共利益是否切实存在、是否可能受到损害，其判断必须被置于具体案情中作具体辨析。该案中，被告的使用确实是在从事新闻报道，该消息尽早发布确实有助于公众知情与讨论。但是，同样不能忽略的事实是，原告出版商以及《时代》周刊也即将发表相关图书与文章，因而公众也即将获知有关信息；同时，即使该信息晚几天发布，并不会对公众知情与讨论造成不可弥补的损失。这就是说，相关信息的时效价值并没有紧迫到公众必须尽早获知的程度。在此情况下，被告抢发客观上便难有充分的合理性依据。

可以换另一种情形做比较。假如，福特书稿完成后，为了某种个人性考虑，拒绝在有生之年公之于世；或者授权某媒体，允许后者在作者逝后予以发表。此时若发生同样案情，在作者离世之前抢先发表书稿核心内容，其合理性又该如何定夺？难度肯定不小。有人会基于新闻价值与公共利益而支持被告；而支持作者的人在版权之外还可以增加隐私权的砝码。最大可能是，占上风的观点会是前者：新闻价值之公共利益应该超越公共人物的隐私与版权。毕竟，公共人物之所谓隐私，也大都是具有公共属性的；再说，既然作品已经完成，早发表总比晚发表更有利于公共舆论——尤其对于总统的故事而言。

在美国版权法上，合理使用是法官创立的一个衡平法规则，并公认其为整个版权法中最大的麻烦。但同样得到认可的是，"从版权保护的初期开始，版权材料之合理使用就一直被视为实现版权法目的所必要，即'促进知识与实用性技术之进步'"。[1] 所以，合理使用学说不只是司法规则问题，其实它更是整个版权法制度的基础原则问题。如果今日世界还没有版权法，而希望在现有

---

[1] Campbell v. Acuff‑Rose Music, 510 U. S. 569, 575（1994）（引文见《美国宪法》第1条第8款第8项）。

法律体系内创制这样一个制度的话,合理使用问题一定是一个基础的、核心的前置问题,即一个立法论问题。

而哈珀案的意义就在于,它触及的是版权法最基本的理念;而合理使用在版权法上的地位,也不只是侵权救济过程中的所谓肯认性抗辩规则。

6. 公共事件、新闻录像与侵犯版权

——洛杉矶通讯社新闻录像之争（1992、1997）

+ 概　要 +

洛杉矶通讯社几年内两度就其新闻录像提起侵权之诉。争议对象都涉及新闻事件录像遭遇他人录制并广播；争议焦点主要包括录像的版权属性、合理使用、新闻自由等问题。

1992年审结的Tullo案中，地区与上诉法院均判决支持原告的侵权诉求。1997年审结的KCAL案中，初审法院没有支持原告的侵权诉求，但上诉法院

予以驳回。两案中，新闻录像的合理使用诉求最终均未得到支持。❶

◇ 案情简述

洛杉矶通讯社（Los Angeles News Service，LANS）是一家为新闻媒体提供新闻报道、照片、视听作品和其他服务的独立新闻机构。作为其重要业务之一，LANS 拍摄新闻录像，并将未经编辑的原始镜头授权给电视台与网络，供他们用于新闻报道。

Tullo 案。音像报道服务社（Audio Video Reporting Services，AVRS）是一家专门提供视频新闻剪辑服务的公司，监测电视新闻节目、制作录像带并向有关个人和企业出售复制件。该案中，LANS 拍摄了飞机坠毁和火车失事现场的录像，并进行了版权登记，然后许可洛杉矶地区的某些电视台用于新闻节目。被告 AVRS 制作并销售的新闻节目录像使用了 LANS 上述录像的镜头画面。LANS 为此便起诉 AVRS 侵犯其版权。

AVRS 以一系列理由否定其侵权，还反诉称 LANS 对它实施了欺诈，因为 LANS 向它虚假承诺支付报酬，引诱它向 LANS 出售了它制作的录像复制件。地区法院判决支持了 LANS 的诉求，指令被告就每项侵权按法定赔偿向原告支付 1 万美元，总计 2 万美元。被告 AVRS 为此向联邦第九巡回法院提起上诉。

上诉法院对上诉人提出的诉求进行了逐项审理，其中主要问题包括原始录像的独创性是否受到版权保护；具有重大新闻价值的事件录像是否因《宪法》第一修正案而排除其版权保护；AVRS 是否属于合理使用；LANS 是否因其不洁之手不得就被告侵权获得判付等。法院最终驳回上诉，维持原判。巡回法官

---

❶ 本文主要依据第九巡回上诉法院对两起诉讼的判决意见，LANS v. Tullo, 973 F. 2d 791（9th Cir. 1992），LANS v. KCAL–TV Channel 9, 108 F. 3d 1119（9th Cir. 1997）。

119

詹姆斯·布朗宁提交判决意见。

KCAL 案。1992 年 4 月 29 日，洛杉矶罗德尼·金案的裁决引发大规模骚乱，白人司机雷金纳德·丹尼在骚乱中遭遇暴行，而 LANS 的直升机当时正在骚乱发生地上空盘旋，员工图尔的摄像机从上空拍摄到了这一事件。经 LANS 许可，该录像在不少电视台广播。电视机构 KCAL 向 LANS 申请广播许可，遭到拒绝，KCAL 就从其他电视台获得了该录像的复件，并于 4 月 30 日及其后在新闻节目里多次广播，该节目受商业赞助。LANS 就此提起侵权之诉。

地区法院作出了支持被告 KCAL 的简易判决，以合理使用原则免除了其侵权责任，其主要依据是：鉴于相关事件的公共利益，原告的录像具有独特而重大的新闻价值；KCAL 为新闻报道目的在其新闻广播中使用录像；LANS 不能确定它因 KCAL 的行为所丧失的市场销售或许可收入。LANS 以其证据说明，它因 KCAL 的行为损失了至少一笔交易，并且 KCAL 还有其他暴行录像可供其使用，但地方法院驳回了这一请求。

LANS 向第九巡回上诉法院提起上诉，上诉法院推翻了地区法院判决。

◇ 原始录像有无独创性？

关于新闻录像是否为具有独创性的作品，第九巡回法院在 1992 年的 Tullo 案中进行了较多论证，并支持新闻录像的可版权性。

被告 AVRS 声称，LANS 的原始录像不同于经过编辑的新闻报道。于后者，录像内容与其他镜头、叙事、访谈和图形结合在一起构成电视新闻"包"，属于作品；前者则不属于独创性作品，因而不能享有版权保护。原始录像是否具有足够的独创性而值得版权保护？法院说，这是一个需要再次审视的法律和事实混合性问题。

AVRS 辩称，LANS 的录像带只能捕捉相机面对的事物，没有创造性或智力投入，因而不是可受版权保护的独创性作品。一百多年前，最高法院曾驳回类似的争议。在伯罗－贾尔斯诉萨罗尼案❶中，原告主张，因为"照片仅是对某些有生命或无生命对象的物理特征或轮廓的机械复制，并且在图片外形的视觉复制的智力操作中不包含思想独创或任何新颖性"，作家王尔德的照片不具有独创性，因而不享有版权。最高法院并未就所有照片是否都体现了必要的独创性作出判定，但它主张王尔德的照片显然有独创性，因为其制作涉及创造性和智力决定。该案下级法院认定，该照片"是有用、新颖、和谐、独特而优美的图片，且原告完全以其自己的独创性精神理念创作了（该照片）……赋予其视觉形式，通过让奥斯卡·王尔德在相机前摆姿势，选择并布置有关相片中的服装、饰物和其他各种附件，安排对象以便呈现出优美的外形，安排和设置灯光和阴影，并暗示和唤起所期望的表达"。最高法院由此承认，"这些判定说明该照片是一件独创性艺术作品，是原告作为其作者的智力创造成果"。

汉德法官37年后指出，伯罗－贾尔斯案留下一个悬而未决的问题：是不是一切照片都具有值得版权保护的足够的独创性，而布雷斯坦诉唐纳森案中对此作出了肯定性回答。该案指出，像照片那样描述真实场景和人物的彩色石印画（chromolithographs）可享有版权，因为它们是"个人对自然的个性化反映。个性总包含独特之处。即使是书写也表达出了独特性，并且非常普通等级的艺术品也具有某种无法简化的东西，这是一个人所独有的。因此可以获得版权"。❷ 汉德法官在另一起案例中指出，伯罗－贾尔斯案似乎暗示某些照片可能不受保护。但他认为，按照布雷斯坦案的裁决，无论多么简单，任何照片都不能不受到作者的个性化影响，并且没有两张照片会绝对相同。❸

尼默教授指出，汉德法官的法律表述已成为主流观点，因而几乎所有的照片"都可仅凭摄影师对客体的个人选择、拍摄角度、用光以及具体决定拍照

---

❶ Burrow-Giles v. Sarony, 111 U.S. 53 (1884)。
❷ Bleistein v. Donaldson, 188 U.S. 239, 250 (1903)。
❸ Jewelers' Circular Publishing. v. Keystone Publishing, 274 F. 932, 934 (S.D.N.Y. 1921)。

的时间来主张其具有必要的独创性以支持其版权"。❶ 法院一直承认，制作照片所需要的创造性决定足以使它具有版权保护所要求的独创性，并细致描画出对象选择、姿势、背景、光线甚至可能还有远景，都可作为摄影作品中受保护的成分。比如在盖斯案中，业余摄影师拍摄的肯尼迪总统遇刺案的原始镜头被认为具有充分的独创性，因为其在相机、胶片、镜头、拍摄区域、拍摄时间和机位之选择上包含创造性努力。❷

法院判决认为，该案清楚地表明，两盘涉案录像的制作需要投入版权保护所要求的智力和创造。地区法院听取了摄像机操作员以及所乘直升机飞行员的证词，了解到 LANS 制作新闻录像的各种情况。按照证人的描述，摄制人员最初要判断事件的新闻价值、事件讲述如何做到简洁而有效；要挑选相机镜头、角度和曝光度；要选择摄录的高度和方向，需要摄录的具体部分、持续时间长度等。相机操作者为此也称自己是"使用相机讲故事"的艺术家。

AVRS 甚至援引菲斯特案主张录像不具有必要的独创性。但法院指出，菲斯特案判决认为，版权所"必要的创造性水平相当低；甚至微小的量就足够。绝大多数作品都很容易及格，因为它们拥有某些创造性的火花，'无论多么粗糙、简陋或显著'"。而仅是普通的、按姓氏字母顺序排列订户的电话簿就不具有足够的独创，因为其选择和编排是"完全常规的"，没有丝毫创造性。此案中，最高法院没有否认这个世纪老命题，即照片可以作为具有创造性和艺术性判断的独创作品而享有版权；相反，最高法院明确重申了伯罗-贾尔斯案的意见，指出"(其中)表达的独创性要件仍然是当今版权保护的试金石"。❸

总的来说，原告 LANS 所摄新闻录像的独创性与可版权性是毋庸置疑的。

---

❶ Nimmer on Copyright, § 2.08 [E] [1] (1992 ed.).
❷ Time v. Bernard Geis, 293 F. Supp. 130, 142 (S. D. N. Y. 1968)。
❸ Feist v. Rural Telephone, 111 S. Ct. 1282 (1991)。

6. 公共事件、新闻录像与侵犯版权 ◎

◇ 表达自由排斥新闻录像版权保护？

在 Tullo 案中，上诉人即被告 AVRS 依据《宪法》第一修正案辩称，即使录像带足够独创、能够得到版权保护，法院还应采用这样一条规则，即任何具有新闻价值的事件录像均不能受版权保护，因为其创作者的私人权益须让位于公众享有的信息获取权。

按照版权法基本原则，版权保护只及于思想和信息的表达形式而不保护思想和信息本身，其中已经考虑到了第一修正案所追求的目标。"思想表达二分法……有助于调节版权和第一修正案的竞争性利益。由于版权仅限于保护表达，'思想的市场'不因版权而受到限制。"❶ 最高法院在哈珀案中也承认，"版权的思想表达二分法'在保护作者表达的同时允许事实的自由交流，从而在第一修正案和《版权法》之间维持了一种界定性平衡'"。❷

并且，第一修正案保障的利益也通过版权法上合理使用原则得到保护，该判决意见对此有详细讨论。法院强调，在考察使用之目的和原作之性质这两项因素是否有利于合理使用判定时，第一修正案与之密切相关。

当然，尼默教授曾经提出，思想表达二分法与合理使用原则在某些情况下可能不足以保护第一修正案的利益。以越南战争期间美莱大屠杀独家照片和肯尼迪总统遇刺事件的扎普鲁德影像为例，尼默提出，"如果作品的'思想'对于民主对话几乎没什么作用，而只有其表达才有意义时"，为了公众获取信息的利益，为了有效的公共对话之必要，表达的版权保护应当受到限制。尼默对此这样解释：

---

❶ Sid & Marty Krofft v. McDonald's, 562 F. 2d 1157, 1170 (9th Cir. 1977)。
❷ Harper & Row v. Nation, 471 U. S. 539, 556 (1985)。

描述大屠杀"思想"的任何言语都不能代替公众通过照片所获得的了解。如果公众要全面理解那场悲剧中发生了什么，单纯的思想是不够的，照片表达则变得至关重要。如果公众对美莱事件的全部意义的理解受到照片版权所有者的审查，那将令人无法忍受……

同样，在达拉斯悲剧的那天发生了什么，在相互矛盾的版本之间，扎普鲁德的影像让公众获得它迫切寻找的权威性答案，没有其他来源能够提供同样可信的答案。再一次强调，只有表达，而不是单纯的思想，才能充分满足开明民主对话的需要。❶

但是，限制新闻照片版权保护，可能会导致第一修正案的根本目标即追求信息自由与丰富受到损害。因此尼默建议，对思想和表达不可分离的新闻照片实行强制许可机制，除非新闻照片在拍摄后一个月内发表在报纸、杂志或服务于给定地区的电视新闻节目中。

法院认为，尼默教授所担忧的上述问题在该案中并不存在，因为没有迹象表明飞机坠毁和火车失事的其他记录和报道不可获得，或遗漏了对公众理解事件很重要的信息，并且因为案卷记录表明 LANS 录像在事件发生后立即发表在当地电视台节目中，公众因此可以免费获得。当然，法院也反对被告 AVRS 的观点，即第一修正案能够排除其侵犯 LANS 版权的责任。

◇ 被告使用合理？

合理使用之争在这两个案件中都是焦点问题，法院判决也着墨较多，KCAL 案上诉审甚至仅仅讨论这一个问题。本文分别予以介绍。

---

❶ 1 Nimmer § 1.10 [C] [2].

1. Tullo 案

上诉人即被告 AVRS 辩称，如果原告的录像带拥有版权，则 AVRS 的使用受到合理使用原则的保护，因为该原则允许被告在未经版权所有人同意的情况下以合理的方式使用受版权保护的材料。

（1）使用目的和性质。关于被告使用原告录像的目的，AVRS 辩称，地区法院错误地认定，它对录像的使用因为具有商业属性而不属于合理使用。它主张，其客户是在为"研究、学术和个人学习"而使用这些录像，因此，按照索尼案，AVRS 的使用应该被视为合理的。

但上诉法院认为，即使假定 AVRS 的说辞是准确的，索尼案也并不能用来支持 AVRS 的观点。索尼案曾认定，因为录像机可用于私人居家的、非商业性的易时（time–shifting）播放，即为以后观看而录制，录像机发行商不对录像机购买者实施的被控侵权行为承担替代责任。并且，这种私人的、非商业性的、非营利性活动未被视为合理使用。❶

与索尼案的诉求针对录像机销售商不同，LANS 并不是要求被告对其客户的被控侵权行为承担替代责任，而是要为其自身的侵权承担直接责任。其间的区别是很重要的：按照索尼案，录像机所有者录制公共电视台广播的版权电影供以后在家里观看，因合理使用原则受到保护，但录像机所有者如果未经版权人同意录制电影再出售给他人，则要受到法律制裁。消费者对于录像带的最终使用与侵权无关，正如 AVRS 的客户使用 AVRS 销售的录像带一样。

并且，如果 AVRS 是因为替代责任而被起诉，AVRS 的客户将 LANS 的录像片段用于"研究、学术和私人学习"将不能被自动视为合理，四项法定因素依然需要得到考察。同理，AVRS 认为其使用录像带的目的是"私人新闻报道"，因而法律上系合理使用——这一主张不能成立。即使 AVRS 对其目的的描述是正确的，这也不是决定性的。哈珀案中，最高法院承认，《版权法》第107 条列举的使用方式就某些行为类型提供引导，法院可在这些情况下视为合

---

❶ Sony, 464 U. S. 417（1984）.

理使用，而新闻报道是其中之一。该列举对具体用法的挑选并非推定性地视为合理使用。而"一篇文章按理说属于'新闻'并因此属于增益性使用（productive use），这一事实只是合理使用分析中的一个因素"。❶

法院肯定地说，AVRS 的目的毫无疑问是商业性的。最高法院在索尼案中强调，录像机所有者如果为了商业性或营利性目的复制了公众广播频道曾经播放的材料，则这种使用将推定性地被视为非合理使用。❷ 使用目的因素不利于 AVRS。

（2）版权作品的属性。该案就此要考察原告所摄新闻录像的性质。过去的判例指出，"与小说或虚构作品相比，法律通常承认事实作品更需要传播"。❸ 扩大公众获取电视广播的利益是判定合理使用时要考虑的因素；❹ 基于多种原因，新闻的社会意义可能影响合理使用的界定❺。上诉法院在并未过多论述的情况下径直指出，这一因素有利于认定被告 AVRS 系合理使用。

（3）使用部分的数量和实质性。被告 AVRS 主张，被使用部分相对于整个版权作品的数量和重要性——这一因素也对其有利，因为它仅复制了 LANS 录像的一小部分，构成 AVRS 录制的电视新闻节目中的小"片段"。但法院指出，如果被取用的材料是作品的"核心"，即使复制版权作品的一小部分也可能超出合理使用的边界。正如哈珀案中那样，侵权者引用的词语尽管只是福特总统未出版回忆录中很少的一部分，但因为它们属于最"有趣的""感人的"和"有魅力的"段落，是"该书的核心"，也就属于其实质性的部分。❻

在制作新闻广播时，电视台往往要从可用的原始镜头中选择最具影响力和最具说明性的部分。该案被告 AVRS 尽管仅复制了 LANS 拍摄的原始镜头中的一小部分，但它是最有价值的镜头片段，是 LANS 的客户视为最好的镜头，即

---

❶ Harper & Row, 471 U.S. at 561.
❷ Sony, 464 U.S. at 449.
❸ Harper & Row, 471 U.S. at 563.
❹ Sony, 464 U.S. at 454.
❺ Pacific v. Duncan, 744 F.2d 149, at 1497.
❻ Harper & Row, 471 U.S. at 564-565.

其"核心"。所以,第三要素不利于 AVRS。

(4)对市场的影响。该因素考察被告使用对版权作品的潜在市场需求或价值的影响,甚至被视为合理使用判断中最重要的因素。如果绝大多数证据表明使用很可能具有损害,则这个因素不利于合理使用判定;如果被告故意的使用是为了商业收益,则这种可能性可以被推定。❶

AVRS 和 LANS 有着并不相同的市场——AVRS 从电视新闻节目中复制新闻报道,编辑之后出售给个人和企业;而 LANS 许可电视台在新闻节目制作中使用它的原始镜头。但是,AVRS 客户如果不能从 AVRS 购买编辑过的新闻报道,至少可以选择从 LANS 购买原始镜头,而 LANS 也可以选择向他们出售原始镜头。所以说,AVRS 的市场与原告的潜在市场有所重叠。有关判决指出,新闻剪辑服务使用广播的目的与广播公司为自身利益可能使用的目的是一样的。广播公司没有积极推销其新闻节目复制件,这一事实并不重要,因为《版权法》第107条在分析被控侵权之影响时关注的是"潜在市场"。❷ 这个因素也不利于 AVRS。

总的来看,四个法定要素中只有一个(版权作品的性质)支持将 AVRS 的行为视为合理使用。其余各项则明显不予支持。权衡之下,法院的结论是,合理使用原则并不能免除被告侵犯版权的责任。

2. KCAL 案

作为一审原告,上诉人 LANS 在上诉时声称,地区法院对合理使用判定的处理是不恰当的,因为被告 KCAL 的使用是非转化性的、商业性的、不正当的;它妨碍了 LANS 对丹尼录像传播的控制;KCAL 尽管只对4分40秒的原录像广播了30秒,却是其中的实质性的核心部分;并且,它对版权作品的潜在市场有着严重的影响,因为 KCAL 未经授权的商业广播与 LANS 的授权许可具有直接竞争关系。

---

❶ Sony, 464 U. S. at 451.
❷ Duncan, 744 F. 2d, 1496 (11th Cir. 1984).

另外，被告/被上诉人 KCAL 强调的焦点则是原告录像的事实属性及其为新闻报道而使用的目的。它反对 LANS 称其使用具有非转化性的观点，指出最高法院和该巡回法院都承认新闻报道是一种增益性使用。[1] KCAL 还强调，录像在它使用之前就已经被公开发表；它仅仅使用了 LANS 整个录像的一小部分，且仅满足了对这一骚乱进行报道的新闻功能；它对录像的使用没有减少其潜在的销售，也没有影响其适销性，因为 LANS 在 KCAL 使用录像之后仍然签订了十多项许可协议。相反，它所做的新闻报道让更多公众能够理解暴徒针对丹尼的所作所为，因而它没有干扰原作的市场需求；最后，KCAL 坚持认为，该录像具有唯一性，因为它本身就是新闻事件的一部分。因此，KCAL 使用行为的合理性因第一修正案而得到强化。

上诉法院判决对合理使用四要素进行了逐一检视。

（1）使用目的和性质。依据《版权法》第 107 条的明确例举，被告 KCAL 是在进行报道新闻这一事实明显对它有利。但 LANS 和 KCAL 都在从事新闻采集和销售业务，这一事实则产生刚好相反的效果。LANS 从事的工作是其被许可人自己不做的，例如派出自己的新闻团队、驾驶自己的直升机拍摄新闻录像，并通过授权媒体使用来获得报酬。同样，KCAL 也是一家营利性公司，它从事采集、然后（间接）"销售"新闻的商业活动。新闻广播往往是由广告商提供商业支持，而后者又将赞助成本转移给那些购买他们产品的人。所以说，KCAL 与其他电视台在为广告费而竞争，而这取决于 KCAL 的收视率。KCAL 没有为获得其新闻录像投资（像原告那样）；它使用 LANS 受版权保护的录像但没有为此向 LANS 或其他人付费。这一事实至少可以得出推论说，它所声称的报道新闻的目的掺杂着其更复杂但真实的动机：获取商业收益。这种做法虽然并不一定导致取代版权人的市场地位（就像《国家》杂志曾在哈珀案中所做的那样，抢先发表了福特回忆录的摘要），法院却不能断言说，KCAL 对于原告录像的使用既没有导致也没有希望挤占 LANS 具有市场价值的许可权，而

---

[1] Harper & Row, 471 U. S. at 561；另参见本文有关 Tullo 案的介绍。

该录像以无人能及的方式,创造性地拍摄到了丹尼遭暴事件。

另外,有一种观点认为,由于其视角非凡,LANS 拍摄的录像在播出后不久便成为一个新闻。而将该录像视为新闻报道,这于 KCAL 是有利的。然而,法院认为,由于没有证据表明 KCAL 使用该录像的角度是对该录像进行报道,这一观点不能发挥很大的作用。KCAL 使用时没有将这段录像归属于 LANS,而且就像是在播放自己的节目,未做其他表示,如表明该录像是有关事件的最佳录像,由 LANS 机组人员制作等。相反,这段录像只是被 KCAL 用作有关骚乱报道的一部分;尽管 KCAL 显然加入了自己的画外音,却并没有为之添加任何新的或转化性的内容——此时,该录像仍然只是有关暴行本身的清晰记录。

KCAL 曾申请许可但被拒绝一事也不能发挥多大作用。被告本来应该付费才能使用一件作品,它却明知而故意地且免费利用了一件窃取的作品,就此而言,被告行为的正当性关乎着其使用的性质。与坎贝尔案的情况不同,该案中没有任何迹象表明 KCAL 曾带着"努力避免这场诉讼的善意"申请许可。并且,不同于坎贝尔案中演唱组对原作进行仿讽使用,KCAL 从另一家电视台获得录像的复件系对原作的直接复制,将自己的标识叠加在 LANS 的录像上,且使用的目的正是通常的付费使用。❶

(2)版权作品的属性。丹尼遭暴行录像是信息性、事实性和新闻性的,录像在 KCAL 使用之前已经播出,这些特征都十分有利于被告 KCAL;录像虽然是摄影技术的结果,却仍然具有创造性,但这种情形不妨碍它更容易成为合理使用的对象。索尼案曾经对电影与新闻广播进行比较,表明后者更适于被合理使用。❷ 因此,也如上述的 Tullo 案,录像作品的特征因素在该案中有利于被告 KCAL。

(3)使用部分的数量和实质性。法院认定,整个录像确实只有一小部分被使用,但它是最重要的部分。在此可借用该法院在上述 Tullo 案中针对被告

---

❶ Campbell, 510 U. S. at 585。也可与时代杂志案比较,Time v. Bernard Geis, 293 F. Supp. 130 (S. D. N. Y. 1968)。

❷ Sony, 464 U. S. 417, 455 (1984)。

AVRS 所说的话，尽管被告只是复制了 LANS 所摄录像的一小部分，它却是其中最有价值的部分。在制作新闻广播时，电视台会从可用的原始录像中挑选最具影响和说明力的镜头。被告复制的新闻节目包含被 LANS 的客户视为该录像中重要的部分，那是其核心部分。可以说，这一因素在该案中也不利于被告 KCAL，因为"侵权作品的实质部分系逐字复制这一事实作为证据表明，被复制的内容具有实质性价值——无论是对原创者还是对于试图通过销售他人版权表达来获利的剽窃者，都是这样"。❶

（4）市场影响。这个案例并不能完全符合传统的市场定位，因为"新闻"通常不被认为具有次级市场。Tullo 案判决曾援引索尼案指出，"复制新闻广播可能比复制电影更会被认定为合理使用"，因为新闻广播复制件不如电影复制件具有大的潜在市场。此外，LANS 的录像在 KCAL 使用之前曾被广播、被许可过，也在其使用之后仍然被许可过。在此意义上，这个因素有利于被告 KCAL。同时，KCAL 自称其目的是将录像用作"新闻"，且它是一个潜在的且过去实际上曾是被许可者，是 LANS 产品的客户；也有证据表明，鉴于 LANS 和 KCAL 的做法，KCAL 未经许可免费使用 LANS 的作品将破坏 LANS 的市场需求。索尼案认为，这种为商业用途而进行的复制可能被推定或推断会有损害发生。该法院在 Tullo 案中承认，客户如果不能从被告处购买到录像，就可能会选择从原告处购买原始录像。如果能够，KCAL 就准备向 LANS 购买录像；但若不能，它就另选办法。诸如此类的情况如果更广泛地发生，无疑会对 LANS 的创造动机产生消极影响。最高法院曾表示，法院必须考虑被告从事的这种不加限制、广泛发生的行为是否会对原作的潜在市场造成实质性的不利影响。❷ 由此而言，法院判决认为，第四要素仍然不利于合理使用认定。

综上，KCAL 使用 LANS 享有版权的录像可以说是符合公共利益的，因为这是一个具有新闻价值的事件的记录。然而，KCAL 的使用具有商业性目的，

---

❶ Harper & Row, 471 U. S. at 565.
❷ Campbell, 510 U. S. at 587 – 589; Harper & Row, 471 U. S. at 569.

且是在 LANS 拒绝许可之后发生。KCAL 解释说，它使用该录像是因为它从目击者的最佳角度摄录了这个相当重要的新闻，但并没有证据表明没有其他替代品可供选择（虽然其拍摄位置可能不太理想）。并且，该录像虽然在 KCAL 使用之前已经被许可并播出，但并不能明显地看出原告作品的市场需求没有因被告行为受到冲击，而 KCAL 自己就曾申请过许可。毫无疑问，KCAL 还使用了该录像的核心部分。在这种情况下，法院认为，合理使用不能说是该案所能得出的唯一合理的结论。

◇ 不洁之手？

在 Tullo 案中，上诉人 AVRS 还借不洁之手（unclean hands）原则提出抗辩。[1] 它认为，地方法院的错误在于它没有因 LANS 表现出的不洁之手而否决其版权诉求。

法院指出，不洁之手原则的适用所提出的主要是一个事实问题。经查，被告 AVRS 主张禁止 LANS 获得赔付的事实背景是，原告 LANS 曾向 AVRS 交付过一张 346.13 美元的支票，以此诱使 AVRS 向其提供了涉案的录像复制件，后来又停止支付。被告认为，这种行为构成不洁之手。确实曾有学者指出，原告如果通过不正当手段获得了有关被告作品之性质的信息，不洁之手抗辩应该得到认可。[2] 但该法院认为，这种抗辩很少有效；并且，如果原告的过错行为并不重要，该抗辩会遭到否决。而地区法院认定原告 LANS 的行为并未严重到足以阻止其获得赔付，判决并无错误。

---

[1] 也译作污手原则，是衡平法上的一项积极抗辩原则。依据该原则，原告如果从事过与案件主题有关的不道德的事情，将不能从法院获得救济。参见 https://www.thefreedictionary.com；《元照英美法律词典》，北京大学出版社 2003 年版，第 1368 页。

[2] 参见 3 Nimmer @ 13.09 [B]，at 13 – 149。

◇ 简评

这两个案子放在一起，显然不是因为表面上的相似——同一原告、同一上诉法院审判，而显然是因为争议主题非常近似：新闻事件录像遭遇侵权、涉及相同借口的合理使用抗辩。

而更为值得关注的是，两案上诉判决结果虽然相同，但地区法院判决不同；尤其重要的比较是，对于同一原告的同类作品引发的基本类似的侵权，审理 Tullo 案的地区法院和上诉法院都支持了原告的侵权诉求，判定被告不属于合理使用。而在几年后的 KCAL 案中，地区法院竟然没有遵循上诉法院的先例，裁定被告行为不侵权，属于合理使用。

具体就上诉判决来看，两案结果均认为，合理使用四个法定要素中只有一项，即版权作品的性质支持被告的合理使用诉求。但即使如此，我们有必要找出两案被告使用原告作品在用途、用法，甚至在市场效果上的差异。就第一要素看，前案被告 AVRS 是一家专门提供视频新闻剪辑服务的公司，跟踪电视节目、制作录像带并向他人出售；而后案被告 KCAL 是一家电视广播机构，上诉法院认定它对原作的使用明显是在报道新闻，且有利于被判定为合理使用。两案在第二与第三要素的认定上确实没有明显区别。对于第四要素，Tullo 案认定原被告业务范围不同，作为广播公司的原告有可能投入销售新闻节目复制件的市场，而被告行为抢夺了原告的这一潜在市场；KCAL 案中，在被告是在寻求许可而不得的情况下擅自使用了原告作品；除了本身没有付费之外，被告行为完全没有影响原告向更多的人发放许可。比较来说，Tullo 案被告是在广泛销售侵权录像带，使用与营利是持续性的；而 KCAL 案只是在得不到授权的情况下在自己的节目中短期内使用了原告作品，且没有向第三方销售。从上可见，比之于 Tullo 案，KCAL 案的被告确实有较多理由被判合理使用。

6．公共事件、新闻录像与侵犯版权

个案已经了结，但后人还是有必要继续思考，就像KCAL案被告那样，当新闻单位在报道新闻时，新闻节目受商业赞助或插播广告是不是就必然被推定具有商业目的、属于营利性使用？合理使用判定的出发点本来就具有道德性意味，如果被告寻求许可而不得，被告并非大规模的使用或营利难道不能取得道德性认可？这种短时间甚至可谓一次性为新闻报道而使用，其市场损害性的认定具有多大的实质性意义？

KCAL案有一细节值得注意，甚至可以给新闻媒体带来有益的启发：在得不到原告许可的情况下，KCAL如果能够将原告录像本身视为一个新闻事件，从而在报道录像的同时也能报道录像的内容，它应该能够为自己获得合理使用的加分。不过，这样做的客观效果也一定是为录像的主人即原告做了一次免费的广告。而曾遭到原告拒绝的被告是不是也会有这份宽容呢？

媒体之间的竞争，总是这样微妙。

7. 热点新闻窃用与五要素审查

——美国篮球协会诉摩托罗拉公司（1997）

概 要

摩托罗拉公司（Motorola, Inc.）通过其生产和销售的寻呼机向用户提供美国篮球协会（NBA）正在进行中的赛事信息，被NBA指控侵犯版权、热点新闻窃用、违反商标法和通信法、实施不正当竞争。

地区法院仅支持原告的信息窃用之诉，并向被告发布永久禁令。被告摩托罗拉公司就此提出上诉，第二巡回上诉法院推翻了地区法院的判决。可以说，原告提出的所有诉求最终均未得到法院的支持。

如上诉法院判决意见所称，该案争议的焦点在于，源于国际新闻社案的热点新闻窃用原则在多大程度上可避免《版权法》的优先适用，NBA的诉求能否适用该窃用原则。巡回法院判决认为，只有有限的热点新闻例外可排除联邦法优先适用原则；而摩托罗拉公司从广播电视报道中获得NBA比赛信息并实时传送，并不构成对NBA热点新闻的窃用。❶

◇ 案情与问题

事实基本上没有争议。摩托罗拉公司（以下简称"摩托罗拉"）于1996年年初开始销售其生产的寻呼设备SportsTrax，与之合作的STATS公司（体育团队分析和跟踪系统公司，该案被告之一）负责向寻呼机提供比赛信息。SportsTrax寻呼机的屏幕有四种基本模式："当前""统计""最终得分"和"演示"，引发争议的是"当前"模式，它对正在进行的NBA赛事的信息进行实时显示，包括观众希望了解的参赛球队、分值变化等。信息每2~3分钟更新一次，上半场结束和比赛结束时的更新尤为频繁。在赛事本身与寻呼机信息屏显之间有2~3分钟的延迟。

SportsTrax的运行有赖STATS的通讯员，他们通过看电视或听广播获得并提供信息。这些通讯员将得分变化和投球成败、犯规和时间更新等其他信息输入个人电脑。信息由调制解调器传递到STATS主机，主机再对数据进行编辑、分析和格式化以供转发。然后，信息被发送到公共载波，再通过卫星发送至各个地方FM无线电网络，后者接着又将信号发射给单个的SportsTrax寻呼机。

NBA后来提供的证据显示，案件也涉及美国在线网站（AOL）。该网站上的STATS站点的访问用户（通过与家用电脑相联结的调制解调器）获得了比寻呼机显示更显全面和详细的实时比赛信息。在AOL网站上，比赛得分每15

---

❶ 本文撰写主要依据美国联邦第二巡回上诉法院的判决意见，并参考纽约南区联邦法院的判决意见，National Basketball Ass'n v. Motorola, Inc., 939 F. Supp. 1071 (S. D. N. Y. 1996), 105 F. 3d 841 (2d Cir. 1997)。

秒到1分钟获得更新，球员和赛队统计信息每1分钟更新一次。有关Sports-Trax和AOL站点这两个产品的法律问题是相同的。

NBA的诉状提出了多项救济请求，涉及多个法律领域：（1）美国《版权法》上的侵权救济；（2）纽约州法上的窃用之诉、不正当竞争；（3）依据《兰纳姆法》第43条（a），指控被告虚假广告和虚假来源指称造成不正当竞争；（4）《通信法》上的非法拦截通信。而被告摩托罗拉提出的反诉称，NBA非法干预了摩托罗拉与四支NBA球队之间的合同关系，后者曾同意赞助SportsTrax并做广告。

地区法院仅支持原告的第一项诉求，即纽约法上的窃用，而驳回了其他各项诉求，同时也驳回了摩托罗拉的反诉。地区法院认定摩托罗拉和STATS负有信息窃用之责，从而下达了永久禁令。被告摩托罗拉和STATS公司对禁令提出上诉；针对地区法院驳回其虚假广告之诉，NBA提出交叉上诉。

虽然上诉法院面对的核心争议是信息窃用问题，但有关这一问题的处理在很大程度上取决于《版权法》的优先适用原则。因而，虽然版权问题不在上诉之列，上诉法院仍对版权问题进行了必要的讨论，其中包括两个方面：被告是否侵犯了原告之版权；信息窃用之诉与美国《版权法》的优先适用。

◇ 赛事信息无版权

原告NBA自始就提出了侵犯版权之诉，但被地区法院驳回；在上诉阶段，原告即被上诉人没有再就版权问题提出异议。其实，依据1976年美国《版权法》，驳回原告的版权之诉是一个简单的问题，因为被告行为的版权属性并没有值得争议的问题。依据思想与表达两分原则，体育赛事本身属于事实，所以无版权可言；被告的赛事广播虽可享有版权，但被告只是使用了广播中的赛事信息，因而并不侵犯原告的版权。

1. 赛事无版权

篮球比赛本身不构成美国《版权法》规定的"独创作品",因而不属于联邦版权保护的客体。《版权法》第 102 条(a)列出了该法涵盖的 8 类独创性作品,其中没有明确包含体育赛事(athletic events);而且,即使该列举不是排他性的,但所列举的任何类型的作品都与赛事迥异,无法通过解释法条将赛事纳入作品的范畴。

上诉法院指出,就"作者创作"(authored)这个词语的普通意义而言,体育赛事无论如何不能被视为作者创作的结果。当然,至少在专业水平上,一场比赛需要有相当的准备。但这种准备工作是对将要实际发生事件的决定、实施。与电影、戏剧、电视节目或歌剧不同,体育赛事具有竞争性,而没有作为基础的脚本。准备和努力甚至会导致无意的成功,就像橄榄赛中断因对手未能预料而获得码数。体育赛事也可能导致完全不可预料的事件,曾令人关注的就是棒球锦标赛,其中干预一个腾空球导致裁判错误地发出本垒打的信号。

此外,体育赛事中可能包含的所谓"创作"(authorship)若吸引了球迷,就一定会受到竞争对手的模仿。如果橄榄球 T 字队形的发明者可对它享有版权,这项运动可能早已终结而非全面流行。即使在运动准备最像创作的情况下——如花样滑冰、体操以及职业摔跤等,构思、执行一个特别优美而困难的(甚至痛苦的)表演动作的表演者如果对其享有版权,一定会损害未来可能有的竞争。若不允许其他人尝试,声称自己是唯一表演过某项特技的某运动员实无多大意义。考虑到诸如此类的原因,著名学者曾指出,"更加合理"的立场是,体育赛事不可取得版权保护。❶

关于赛事本身的可版权性问题,判例法非常罕见,但也有某些案件表示赛事不能享有版权。比如在一个案件中,圣诞游行被认定不属于可享有版权保护的独创性作品。❷ NBA 在对其赛事提出版权主张时,曾援引了一项判决的一个

---

❶ 1 Nimmer, *Nimmer on Copyright* § 2.09 [F] at 2-170.1 (1996).
❷ Production Contractors v. WGN Continental Broadcasting, 622 F. Supp. 1500 (N. D. Ill. 1985).

注释，其中提到，"运动员的表演"包含"可版权性所必要的适度的创造性"。但法院接着说，"运动员也同意，摄影师和导播为电视节目贡献了创造性劳动"。❶ 这最后一句话表明，法院正在考虑的是电视节目广播，而不是有关赛事的可版权性。

法院认为，判例法的缺乏恰恰是因为人们普遍相信体育赛事一直都不可受版权保护。事实上，1976 年以前人们甚至还曾怀疑表现这类事件的广播节目是否有资格享有版权。而在版权法法理上，事件的表现显然比事件本身更有理由获得版权保护。所以，立法部门才会认为，有必要扩大版权保护的范围，使之包含现场赛事的录制广播；但是，与此同时，国会并未将保护赋予赛事本身，这恰恰表明：该案地区法院判定摩托罗拉没有侵犯原告 NBA 的赛事版权，是合理合法的。

2. 被告仅取用了广播的事实信息

如上述，赛事之录制广播（而不是比赛本身）是享有版权的。1976 年修订的《版权法》特别要确保，现场表演与体育赛事的同时录制传输（simultaneously - recorded transmissions）符合该法的要求，即可归为"被固定于实体性表达媒介"的独创作品。相应地，该法第 101 条做出界定：由正在传输的声音、图像或该两者构成的作品，如果作品之固定与其传输同时进行，就属于本法意义上的"固定"。

立法者曾就体育赛事做过这样的考虑："本法案试图通过第 101 条对'固定'的界定来解决现场广播（体育比赛、新闻报道、现场音乐表演等）的地位问题——它们以非固定的形式到达公众，但同时又得到了录制。"立法报告还明确指出，版权保护的对象是广播，而不是被广播的赛事本身。在解释赛事广播如何满足《版权法》的要求，即如何构成独创性作品，从而成为版权客体时，立法者指出："如果一场足球比赛被四个电视摄像机所覆盖，同时有一名导播指导四名摄像师的活动，选择哪些电子图像并以何种顺序向公众发送，

---

❶ Baltimore Orioles v. MLB, 805 F. 2d 663, 669 n. 7 (7th Cir. 1986).

摄像师和导演的所作所为无疑构成了'创作'。"[1]

广播虽然受到版权法的保护，但两审法院也都正确地指出，被告摩托罗拉和STATS表面上虽然使用了原告的广播，但并没有侵犯NBA的版权。原因是，广播不同于被广播的赛事、广播里包含的事实信息。该案被告也只复制了原告广播中的事实信息，而不是广播——它是赛事的表达或描述。这涉及版权法的基本原则，即思想表达二分法，它严格限制着事实性作品的保护范围。"作者不能对事实或思想享有版权。版权被限于作品中显示作者独创性印记的部分——所谓'表达'。"[2]

所以，该案两审法院在这一点上并无分歧，原告对此也没有在上诉中提出异议："被告所提供的系纯粹的事实性信息，NBA比赛的任何顾客都可以从赛场上获得，而无须涉及导播、摄影师或其他对广播独创性做出贡献者的参与。"[3] 由于寻呼设备和AOL网站再现的只是从广播中提取的事实信息，而没有复制可版权性的表达，因而被告摩托罗拉没有侵犯原告广播的版权。

◇ 在美国版权法与州窃用法之间

1. 问题的提出

如前述，信息窃用虽不属于版权法，但这一问题的处理离不开美国版权法；并且，这一问题还需要回顾有关窃用原则的法律史。

20世纪的技术发展推动了信息传输的速度与效率，从而滋生了各种形式的法律问题。直至20世纪后期，无论在家里、工作中或其他任何地方，几乎

---

[1] H. R. No. 94 - 1476 at 52, reprinted in 1976 U. S. C. C. A. N. at 5665.
[2] Harper & Row, 471 U. S. 539, 547 (1985).
[3] NBA, 939 F. Supp. at 1094.

人人都能使用计算机、寻呼机或其他电子设备，几乎是随心所欲地获取广泛而多样的信息。在此过程中，有关信息传输的法律问题可谓步步紧逼。1918 年审结的国际新闻社（INS）案属于有关电子类新技术与法律问题的第一批代表性案例（参见本书有关部分），尽管它所涉技术依当代标准已算是落后的。国际新闻社案涉及两家通讯社即美联社和国际新闻社（以下简称"国新社"），它们通过电报向各自的会员报社传发新闻。国新社从美联社新闻公报在东海岸的报纸上提取事实信息，再发送给自己的会员报社。最高法院认为，国新社的行为对美联社的信息财产构成了普通法上的窃用。

技术进步带来了信息传播与获取的便利。无线电台开始对各类比赛和表演等事件进行现场、实时的广播，而企业也开始以各种方式将他人的传输用于自己的营利活动。作为对此种现象的回应，纽约州法院基本上以国际新闻社案为基础，建立了一套窃用法规范，试图将道德标准适用于有关信息传输的利用。

在 1976 年之前，美国《版权法》在信息传输领域几乎没有发挥积极作用。当时普遍的看法似乎一直是，现场赛事如棒球比赛不可受版权保护；并且，即使是此类事件的录制广播或录像带是否可享有版权，也还存有疑问。窃用之不正当竞争法的扩张显然与这一背景有关。但是，1976 年修订后的美国《版权法》明确为赛事、现场表演的同时录制广播（simultaneously – recorded broadcasts）提供版权保护（见该法第 101 条），并在区分广播与相关事件的基础上，将相关事件明确排除在《版权法》之外。

与此同时，1976 年修正案还规定了《版权法》优先适用原则。依据该法第 301 条规定，美国《版权法》排他性地调控：（1）"与第 106 条为独创性作品规定的版权范围内的排他性权利等同的一切法定权利或衡平法权利"；（2）"被固定于实体性表达媒介、属于第 102 条和第 103 条规定的版权客体"。也就是说，凡是因为就独创性作品主张某种与版权权利相当、等效的排他性权利而发生的争议，都应且只能诉诸美国《版权法》。这也就意味着，如果涉及对象是作品，有关诉求是作品上有关复制、传播等之权利，州法之诉应被排除，曾流行的所谓窃用法、不正当竞争法对此再无适用空间。

当然，就1976年法律修改的进程来看，人们普遍认为，国际新闻社案之类的热点新闻之诉仍可免除联邦法优先权。但这是有条件的。国际新闻社案之后的纽约窃用之诉大都因联邦版权法优先而被排除。

在此背景下，第二巡回法院在NBA案判决中总结性地指出，能够像国际新闻社案那样得到支持的热点新闻之诉应限于有限的特殊情况，并为信息窃用与不当竞争之判定提出了所谓的五要素检验标准：（1）原告为生成或收集信息付出了代价；（2）信息具有时效性；（3）被告使用原告的信息对其构成搭便车行为；（4）被告在原告所提供产品或服务方面与之直接竞争；（5）他人对原告实施搭便车行为将降低后者提供该产品或服务的积极性，从而严重威胁其存在或质量。而NBA案不符合这一检验标准。

2. 版权法优先于窃用

地区法院认为，根据纽约州法，被告非法窃用了NBA对其赛事的财产权；NBA对于相关赛事的窃用诉求不因美国《版权法》第301条规定的优先适用原则而被排除。因此，该法院为原告颁发了禁令。但巡回法院不同意这些观点。

（1）《版权法》优先适用原则。

1976年《版权法》为作品上的版权及其相当性权利之保护规定了联邦法院专属管辖权，也即是说，对于那些以某些方式与版权相关联的诉求，联邦版权应得到优先且排他性的适用，而州法之诉同时被排除。这一原则被规定于《版权法》第301条，其为联邦管辖权规定了大致两项条件：①诉求所要维护的，是与第106条规定的某种版权权利相当、等效的法定性或衡平性权利。这属于"一般范围要求"，即权利范围要件。②诉求所针对的具体标的属于《版权法》第102~103条规定的独创性作品类型，这是所谓"客体要件"。这样，如果原告针对一件文字、图画等作品，或针对一件属于独创性作品的广播、电视节目提出诉求，禁止他人复制、发行或改编该作品，该案件就归《版权法》专属管辖，而不得诉诸州法。

该案中，原告 NBA 的诉求是禁止被告使用其广播以及广播中的信息，具体分为两方面：依据《美国版权法》禁止被告使用其广播；依据州法上的窃用原则禁止被告使用其广播中的信息。地区法院不承认被告侵犯版权，同时却支持了后一种诉求，以禁令禁止被告使用原告之广播中的信息。巡回法院对此提出异议。

地区法院认为，NBA 主张权利的标的之一是 NBA 的赛事，它不符合版权法所要求的客体要件，该窃用诉求不能优先适用联邦版权法。同时，地区法院对两种诉求进行拆分，并分别认定其管辖权：有关赛事和赛事之广播的两项诉求中，联邦版权法可"部分优先适用"。这就是说，有关赛事广播的窃用诉求可以优先适用联邦版权法，而赛事窃用之诉不适用联邦版权法，则可适用州法之诉，即信息窃用。随后，地区法院援引了一系列涉及无线电广播的纽约窃用案件，这些案件对 INS 案的适用范围进行了较大的扩展。

经过综合考虑版权法文意、立法历史和目的、有关判例法等，巡回法院指出，当受到争议的复制或窃用部分涉及享有版权的赛事广播时，则广播与赛事信息就都优先适用版权法。因而，巡回法院不支持所谓的"部分优先适用"，以及这样一种结论："原告对侵犯广播版权和相关事件权利的窃用均可以提出诉求。"适当缩小范围的热点新闻窃用之诉可免除版权法的优先适用，因为它不符合有关权利性质的范围要求；而在版权法已把版权保护扩展到同时录制广播的情况下，版权法对此就应该得到优先适用了。

（2）广播中的信息不得单独适用州法。

巡回法院认为，地区法院所谓"部分优先适用"的观念并不符合《版权法》第 301 条的规定。尽管赛事广播可享有版权，其中赛事却不可版权，而在以独创性作品为基础考察优先适用问题时，《版权法》的适用不应被区分为两种情况。巴尔的摩金莺案判决意见指出：

> 表演一旦被表现为实体性形式，就第 301 条（a）规定的优先适用而

言，表演与表演录制之间并无区别。因此，如果棒球比赛没有广播或未经录制而被电视播放，球员之表演同样就没有被固定为实体性形式，其形象公开权就不能服从于优先适用原则。但是，通过被录像，球员之表演被固定于实体性形式，并且其表演中的公开权相当于电视广播的版权权利，联邦法对之可优先适用。[1]

可版权的材料中常常包含不可版权的成分，但依据《版权法》第301条，当可版权成分优先适用版权法时，禁止再将州法窃用原则适用于不可版权的成分。例如，第二巡回法院在哈珀案中曾认定，即使对于纯属事实而不享有版权的信息，州法之诉也因联邦版权法之优先适用而被排除。该法院指出，《版权法》明确将"独创性作品"（包含"文字作品"）置于其客体范围之内。福特回忆录的部分内容可能包括不可版权的材料，但这一事实不能将作为整体的作品置于《版权法》所保护的客体范围之外。否则，各州便可能随心所欲地自由扩张版权保护的边界，其理由是，优先适用原则不妨碍各州保护不符合联邦法定标准的材料。[2]

立法史支持上述有关《版权法》第301条（a）规定的客体要件的理解。1976年的国会修法报告称："只要某一作品属于（《版权法》）第102条和第103条的一般客体类型之一，法案就禁止各州对其实施保护，即使该作品因为独创性过分微小或缺乏而不适格，或因它已落入公共领域而不能获得联邦法定版权。"[3]

就立法目的言之，美国《版权法》采纳优先适用原则，原本就是为了限制各州对与作品或类似材料有关的财产权行使管辖权，从而将版权保护仅仅赋予独创性作品，而将非独创性作品的事实信息置于公共领域。而部分优先原则的做法是，仅仅将版权法优先适用于作品的独创性表达，而非其中的相关事实

---

[1] Baltimore Orioles, 805 F. 2d at 675.
[2] Harper & Row, 723 F. 2d at 200.
[3] H. R. No. 94–1476 at 131, reprinted in 1976 U. S. C. C. A. N. at 5747.

信息。这必将限制联邦版权法的适用范围，同时大大扩张州法之诉的范围。其效果必然是在对作品表达适用联邦版权法的同时，又将州法适用于作品中的事实信息，从而为公共领域的材料赋予某种类似于版权的专有权。这势必会把国会原本允许的使用行为视为非法，最终导致国会追求的优先适用原则也即联邦版权立法政策与目的的落空。另外，将已固定的版权作品（赛事广播）与相关的不可版权的事件或事实（赛事本身）区分开，通常是难以做到或不可能的。

此前不久的 ProCD 案判决意见就曾表达了这种关切："（《版权法》）第301条（a）的一个功能是阻止各州对国会决定置于公共领域的独创性作品赋予特别保护。"❶ 该案中，被告复制了原告拥有版权的软件中不可版权的事实（电话列表）。在根据《版权法》第301条（a）讨论优先适用时，法官判决指出，ProCD 公司的软件和数据已固定于实体性表达媒介，将应用程序以及相关的数据同样归于版权法的客体范围是正确的，即使它们没有足够的独创性，不能享有版权。之前的巴尔的摩金莺案也支持这一观点。❷

同样，第二巡回法院最终支持将联邦版权法适用于整体的赛事广播，并拒绝将州法窃用原则适用于该案。

（3）权利范围：NBA 诉求无额外要素。

不过，如果原告诉求中包含某种"额外要素"（extra-element），类似于但不同于版权要求的某些形式的窃用行为就可以免除版权法的优先适用。第二巡回法院曾在阿尔泰（Altai）案判决中称，要判定某项诉求是否有实质性不同，法院要考察原告寻求保护的是什么、该事项被认为得以保护的理论基础、所要寻求保护的权利等。在版权法规定的复制、表演、发行或展示行为之外，如果有某项不同的"额外要素"可构成州法诉由，这项诉求就不属于版权一般范围，因而就不发生《版权法》的优先适用。❸第一巡回法院曾提到，各个

---

❶ ProCD v. Zeidenberg, 86 F. 3d 1447 (7th Cir. 1996).
❷ Baltimore Orioles, 805 F. 2d 663 (7th Cir. 1986).
❸ Computer Assoc. Int'l v. Altai, 982 F. 2d 693 (2d Cir. 1992).

法院发展了一种功能测试标准（functional test）以评估权利的等同性（equivalence）问题：如果州法诉由中包含额外要素，即超出了版权法规定的复制、演绎、表演、发行或展示，州法诉由就不同于、不属于侵犯版权之诉，联邦法就不能排除州法之诉。❶

ProCD案部分适用了额外要素测试，因为其中含有合同法问题。在认定窃用诉求被优先原则排除之后，伊斯特布鲁克法官接着指出，原告可以提出州法上的合同之诉。法院认为，作为合同法问题，被告受到软件包装许可证的约束，私人合同权利不因优先权被排除，因为它们与版权法赋予的专有权不具有等同性。换言之，联邦版权法优先适用原则不能排除合同诉讼，因为一般版权范围要件没有得到满足。❷

所以，需要考虑的问题是：新闻窃用之诉（就像INS案）在多大程度上包含了这种额外要素，从而与版权权利不具有等同性。法院一般会同意某种形式的诉求免于优先适用，这一点可以得到1976年版权法修改历史的支持，如国会所言：

> "挪用"与侵犯版权未必同义，因而在事实上，被标为"窃用"的诉由如果既不是依据（《版权法》）第106条规定的一般版权范围内的权利，也非依据与之相当的权利，它就不会被优先适用原则所取代。例如，针对竞争对手未经授权而挪用构成"热点"新闻的事实（非文字表达）这种常见的做法，州法应该有提供救济的灵活性（依据传统的衡平原则），无论它是以国际新闻社案那样的传统模式，还是以科学、商业或财经数据库的新形式。❸

第二巡回法院在FII案中也曾认可这一点。它称，"按照国际新闻社案，'热点'新闻窃用是不正当竞争理论的一个分支，根据众议院报告，它不因

---

❶ Data General Corp. v. Grumman Sys. Support Corp., 36 F. 3d 1147 (1st Cir. 1994).
❷ ProCD, 86 F. 3d at 1455.
❸ H. R. No. 94–1476 at 132.

《版权法》优先适用所排除"。❶ 因此说，关键问题是，免于版权法适用的热点新闻之诉得到支持的宽幅范围如何。

在国际新闻社案中，原告美联社和被告国新社都属于通讯服务社，向报社客户出售新闻。美联社提起诉讼，以阻止国新社向其下属的报社出售从美联社资源中提取的事实和信息。国新社挪用新闻的一种方法是从美联社新闻公报中提取事实，另一种方法是把取自东海岸的美联社新出版报纸上的事实信息出售给国新社尚未出版的西海岸报纸。最高法院裁定，根据联邦普通法，国新社行为非法。它对被告行为的定性是，未经授权，恰恰在原告收获其利润的时间点上介入其业务的正常运行，以便不劳而获，被告由此获得特别的竞争优势。

而审理 NBA 案的地区法院所依据的窃用原则比国际新闻社案还要宽泛得多。例如，地区法院大量引用了大都会歌剧院案的判决。❷ 大都会歌剧院案判决称，纽约窃用法代表的是一种更宽泛的原则：应该保护具有商业价值的财产权，以防止任何形式的商业不道德行为；窃用法之发展就是要处理冒犯社会道德的商业不正当，并且，该原则"宽泛而灵活"。而第二巡回法院认为，大都会歌剧院案这种宽泛的窃用原则乃基于商业不道德或社会伦理之类的模糊概念，因联邦法优先适用而被排除。实质而言，这些概念、这些窃用信息的方式与非法复制同义，与侵犯版权没有任何意义上的区别。可以说，这种宽泛的窃用诉求正与版权法上的排他性权利相当、等效。

第二巡回法院以前在 FII 案中发表过与上述相同的意见。FII 案中，财务报告服务竞争机构复制了他人的财务信息，第二巡回法院判决否定了大都会歌剧院案所支持的那种宽泛的窃用原则。法院指出，该案中的窃用主张与《版权法》规定的排他性权利并无不同；针对依据商业不道德提出的窃用诉求，该案不存在版权法优先适用原则的例外情形。复制他人的作品是否正当，取决于使用作品的具体情形。如果作品属于公共领域，那么其使用就不会不当。同

---

❶ FII v. Moody's Investors Service, 808 F. 2d 204, 209 (2d Cir. 1986).
❷ Metropolitan Opera Ass'n, 101 N. Y. S. 2d 483 (N. Y. Sup. Ct. 1950).

样，像 FII 案这样的情形，作品既然因缺乏独创性而不受联邦法保护，任何方式的使用都可以说是公平的、正当的。❶

事实上，FII 案只是勉强地承认范围很隘的 INS 案一类的新闻窃用可免除版权法的适用。并且，阿尔泰案显示，不应为了让州法之诉轻易地免除版权法适用而采用额外要素测试。"一件诉讼不会因意识或意图之类的因素而免除版权法优先适用，此类因素改变的是'诉讼的范围而非其性质'……。按照该'额外要素'测试，我们裁定，仅仅基于复制原告受保护表达的不当竞争和窃用之诉因（《版权法》）第 301 条上的优先适用而被排除。"❷

FII 案和阿尔泰案之类的案件都曾强调，免除版权法适用的州法窃用之诉的适用范围很是狭窄。有鉴于此，本案 NBA 诉求所依赖的大多数广播案例根本就难以为据。这些案件得以判决的具体情形是，录制广播不受《版权法》保护，州法之诉不能因版权法优先适用而被排除。例如，大都会歌剧院案涉及擅自复制、经销和出售歌剧之无线广播。❸ 在相互广播公司案中，被告在电话线上同时性地转播了原告的棒球无线电广播。❹ 如果是在 1976 年《版权法》生效之后，由于该法已经为同时录制广播提供版权保护，大都会歌剧院案和相互广播公司案就能以侵犯版权为由适用法律。时移世易，法律有别。

因此说，新闻窃用之诉免于版权法优先原则的可能性很小。著名学者曾专门讨论多起在 1976 年《版权法》修改之前审理的案件，并得出结论：1976 年《版权法》实施之后，州窃用法将不再必要，并因版权法优先而被排除。❺不少法院与学者一直对国际新闻社案的最终判决表示质疑，并常常将其意见严格限于其具体案情。比如汉德法官就明确反对对该案做宽泛性的解读。他说："我们认为，除了当时受审的那些情形，再无其他。不然其理解上的困难是无法克服的。

---

❶ FII, 808 F. 2d at 208.

❷ Computer Associates Intern. v. Altai, 982 F. 2d at 717.

❸ Metropolitan Opera, 101 N. Y. S. 2d 483.

❹ Mutual Broadcasting System v. Muzak, 177 Misc. 30 N. Y. S. 2d 419 (Sup. Ct. 1941).

❺ 1 McCarthy on Trademarks and Unfair Competition (4th ed. 1996), § 10: 69, at 10 - 134.

我们要假定，为了公正，法院有意创设了一种普通法上的专利权或版权。而在涵盖的对象范围上，两者都公然与国会一个多世纪前设计的体制相冲突。"❶ 1995 年《不正当竞争法重述之三》第 38 条称："国际新闻社案的判决不寻常，一定程度上可能会限制其合理性……。国际新闻社案之原则在有限程度上被纳入州普通法，这表明，该判决被恰当地视为对非常情形的回应，而不是对于可普遍适用的普通法原则的陈述。后来的不少判决明确把国际新闻社案限于其事实。"❷

（4）信息窃用检验标准：被告没有威胁原告业务。

对于信息窃用的判定，第二巡回法院在广泛总结判例法的基础上，对国际新闻社案的核心要素进行概括，提出五项构成要素：①原告以一定成本或费用生产或采集信息；②信息的价值具有高度时效性；③被告使用该信息对原告的努力成果构成搭便车行为；④被告行为与原告提供的产品或服务构成直接竞争关系；⑤对原告搭便车行为会大大降低原告生产或服务的积极性，从而使其存续或质量遭受严重威胁。

直接竞争与随之而来的业务损害，显然是五要素中最关键的。国际新闻社案并非关乎道德，而是关乎时效性信息的财产权保护，关乎谋利企业对于信息的公开提供。《不当竞争法重述之三》第 38 条的评论称，窃用原则占据决定性地位的案件是少量的，而在大多数窃用案件中，就像国际新闻社案那样，被告之窃用往往对原告主要市场构成直接竞争。"而如果挪用没有侵入原告的主要市场，窃用的申诉几乎总是会被拒绝。"❸ 信息服务机构（如美联社）如果不能确保对其付费采集的新闻享有财产权，它们就会停止信息采集与服务。听任竞争对手以微不足道的成本窃用并以较低价格提供他人产品，必将首先破坏被窃用者提供新闻的积极性；进而，其结果必然是令读者大众遭殃。

在 NBA 案中，第二巡回法院认为，新闻窃用之诉的某些要素可能已得到满足。被告传输到寻呼机的信息虽非完全同时，但仍然具有时效性；像被告那

---

❶ Cheney Bros. v. Doris Silk Corp., 35 F. 2d 279, 280 (2d Cir. 1929).
❷ Restatement (Third) of Unfair Competition, § 38 cmt. c (1995).
❸ Restatement (Third) of Unfair Competition, § 38 cmt. c (1995).

样，原告也在提供信息或者很快就要提供，即原告开展了名为 Gamestats 的服务，提供各赛场比赛表及得分信息，还向各赛场媒体提供此类信息；原告还计划升级 Gamestats，使它在不同赛场之间联网，并支持类似于被告的寻呼机服务，二者由此将展开直接竞争。但与国际新闻社案之类的新闻窃用之诉比较，NBA 所主张的诉求还是缺乏某些关键因素。第二巡回法院认为，支持 NBA 新闻窃用诉求免除联邦版权法适用的额外因素，需要考察的关键是三个要素：①事实性信息的时效性价值；②被告具有搭便车行为；③原告未来的业务面临来自原告的威胁。对此，第二巡回法院最终得出的结论是，依据信息窃用原则的测试标准，被告摩托罗拉不构成非法窃用。

根据 NBA 的说法，其诉求包含并混淆了三类不同的信息产品。第一类产品是通过开展比赛产生信息；第二类产品是传发有关赛事的现场描述；第三类产品是采集和转发有关赛事的完全事实性信息。第一种和第二种产品是 NBA 的主要业务：为现场观众举办篮球比赛，并授权进行（享有版权的）赛事广播。收集和转发有关赛事的完全事实性材料则属于另一种不同的产品：例如，报纸上的比赛成绩、电视新闻中的统计摘要以及传输给寻呼机的实时事实。但是，对于第一类和第二类产品，NBA 没有证明被告寻呼机有任何竞争性效果，对第三类产品也没有证明被告实施过任何搭便车行为。

第一，被告服务没有替代 NBA 服务。NBA 的主要产品是举办现场直播的篮球比赛、授权进行赛事广播。对此，没有任何证据表明有人将 SportsTrax 或 AOL 网站视为观看 NBA 比赛或电视收看的替代品。事实上也是这样，摩托罗拉称，其 SportsTrax 的目的只是让人们在不能亲临赛场、不能观看电视或收听广播的时候使用，这显然无法代替 NBA 提供的现场观看或广播接收。

第二，被告服务没有搭便车。NBA 认为，寻呼机市场也与热点新闻诉求直接相关；被告产品 SportsTrax 与原告产品 Gamestats 的未来竞争正是成立窃用的重要因素。像原告那样，通过向寻呼机或类似设备（如 STATS 的 AOL 站点）实时传输事实性信息确实可以形成一个独立的市场。但这并不意味着被告 SportsTrax 正在对原告 Gamestats 实施了任何意义上的搭便车行为。

热点新闻之诉的一个不可缺少的因素是被告对原告产品进行搭便车，让被告能以更低的成本提供直接竞争的产品，从而获得市场优势。但 SportsTrax 寻呼机不是这样的产品。通过 SportsTrax 寻呼机传送 NBA 联赛实时信息，其过程各环节包括：①收集有关比赛的事实；②网上传输这些事实；③以专门服务将它们组合；④最后将它们传发到寻呼机或在线站点。由此可见，被告摩托罗拉是在花费自己的资源来收集 NBA 比赛中产生的纯粹事实性信息，并传送给 SportsTrax 寻呼机。他们有自己的网络，自己对数据进行组合、传输。所以，被告无论如何没有对 Gamestats 实施搭便车行为。

第三，SportsTrax 服务没有威胁 NBA 的业务。第二巡回法院通过一个假设来进行这样的比较：假如被告摩托罗拉是从原告升级版的 Gamestats 寻呼机上收集事实信息再转发到自己的寻呼产品 SportsTrax，就很可能会构成搭便车，并可能导致 Gamestats 无利可图，因为原告承担了被告应该承担却没有承担的 SportsTrax 传发信息的成本。如果完全允许某一寻呼机服务窃用另一寻呼机服务的信息，寻呼设备的信息传输服务必将大受阻碍，因为任何潜在的传输者都知道，首位从业者很快就会遇到低成本竞争者对其实施的搭便车行为。但目前情况并非如此。实际上，原告自己在为其寻呼机信息收集承担着全部费用；而如果原告提供的寻呼机信息服务比被告寻呼机服务更加物美价廉，原告就会在市场上占据优势。但这显然不属于国际新闻社案所要防止的情形：搭便车的存在有可能导致此类产品或服务的缺乏。

综合上述分析，NBA 没有证明其任何业务因被告搭便车而遭受损害，NBA 依据纽约州法提出的窃用之诉因联邦版权法优先适用而被排除。

◇ 虚假广告与不正当竞争

原告 NBA 根据《兰哈姆法》第 43 条（a）提出的虚假广告（false advertising）之诉被地区法院驳回，NBA 就此提出交叉上诉。该诉求之依据是，摩托罗拉公司于 1996 年 1 月发布了一份新闻稿，宣称其产品 SportsTrax 能提供"直接来自每个赛场的最新比赛信息"、它们"源于每个赛场的记者席"，且零售盒脊和零售展示架上有这样的宣称：SportsTrax 提供"来自赛场的比赛信息更新"。

NBA 认为，摩托罗拉的通讯员收集的信息来自电视和广播，并非"直接来自每个赛场"。摩托罗拉回应称，关于信息来自记者席的宣称只是该新闻稿中出现的一个孤立的标注；比赛信息更新"来自赛场"的说法字面上并不虚假，因为事实信息大致确实来源于赛场。

对于依据《兰哈姆法》第 43 条（a）的虚假广告之诉，原告需要证明有关广告中的宣称是虚假的。曾有判例指出，"虚假性可以通过证明下列情形来证明：（1）广告在事实上确实是虚假的，或者（2）尽管广告字面上是真实的，但它有可能欺骗或迷惑消费者"。❶ 还有判例称，原告还需要证明被告对有关产品的内在质量或特性进行了虚假陈述。❷ 这一要件实质上是"决定性的"，其他巡回法院曾明确使用过这一术语。比如，有法院要求，指控虚假广告的原告必须证明被告的欺骗是决定性的，因为它可能影响消费者的购买决定；❸ 有法院称，虚假或误导性广告必须对购买决定有着决定性影响；❹ 有法院称，欺骗必须是"决定性的，因为它可能影响购买决定"❺；学者指出，虚假广告的成立必须有"一些证据表明被告的虚假陈述在它对消费者的购买决定产生影响的意义上是'决定性的'"。❻

经过对用语和语境进行全面审查，地区法院认定被告有关比赛信息之具体来源的宣称仅仅乃细枝末节。也就是说，就该案的事实背景下，被指控的广告

---

❶ Lipton v. Nature, 71 F. 3d 464, 474 (2d Cir. 1995).
❷ National Assoc. of Pharmaceutical Mfrs. v. Ayerst Lab., 850 F. 2d 904 (2d Cir. 1988).
❸ ATT v. Winback and Conserve Program, 42 F. 3d 1421, 1428 n. 9 (3d Cir. 1994).
❹ ALPO Petfoods v. Ralston Purina, 913 F. 2d 958, 964 (D. C. Cir. 1990).
❺ Taquino v. Teledyne Monarch Rubber, 893 F. 2d 1488, 1500 (5th Cir. 1990).
❻ 3 McCarthy on Trademarks § 27：35 at 27 – 54.

151

用语对于消费者的购买选择并不具有实质性、决定性意义。也就是说，寻呼机上的信息是来自广播还是来自现场观察，完全无关紧要——至少案发当时是这样的。第二巡回法院设想性地指出，如果 NBA 将来销售的竞争性寻呼机使用的是直接来自赛场的信息，也许还比体育追踪和官方统计数据更新得更快，被告摩托罗拉的这种宣称就很有可能会产生重大误导。但目前情况并非如此，原告有关被告虚假广告的指控不能受到支持。

◇ 简评

在有关信息窃用与反不正当竞争的美国判例法史上，本案与国际新闻社案是最具代表性的，意义重大。国际新闻社案认可了新闻窃用不正当竞争的存在，而本案则为窃用原则的具体适用确定了分析与判断的操作性标准。比较而言，本案在法理上似乎并未做出特别的创新，而只是对国际新闻社案确立的窃用原则进行了明确表述，即试图对其范围进行清晰的界定。其实，五要素检验标准已经存在于最高法院在国际新闻社案的判决中。最高法院之所以判定国际新闻社的行为构成新闻窃用，正是因为它充分考虑到：（1）美联社对新闻采集付出了实质性的劳动和投资；（2）美联社的新闻具有强烈的时效性，即使已经发表，一定时间内仍具价值；（3）国际新闻社对美联社的劳动成果实施不劳而获，即搭便车；（4）国际新闻社与美联社之间具有直接竞争关系；（5）国际新闻社的上述行为必将对美联社的新闻业务造成损害，削弱其积极性。[1] 但无论如何，该案对于窃用原则的适用范围之确定、其相对可操作性，功不可没。

---

[1] Victoria Smith Ekstrand, *Hot News in the Age of Big Data*, LFB Scholarly Publishing LLC, El Paso 2015, p. 177.

国际新闻社案中，法院在两个问题上需要作出抉择或突破：信息上是否具有财产权？信息借用是否构成不正当竞争？当然，这两个问题在实质性法理上可谓同一个问题。最高法院最终作出了突破：依据联邦普通法法理，承认新闻信息具有一种准财产权，并肯定了信息窃用的不正当竞争。但该案最后的判决没有为信息窃用（不正当竞争）界定范围，这导致此后众多判例与论述在此问题上多有犹豫。很多州法判例在普通法中吸收、发展了窃用原则，甚至进行了相当宽泛的解释，如本案上诉意见所称，商业伦理的判断得以突出；另有一些判例则作了狭隘解释。正因其界定不明确，《不正当竞争法重述》的起草者甚至主张排除信息窃用原则。❶

不正当竞争法有其演变的历史。纽约最高法院称，"早期获得救济的不正当竞争案都涉及'假冒'（palming off），即'将卖方的货物冒充他人货物的欺诈行为'"。❷ 假冒的可诉性在于其包含两种不正当：它欺骗公众；并窃取了本属他人的利益。后来，纽约法院扩张了不正当竞争的外延范围，将仅对他人财产利益进行窃用的行为纳入不正当竞争，而不论一种行为是否有欺诈公众的情节。第二巡回法院曾指出，窃用之不正当竞争可追溯至联邦最高法院对于国际新闻社案的判决。后来，随着联邦普通法的式微，窃用原则在州法尤其是纽约州法上得到了发展。纽约法院曾谈到，有各种各样的非法行为都属于不正当竞争的范畴，甚至称之为"广泛而灵活的原则"，以至于该原则被宽泛地视为包含"任何形式的商业不道德"，不劳而获，获取"竞争对手的技能、支出和劳动"。❸ 同样，纽约最高法院的意见显示了不正当竞争原则的宽泛性："当今有关不正当竞争法的观念并不仅仅基于直接的竞争伤害，而是基于更宽泛的原则：具有商业价值的财产定会并将要受到保护，以制止任何形式的商业不道德行为，而衡平法院将识破并限制不法行为者所诉诸的每一种伪装。法院因而已经承认，在复制的当代商业关系模式中，理论上并非竞争领域的人们，通过不

---

❶ S. M. McJohn, *Copyright: Examples & Explanations*, Wolters Kluwer, 2015, p. 430.
❷ Metropolitan Opera Ass'n, 101 N. Y. S. 2d 483, at 489.
❸ Roy Export Co. Establishment of Vaduz v. CBS, 672 F. 2d 1095 (2d Cir. 1982).

道德商业行为,就像直接的竞争对手一样,对他人造成严重和应受谴责的伤害。"❶

本案地区法院的判决曾认定,NBA 已经证明,被告对 NBA 比赛中的专有利益进行了商业窃用,从而实施了不正当竞争。这一认定的理据就在于州法上的不正当竞争,并有国际新闻社案之判决做依据。不过,1976 年联邦《版权法》实施之后,尤其是到 1990 年之后,信息窃用不正当竞争问题的处理开始变得有所不同:核心即在于,联邦版权法专属管辖权的确定必然也会使州法窃用之诉的范围趋向明确,甚至使其受到限缩。本案上诉法院的判决就显示了法院在联邦《版权法》与州法窃用之间的恰当取舍,明确表达了对窃用法适用性的限制;既为普通法上的窃用原则确定了范围(即五要素检验标准),也进一步澄清了联邦《版权法》的管辖范围,重申了其立法政策与原则。

尝试总结一下本案上诉法院所确定的法律方案。版权法的立法政策在于,凡是有关作品且属于版权或等同性权利的侵权救济,均归版权法管辖。而非作品之信息、公共领域之作品的复制性利用既无版权保护,也不得以任何法律之名(如不正当竞争法)为其赋予排他性的财产权保护。不过,在有限的特殊情况下,若能满足法定性的要件,信息类的财产利益可得承认,此即所谓窃用或不正当竞争法保护。本案的意义之一就在于厘清了版权法与不正当竞争法的边界,并为信息窃用或不正当竞争法保护确定了必要条件(即五要素)。

20 世纪末以后,围绕信息数据的财产权保护,美国法律界曾展开过热烈讨论,终无正果。而就其间曾经草拟的立法方案来看,大致吸收了本案上诉法院所拟定的五项要素。❷

在美国判例法上,与不正当竞争之标准化可做比较研究的,是版权法中的合理使用。不正当竞争所要规制的是市场竞争中的不正当、不合理行为;同样,合理使用即正当使用,所要规制的对象是市场竞争过程中使用他人作品的

---

❶ Metropolitan Opera, 101 N. Y. S. 2d 483, 492 (Sup. Ct. N. Y. Co. 1950).
❷ H. R. 3261 [Report No. 108 – 421, Parts I and II], 108th CONGRESS 2d Session, *To prohibit the misappropriation of certain databases.*

不合理、不正当行为。总的来说，这两个概念、两种制度有着相同的法理，甚至根本上就是基于同样的法律原则：市场竞争行为应该具有正当性。具体到合理使用判断四要素与信息窃用之不正当竞争判断五要素，可以说，它们是同质性法律原则在不同领域的制度化、规则化。

进而可言，在反不正当竞争法的制度建构上，NBA案上诉法院所提出的五要素检验标准具有不小的启发意义，值得进一步探索和发展。

而在我国，信息数据保护问题也一直是法律界的热点话题，尤其是在数字技术、文化与信息产业迅猛发展的今天。但与美国NBA案相类似的制度探索似乎还显得有些薄弱。判例上，查良镛（金庸）诉杨治（江南）案❶是值得比较的一个案件，虽然两案在涉案标的方面大相径庭（一个是事实信息，另一个是虚构人物姓名）。如同NBA广播之信息不可受版权保护一样，金庸的小说人物姓名不能享有版权。然后法院面对的问题是，被告小说《此间的少年》是否构成对原告小说的不正当竞争。我们不妨借助NBA案确定的五要素标准做一衡量。其中，原告作品显然不是具有时效性价值的信息，由此二者在可比性基础方面可能有所欠缺；金庸创作虽非信息采集，但也属于付出了劳动的创作；在使用目的上，被告小说显然借用了金庸作品的知名度，但这是不是"搭便车"？且何为"搭便车"？被告与原告金庸之间具有产品或服务上的直接竞争？这个可能难以成立；假定被告搭便车的话，被告小说的销售是否会减少原告作品的销售或导致其创作激励下降或未来创作面临极大威胁？如上文所述，无论如何，不正当竞争一定发生在直接竞争的两个经营者之间，而直接竞争一定基于双方提供同样的产品或服务、它们在争取同一个市场，且往往"你死我活"。而金庸与江南两个作家之间根本不存在这些。就此而言，在信息、文化领域适用反不正当竞争法，一定要谨慎！

---

❶ 民事判决书（2016）粤0106民初12068号。

8. 在线新闻聚合：新闻窃用原则的新领域？

——美联社诉全头条新闻公司（2009）

概 要

被告全头条新闻公司（All Headline News Corp., AHN）是一家在线企业，向客户网站传输新闻报道。美联社（Associated Press, AP）起诉 AHN 称，被告非法复制、改动美联社的新闻报道，并在线提供，违反了联邦《版权法》《兰哈姆法》以及纽约州普通法。法院最后部分批准、部分驳回了诉讼请求。地区法官凯文·卡斯特尔（Kevin Castel）提交判决意见。该案只经过一审，双方均未提出上诉。[1]

---

[1] 本文依据纽约南区联邦地区法院判决意见，Associated Press v. All Headline News Corp., 608 F. Supp. 2d 454 (S. D. N. Y. 2009)。

8. 在线新闻聚合：新闻窃用原则的新领域？

◆ 背景

依据查证事实，法院承认，美联社特别侧重提供及时性、突发性的新闻报道；为了对来自世界各地的新闻信息进行采集、撰写、包装和传输，原告美联社的员工、附属机构付出了大量的辛苦、资费和创造。美联社聘用了来自美国内外的大批记者和编辑，以完成符合其标准的新闻报道。美联社将新闻提供给各类预订的出版物，向拥有互联网网站的客户发放许可，为客户提供各种许可方案；客户为此支付订阅费，并接受美联社报道的使用条件和限制。美联社拥有其新闻报道和新闻照片的版权，以及与其商品和服务有关的注册商标；其每篇新闻报道都包含版权信息，并将美联社标示为其作者和/或所有人。

不同的是，被告 AHN 没有从事任何独创性报道，而是雇用低收入的个人，在互联网上寻找新闻报道，并进行文本重写或全文复制，最后发表在 AHN 旗下的出版物上。被告杰弗里·布朗和丹尼尔·乔治负责监管 AHN 的日常运作，指示 AHN 的作者查找突发新闻，并为用于 AHN 进行修改。AHN 的很多报道都是基于美联社的独创作品，却被标示、宣传为 AHN 独创；为此，布朗和乔治指示记者对美联社作为作者或版权所有人的身份标识进行删除或更改。然后，AHN 将这些文章发行给付费的客户网站，并将 AHN 称为其新闻提供商。对此，美联社提供了六个经查证的具体实例，称其复制了文章的某些或全部表达，并将其提供给客户并在线展示。

美联社称，被告未经许可使用原告的文章，其行为构成一系列的侵权：(1) 实施新闻窃用，侵犯了原告基于纽约普通法享有的准财产权；(2) 侵犯了原告依据《版权法》第 106 条享有的版权；(3) 依据《版权法》第 1202 条（即《数字千年版权法》），被告破坏了原告的版权管理信息；(4) 被告违反《兰哈姆法》，侵犯原告就标识符号"AP"等享有的商标权；(5) 违反《兰哈姆法》，被告行为构成不正当竞争；（6）实施纽约普通法上的不正当竞争。

◇ 审判

对于原告提出的六项指控，被告就版权侵权之外的五项指控提出反驳，这意味着被告认可自己的行为侵犯了原告的版权。其实，复制并转发他人享有版权的文章，只要事实确凿，其法律性质不难认定，被告自感没必要浪费司法资源。针对被告的反驳，法院进行了逐一分析，并做出部分支持、部分驳回。对于网络环境下的新闻产业发展而言，此案最为引人注目的是，90年前确立的新闻窃用原则是否适用于网络传输；如果适用，此案被告是否违法实施了新闻窃用。下文对法院分析作择要介绍。

1. 被告行为构成新闻窃用

原告依据纽约州法指控被告对其实施新闻挪用，构成不正当竞争。而被告基于两个理由申请驳回诉讼。第一，因为被告依据佛州法律成立，总部位于佛州，原告的热点新闻窃用之诉应适用佛州法，而佛罗里达州法律不支持窃用之诉。第二，被告认为，热点新闻窃用之诉因为联邦版权法的优先管辖权而被排除。

经过多方面的论证，法院最终认定，基于各方面的理由，比如，原告总部设在纽约，所控损害发生在纽约；被告 AHN 在纽约拥有办事处和/或机构；"与诉讼有最大利害关系的管辖区的法律将被适用"；当被告的侵权行为发生在一个法域而损害发生在另一个法域时，"违法行为地被视为必然使行为人承担责任的最后事件发生的地方"。[1]"一般而言，侵权行为地是"原告遭受被诉

---

[1] Schultz v. Boy Scouts of America, 65 N.Y.2d 189, 195 (1985).

损害"的地方,❶ 原告之诉应适用纽约州法律管辖。而基于纽约州法,原告指控实施了新闻窃用,构成不正当竞争。

受理法院指出,依据国际新闻社案的判决意见,突发新闻("热点新闻")是新闻采集机构的"准财产"(quasi property),应受到保护而免受竞争者的干预。最高法院曾裁定,允许一家通讯社窃用另一家的成果并从中获利,必然造成其成本远超回报,使被窃用者无利可图或几无收益,从而中断其业务。❷ 新闻采集需要花费劳动、技能并投入金钱,他人的挪用属于不劳而获。

同时,法院指出,根据众议院的立法报告,热点新闻窃用之诉是不正当竞争原则的一个领域,不因版权法优先适用而被排除。❸ 依据 NBA 案判决意见,按照纽约州法,不因联邦版权法管辖权而被排除的窃用之诉主要满足五个要素:(1)原告采集信息付出了代价;(2)信息具有时效性;(3)被告使用该信息对原告成果构成搭便车行为;(4)被告与原告在提供产品或服务方面具有直接竞争;(5)这种搭便车行为将降低原告提供产品或服务的积极性,从而使其业务受到严重威胁。纽约地区法院认为,该案包含了这些要素,而被告没有提出充分的反驳理由,其要求驳回窃用之诉的申请被法院否决。

2. 被告破坏了原告的版权管理信息

原告诉称,被告在窃用美联社新闻报道的同时,对其中的版权管理信息实施了删除或更改,违反了《数字千年版权法》(DMCA),即构成《版权法》第 1202 条(b)规定的非法行为。依据该法第 1202 条(c)(3)的规定,"作品版权人的名字和其他识别信息,包括版权通告中列出的信息"属于版权法保护的版权管理信息。

而被告认为,按照司法先例,DMCA 对于版权管理信息的保护应该仅适用于"保护由自动化系统的技术措施所实行的版权管理"。❹ 对此,审理法院认

---

❶ Ackerman v. Price Waterhouse, 252 A. D. 2d 179, 192 – 93 (1st Dep't 1998).
❷ IN, 248 U. S. at 241 (1918).
❸ NBA, 105 F. 3d at 845 (1997).
❹ IQ Group, Ltd. v. Wiesner Publishing LLC, 409 F. Supp. 2d 587, 597 (D. N. J. 2006).

为，IQ Group 案和 Textile Secrets 案所得出的有关 DMCA 立法目标与宗旨的结论及对其适用范围作出的限制，在很大程度上依赖于 DMCA 的立法历史。而第二巡回法院曾经认为，成文法应该依其书面表述而被适用，立法历史不应被作为第一凭据。当成文法表述清晰明确时，法院的角色只是根据其措辞执行该表述。对于原本清晰的成文法文本，法院不应该诉诸立法史，以免造成混淆——即使立法史中存在相反的迹象。❶ 许多先例都表达了这种意见。"我们一再声明，法院必须假定立法机关在成文法中言其所意、意即所言。那么当成文法的词语清楚明确时，这第一准则也是最后的准则：司法调查是完整的。"❷

该案被告所称"自动化系统的技术措施"是一个成文法中没有出现的短语，被告对于版权管理信息保护的适用范围限制没能提供足够的证据。所以，法院支持原告有关保护其版权管理信息的诉求。

3. 商标提及：无混淆则不侵权

原告美联社称，它对"AP""ASSOCIATED PRESS"和"THE ASSOCIATED PRESS"均享有有效的注册商标权；被告 AHN 使用这些商标，将其与 AHN 提供的新闻服务相关联，从而在客户和潜在客户中引起混淆和错误。所以，根据《兰哈姆法》第 32 条（1），其商标权受到侵犯。

被告认为，原告诉状没有清楚表明被告的哪些行为侵犯了原告的商标权。原告所举事实只是模糊地暗示，被告的文章援引或提到了原告的商标（即"当一个独创性报道被全部或部分复制时，布朗和乔治告诉 AHN 的作者对直接复制部分标明新闻来源……"），这是不够的。

在道琼斯一案中，勒瓦尔法官在判决中指出，如果诉状系由推断性指控（conclusory allegations）构成，其缺乏事实性支持，商标之诉不能成立；该案判决还驳回了因被告提及原告商标名称而产生的商标诉求，并指出，商标法"一般并不阻止品牌产品的交易人准确描述其品牌名称，只要交易者未因暗示

---

❶ Arciniaga v. General Motors, 460 F. 3d 231 (2d Cir. 2006).
❷ Connecticut Nat'l Bank v. Germain, 503 U. S. 249 (1992).

与产品所有人的归属关系而造成混淆"。[1]该案原告提起的侵权指控称，AHN的一篇文章使用了"根据美联社报道"这样的表述，将某些事实归于美联社报道，从而误导读者相信它们是由原告发表。然而，原告诉状完全由缺乏事实支持的"推断性指控"所构成，原告提到的责任原则在法律上不能得到支持，也正是前述勒瓦尔法官的结论。

原告商标侵权的指控被法院驳回。

4. 被告不因来源标识实施不正当竞争

原告基于《兰哈姆法》第43条（a）指控被告实施不正当竞争，具体诉告指称，被告不做独创性报道却虚假地声称AHN拥有一个"新闻部门"；其虚假地暗示其发布美联社的文章获得了授权；对它所发布的报道，被告非法删除了可确认其来源的信息。在美国，《兰哈姆法》第43条（a）一直被适用于范围广泛的来源标识，以防止消费者对商品或服务的来源或资助者产生误认、混淆。[2]《兰哈姆法》第43条（a）（1）（B）规定：

> 任何人在商品或服务上或在与之关联的情况下，在商业中使用任何文字、术语、名称、符号或图案，或其组合，或任何虚假的来源标识、在商业广告或促销中进行虚假或误导性事实陈述，误称其本人或他人的货物、服务或商业活动的性质、特征、品质或地理来源，应在任何人因可能遭受损失提起的民事诉讼中承担责任。

关于这一条款的具体适用，曾有先例指出，虽然其表述比较宽泛，《兰哈姆法》第43条（a）款"并不能作为不正当竞争行为的救济措施而做无限适用"。[3]"《兰哈姆法》第43条（a）禁止欺骗消费者和损害生产者商誉的商标侵权行为。……《兰哈姆法》的用语不应延伸包括对购买者通常没有影响的

---

[1] Dow Jones & Company v. International Securities Exchange, 451 F. 3d 295 (2d Cir. 2006).
[2] 哈尔彭. 美国知识产权法原理[M]. 宋慧献, 译, 北京：商务印书馆, 2013：407.
[3] Alfred Dunhill v. Interstate Cigar, 499 F. 2d 232 (2d Cir. 1974).

事项。"❶ "作为一个法律问题，虚假的版权通告单独不能构成《兰哈姆法》第43条（a）所指称的虚假来源描述。"❷ 参照这些先例，可以说，被告AHN有关其作为新闻收集机构的身份自称不足以作为违反《兰哈姆法》的依据。在这里，原告这一诉求需要法院或陪审团作出审判的是，《兰哈姆法》是否要求一个自称的新闻服务机构从事独创性的报道活动。假定原告指控属实，即AHN自称"新闻服务"却未雇用记者，成文法却没有将此类行为定为非法。第二巡回法院曾认为，根据《兰哈姆法》，广告夸张（puffery）可被定义为不容易证明其正误的主观性主张，是不可诉的，可谓是卖方的撒谎特权，只要他没有说什么具体的内容。❸ 该案中，"新闻服务"是什么并没有绝对的判定标准，不受第43条（a）的约束。

原告称，广大消费者、美联社客户可能会误认AHN与美联社有关联。法院认为，这一主张与商标侵权指控同样是有缺陷的，因为除了推断性和不可信的指控，原告诉状并没有提出更多理由。在反驳被告提出的驳回申请时，原告所依据的指控并不能表明哪怕是暗示被告的做法存在导致消费者混淆的风险。在这方面，亦如先例所称，《兰哈姆法》第43条（a）禁止欺骗消费者和损害生产者商誉的商标侵权行为。❹ 相反，原告的指控涉及AHN作者编辑新闻报道所采用的流程，其中有一项指示，在改述原始材料时忽略其创造者，而在直接援引时则予以署名。原告在此并未指斥被告错误或误导性宣称其本身工作获得了美联社的授权。尽管这有可能被理解为是在指控对方反向假冒，原告却明确否认它有任何反向假冒的指控，而是主张AHN错误地声称其服务已获得美联社许可或其他方式的授权。

法院认为，原告推断性指控没有确定的事实根据，被告并未构成《兰哈姆法》第43条（a）上的不当竞争。

---

❶ Dastar v. Twentieth Century Fox Film, 539 U. S. 23（2003）.
❷ Lipton v. Nature, 71 F. 3d 464（2d Cir. 1995）.
❸ Time Warner Cable v. DIRECTV, 497 F. 3d 144（2d Cir. 2007）.
❹ Dastar, 539 U. S. 23 at 32, 123 S. Ct. 2041.

5. 案件结果

总的来看，法院判决认定，被告 AHN 对美联社新闻报道所实行的复制、改动与转发等行为，侵犯了原告的版权，构成新闻窃用并破坏其版权保护信息。

判决不久，当事人双方达成庭外和解，法院便撤销了诉讼。

按照当事人联合发布的新闻通告，AHN 向美联社支付一定金额的款项，并同意它不再对美联社新闻的内容或表达进行竞争性利用；AHN 还承认它对美联社的新闻报道进行了不适当使用，也认可法院作出的新闻窃用的判定。美联社代表称，和解将保障美联社对于媒体的投资，并可警示其他人，美联社将充分保障其知识产权以防止不正当竞争。❶

◇ 简评

当新闻窃用原则之确立经历 90 年（1918～2009）之后，当新闻传播进入网络时代，美联社再次成功地利用新闻窃用原则这一法律武器。诉讼结果显然表明，无论是法院判决，还是当事人之间的和解，在网络新闻日渐成熟的新时代，热点新闻窃用原则的合理性与可适用性可能会继续得到承认甚至巩固。❷

但这一结果依然值得深入探究。

如前所述，1918 年国际新闻社案确立的纽约州法上的新闻窃用原则一直没有得到普遍认可。无论学界、产业界，还是各个法院，从各个角度对这一原

---

❶ Joint Press Release, *The Associated Press and AHN Media*, *AP and AHN Media Settle AP's Lawsuit Against AHN Media and Individual Defendants*（July 13, 2009）, http：//www.ap.org/pages/about/pressreleases/pr_071309a.html.

❷ 全头条新闻案之前，美联社还曾起诉过网络聚合媒体 Moreover Technologies、Drudge Retort，但最后都达成了和解。参见 http：//www.dmlp.org/threats/associated-press-v-drudge-retort.

则发表了不同意见。比较而言,在网络时代,网络媒体对该原则发出了最响亮的质疑之声。比如,有人认为,新闻窃用原则"与社交媒体脱节",要把链接置于非法的境地,必然导致损害而非促进报纸行业的结果;网络环境下,人们应该允许报纸走向失败、衰落,以便为新的、更好的替代品让路;"尽管印刷报业注定要失败……它们正让位于好的替代品:博客、脸书和推特等社交网络,包括报纸在内的各种团体的在线新闻采集,还有其他电子传播形式等。"[1]

其实,任何时代的传媒产业都要遵循相同的市场规律,也应该遵守同样的法律逻辑。新闻行业的任何参与者都需要营利,并以此维持其采集业务,从而也以此支撑公众信息需求。所以,无论是电报时代的国际新闻社案,还是广播媒体时代的克沃斯案、波茨敦案,抑或网络时代的全头条案,市场规律与法则应该成为法律判断的基础。网络技术的确打破了传统的传播格局,但网络时代的新闻采集业者需要营利、需要金钱支持却是不变的道理。由此,正如第二巡回法院在NBA案中提出的新闻窃用判断标准所表明的,如果直接竞争的同业者依靠新闻搭便车行为获得优势,以至于被利用者丧失营利机会甚至走向破产,这样的市场格局合乎道德吗?

退一步言之,进入网络时代的传统纸媒可以退出市场,但可供网络媒体挪用、转发的新闻信息却不会从天而降;作为新闻传播之基础的信息采集仍然需要有机构投入、需要必要的经济支持,也需要获得回报。此时,无论新闻采集者、创作者或首发者是谁,允许任何他人进行无偿的、擅自的新闻挪用、转发,前者将何以为继?

所以说,如果不能从法律逻辑上推翻NBA案提出的新闻窃用五要素判断标准,窃用原则、信息不正当竞争就依然有理由适用于网络环境下的新闻转发。

全头条新闻案再一次显示,美联社依然在锲而不舍地为新闻行业发展、为

---

[1] Daniel S. Park, *The Associated Press v. All Headline News: How Hot News Misappropriation Will Shape the Unsettled Customary Practices of Online Journalism*, 25 Berkeley Tech. L. J. 369 (2010), http://scholarship.law.berkeley.edu/btlj/vol25/iss1/14.

公平的媒体竞争塑造规则。正如美国学者所言,"全头条新闻案的存在将影响报纸和聚合商的未来关系。然而,该案主要的意义在于,作为不断演变之惯例的一个标志,它将与其他振兴报纸的方法相结合,促进创造新闻收集和传播的可持续的平衡"。[1] 这就是说,在网络新闻聚合方兴未艾之初,通过全头条新闻案的解决,美联社让世人牢记在心:网媒信息转发,不劳而获的竞争是行不通的。"借助全头条案及其和解,美联社对至少一个不可持续的在线模式给予了有力的打击:对报纸报道实施大规模复制、重写和转售的聚合者。该案将继续发挥的作用是,提醒行业参与者,为了发展行业惯例,反复的、互惠的合作是必要的,且互动必须是可持续的。"[2]

---

[1][2] Daniel S. Park, *The Associated Press v. All Headline News: How Hot News Misappropriation Will Shape the Unsettled Customary Practices of Online Journalism*, 25 Berkeley Tech. L. J. 369 (2010), http://scholarship.law.berkeley.edu/btlj/vol25/iss1/14.

9. 投资建议信息与新闻聚合的正当性

——巴克莱资本公司诉壁上蝇飞网站（2011）

概 要

巴克莱资本公司（Barclays Capital Inc.）等是美国的大牌金融机构，向公众会员提供证券经纪服务。它们在这方面投入巨大，广泛研究公开上市交易公司的证券业务与前景等。各家公司以研究报告的形式对其研究结果做概括性的总结，其中通常包含有关目标公司证券购买、持有或出售方面的策略建议。研究报告中的投资建议与背后的研究密不可分，而构成审理核心的，是被告对于原告投资建议的窃用，这些建议通常都被包含在一句话中。

每天早晨，在主要证券市场开放之前，各原告公司都向客户和潜在客户发布当天的研究报告和投资建议，客户因此就能先于普通大众获悉其中的信息内容，从而在目标公司证券交易方面获得信息优势,并由此决定其证券买卖;这甚至也造成证券市场价格相应的短期上涨或下跌。按照其业务模式,原告公司及其他类似企业主要通过制作与发布这种研究报告与建议获得赢利,具体是,受众如果接受建议,转向某公司从事被报告公司的股份交易,发布建议的公司就能赚取经纪佣金。

蝇飞公司(Theflyonthewall.com)是一家新闻服务业务所有人,以电子方式向订户发布信息并收费。近年来,被告通过各种途径,在交易当天开放的股票买卖之前,并在原告公司准备向普通公众提供研究建议之前,率先获取原告的建议信息并公开发布。对于经授权获得报告与建议的原告公司客户和潜在客户而言,被告行为可能会消除他们的信息优势及由此产生的交易优势。这样一来,这些信息获得者就可能不再利用研究报告与建议公司的经纪服务。原告公司声称,这将破坏它们的商业模式,并损害它们从事进一步的研究、提出更多研究报告与建议的积极性和能力。

为了维护其商业模式,这些公司也采取措施,设法防止或减少其建议信息的交易前流失。该诉讼本身也是原告公司努力的一部分。

巴克莱资本公司等对蝇飞公司发起诉讼,诉求主要有两项,第一项是版权之诉。原告指被告逐字复制并传播了原告的部分研究报告;第二项是指控蝇飞公司违反了纽约州法上的新闻窃用法。

纽约南区联邦法院于2010年3月判决支持原告的两项诉求,丹尼斯·科特(Denise Cote)法官提交判决意见。其中,地区法官认可被告侵犯了原告公司17份研究报告的版权,被告对此予以接受。但被告不接受有关新闻窃用的判决,并提起上诉。联邦第二巡回上诉法院2011年6月判决推翻地区法院判决,认定该案不适用新闻窃用原则。上诉法院罗伯特·萨克(Robert D. Sack)法官提交了判决意见。该法院认为,根据该院NBA案已经阐明并适用的原则,原告(被上诉人)提出的热点新闻窃用指控因联邦《版权法》优先适用而被排除。❶

---

❶ 本文主要依据联邦第二巡回上诉法院判决意见,并参照纽约南区联邦法院判决意见,Barclays Capital Inc. v. Theflyonthewall. com, Inc. 700 F. Supp. 2d 310 (S. D. N. Y. 2010),650 F. 3d 876 (2d Cir. 2011)。

◇ 当事人及诉由

[原告及其研究报告] 原告公司是跨国的金融实体,向机构投资者、各种规模的企业以及个人提供各类资产管理、销售与交易、投资银行以及经纪服务,编纂了有关某些上市公司、行业和一般经济状况的研究报告。它们向对冲基金、私人股本公司、养老基金、捐赠基金以及个人投资者等客户发布此类研究报告和附带的投资建议。这些形式各异的报告涵盖了从单页到数百页不等的各种篇幅,其内容通常包括数据分析、定性讨论和建议。为从事研究和编写报告,这些公司聘用了数以百计的分析师,每年花费数亿美元。

在编纂公司报告时,分析师会收集与其业务相关的数据,并可能参观其实物设施、与行业专家或公司高管交谈、构建财务或运营模型。然后,分析师根据其专业知识、经验作出判断并利用这些信息,就公司证券之价值作出正式预测和建议。

本案所涉及的核心是证券交易建议(Recommendations),法院将该术语界定为可行性报告,也就是说,原告公司的研究报告可能会促使投资者立即做出交易决定。交易建议会提升或下调证券的等级,或对证券目标价格的变化做出预测。分析师越知名、越受人尊敬,其主要负责的建议就越有可能对证券市场价格产生重大影响。大多数建议是在东部时间午夜至早7:00发布,人们可在上午9:30开市时依据市场报告和建议来买卖股票;及时获得建议可以让投资者在市场对建议作出回应之前有机会实施交易。

这些原告公司通常会利用各种方法向客户提供研究报告和交易建议的免费副本。公司随后会展开精心策划的销售活动,由销售人员联系公司认为最可能依据建议从事交易的客户。为此,各公司大约会在早晨7:15召集早间会,分析师向销售人员介绍前晚发布的交易建议。8:00开始,销售员会通过电话、电子邮件或短信联系客户,引导他们关注当天的报告与建议,希望他们能通过该公司进行交易(而这可为公司赚取佣金)。

原告公司主张,如果客户直接从某家公司而非其他地方获得投资建议,他们就更有可能通过该公司进行交易;据估计,超过 60% 的交易来自公司游说,其中包括对建议的突出强调。原告公司从其研究报告与建议的编写和传播中所获利润,正是来自这些交易的佣金。所以,他们声称,及时且排他性地提供研究报告与建议已经成为他们通常所谓"商业模式"的关键;原告证人也一再表达他们在这方面的担心。

[被告壁上蝇飞网] 一审被告壁上蝇飞公司(Theflyonthewall.com, Inc,以下简称"蝇飞")是一家新闻聚合者(aggregator)。有解释称,网上的新闻聚合者是从其他网站收集新闻报道标题和片段的网站,典型范例如谷歌新闻(Google News)和赫芬顿邮报(Huffington Post)。很多投资者没有向原告公司购买授权,但对其研究报告和建议抱有兴趣,并希望从其他途径尽早获得具有投资价值的信息,特别是那些可能影响证券价格的投资建议。看到这一现实需求,一些聚合媒体便汇编了证券公司的投资建议以及相关报告或摘要,通过收费订阅的方式,按时向其订户提供信息;蝇飞便是这样一家聚合媒体,它为此雇用了 28 个人,其中约有半数从事内容制作。

需要注意的是,除了提供信息服务,蝇飞自身并不提供经纪、交易或投资方面的专业咨询服务。原告公司的代表性客户是对冲基金、私人股本公司、养老基金、捐赠基金和富裕的个人投资者;与原告不同,蝇飞的订户主要是个人投资者、机构投资者、经纪人和做短线的人。这些客户从蝇飞网站购买不同的信息内容包,月付费用 25~50 美元,可无限访问该网站。除了网站维护,蝇飞还通过第三方发行商和交易平台发布其内容,其中有的机构还各自得到原告公司授权,发布其投资建议,如彭博和汤森路透。蝇飞通过其网站拥有大约 3300 个直接订户,另外 2000 个订户则使用第三方平台接收其服务。

蝇飞自称是热点财经新闻来源,是最快的网络新闻渠道,并宣传其"快速新闻"是一切投资决策的宝贵资源;它称其新闻供应是获取分析师评论的

169

一站式方案，并自夸说它发布的快速分析师评论正是华尔街交易台正在传出的，一直紧跟新闻热点。

蝇飞新闻供应的基础是它的在线新闻提要，在纽约证券交易所开放日的早上 5 点到下午 7 点之间不断刷新；每天通常有 10 个不同类别的 600 多条标题在滚动，包括"热门股票""传闻""技术分析"和"收益"。其中有一类是"建议"。蝇飞发布的建议（不包括基础性研究报告或支持性分析）由 65 家投资公司的分析师提供，其中包括原告公司的分析师。例如，2009 年有一个典型的推荐建议的标题是"EQIX：易昆尼克斯被美银/美林评级为：买入，目标价：＄110/股"。蝇飞的标题（包括"建议"类的标题）可以搜索、可以分类。对于蝇飞发布的有关特定公司的证券信息，用户还可以预订自动电邮、信息弹出或音频。

在纽约证券交易所每天上午 9 点半开业之前，蝇飞就已发布了大部分的建议标题。按蝇飞估计，原告公司的建议标题一般约占蝇飞全部内容的 2.5%，2005 年曾是 7%。蝇飞称，几年来它已逐渐改变了取得有关建议信息的方式。有些投资公司（如富国银行的投资服务）在发布其研究报告的同时会直接发送给蝇飞，而包括原告在内的一些公司则没有这样做。对于这些公司的推荐建议，在 2005 年之前，在未经有关公司授权的情况下，蝇飞会通过这些公司的雇员获得一份电子邮件；蝇飞员工再将这些建议概括为一个提要标题。蝇飞有时也会在发布的条目中加入一个扩展性段落，内容逐字取自原报告。

蝇飞坚称，由于 2005 年收到诉讼威胁，它已不再直接从这些投资公司获得建议信息，而是综合利用其他方式收集这些建议信息，包括新闻渠道、聊天室、投资业者发出的有关信息，还有与交易员、理财经理的交流等。蝇飞还表示，它现在只发布建议，通常只是概括特定股票的评级和价格目标，而不再发布研究报告摘录。

［聚合问题］对于及早获得研究报告和推荐建议的投资者而言，其价值在很大程度上取决于其时间性优势。这些报告和建议给原告公司带来的交易大多发生在美国主要证券市场开业后的最初交易时间；这些销售活动通常在接近中

午时会逐渐放缓。因而，公司因其报告和建议获得收入的能力就与它们能为客户提供的信息优势直接相关；反过来，这也关系到公司对其报告和建议传播的控制能力，由此，公司客户就能早于普通公众获得报告和建议并实施交易。

原告公司采取多种措施以阻止非客户获得其投资建议。这些措施大多是在最近设立或经扩充，目的就是回应来自蝇飞及其他竞争性聚合者、新闻服务机构对这些建议日益增多的利用。按照原告公司的描述，他们采取了非常实质性的和代价昂贵的措施，调查未经授权传播其研究报告的情况，并尽力堵住他们已发现的漏洞。例如，原告之一美林证券公司：（1）与第三方供应商合作，限制对美林客户的接触；（2）采用内部安全程序以监测安全漏洞；（3）调查美林雇员（包括检查手机）是否向第三方泄密；（4）对美林电子邮件系统进行内部化；（5）识别试图对美林内容设置链接的网站并将其列入黑名单；（6）在研究链接被发送给客户时创建唯一的签名网址，以便监视客户端的使用并跟踪其滥用。原告巴克莱、摩根士丹利也都采取了类似措施。每个公司都有其限制性的媒体与通信政策，意在保护其建议的时效性价值。这些政策规定，向媒体披露股权研究只能是在规定期限届满之后，即便如此，披露对象也限于那些将研究用作背景新闻报道和分析之一部分的实体。

如上文所述，地区法院还对这些做法进行分类，强调它们在近年来不断加大强度。但案情记录并不能显示这些举措的增加在多大程度上是为了应对蝇飞或其他类似的机构，也没有披露这些措施取得了什么样的成效。在本案诉讼中，蝇飞公司没有对原告公司的反传播举措的合法性提出质疑。

◇ 地区法院：被告实施新闻窃用

2004年，原告公司发现蝇飞正在对原告的建议擅自做系统性的发布，具体是在原告公开发布其推荐建议之后不久，发布其推荐建议的短标题。实施类似行为的机构还有更大、更知名、拥有更广泛受众的新闻媒体,如彭博、道琼斯和汤森路透,但原告公司将其法律行动集中在蝇飞的身上。2005年年初,原告公司指控蝇飞发布原告公司交易建议的行为侵犯了原告公司的版权,还实施了纽约州法上的热点新闻窃用,要求蝇飞立即停止侵权。蝇飞回应称,蝇飞已经改变了其报道方法,不再从公司雇员发送的研究报告获得建议,而是改从独立而公开的来源收集信息。但因蝇飞未停止发布原告公司的建议,原告公司便于2006年6月发起这场诉讼,将蝇飞列为唯一被告。

原告公司提出的诉由包括两项:其一,蝇飞广泛摘录原告于2005年2月和3月发布的17份研究报告,侵犯了其版权;其二,蝇飞持续以电子方式发布公司的交易建议,构成热点新闻窃用。后一诉求声称,蝇飞及其他财经新闻提供者未经授权,聚合并广泛发布原告的交易建议,威胁到了原告公司股权研究业务的生存能力。原告公司指出,被告行为使原告的客户、潜在客户通过原告之外的途径获得原告的建议,使原告公司销售人员丧失以此招徕生意的机会,从而降低了原告的佣金,进而严重威胁原告的投资能力和研究能力。

蝇飞公司答辩提出了多项肯认性抗辩意见,包括合理使用和基于第一修正案的保护;在完成证据开示之后,双方交叉提出了简易判决申请。地区法院法官驳回简易判决申请,对案件实施法官审判。

[地区法院判决] 在预审阶段,蝇飞放弃了针对版权侵权的合理使用抗辩和针对热点新闻窃用之诉的第一修正案抗辩。由此,地区法院庭审中面对的主要问题是:(1) 侵犯版权的救济范围;(2) 蝇飞是否负有热点新闻窃用之责;如果是,(3) 应如何予以救济措施。

2010年3月,地区法院裁决支持原告提出的侵犯版权和热点新闻窃用之诉。对于前者,判令被告支付法定赔偿和律师费;对于后者,要求蝇飞在原告交易建议发布后30分钟至数小时内不得发布报道该建议。

地区法院指出,依据NBA案,原告提起的热点新闻窃用之诉需要满足五要素审查标准，才能免除联邦版权法的专属管辖，并获得救济。[1] 针对原告公司的指控，被告承认原告公司确实是以高昂的成本制作了其交易建议，且这些建议具有时效性，但它否认了窃用之诉的其他三个要素。

对于第三个要素（即搭便车），地区法院认为，如果被告几乎没有任何花费就从原告以高昂成本生成或收集的信息中获利，其行为就属于搭便车。被告蝇飞没有亲自从事相关研究，也没有从事任何原创的报道或分析；它在信息收集、聚合和传播方面的努力对于它提供的交易建议没有任何贡献，无法证明它没有搭便车。法院也否认了蝇飞公司所称，它从公共资源中收集了所有人都能自由获取的建议；其他人也在从事此类非法行为——这一事实也不能为被告的非法行为开脱责任。所以，地区法院承认蝇飞公司实施了搭便车行为。

在双方之间是否具有直接竞争关系问题上，地区法院认为，蝇飞和原告公司都在向投资者提供投资建议，以供他们参考，报告的制作和发布属于原告公司的主要业务，而且这些企业使用了同样的传播渠道。同样重要的是，蝇飞一直试图将其订户链接到折扣券商服务，这有可能进一步从原告公司那里转移佣金收入。蝇飞辩称，NBA 案裁决要求法院认定双方在主要市场上存在面对面的（head-to-head）竞争，但它本身的角色只是一家新闻聚合者，不从事经纪与投资咨询服务，因而不符合直接竞争的要求。地区法院对此予以否决，并坚持了这样的观点：只要蝇飞像原告公司一样从事了传播投资建议的业务，即与原告具有直接竞争关系，而其他活动并不重要。

最后，地区法院认为第五项条件（即足以减少经济激励因素）已经得到满足。该法院称，有关常识以及有关原告商业模式的旁证让原告公司的论断完全可信，他们的积极性因被告行为受到削弱。原告公司曾声称，在过去五年里，它们被迫大幅度削减了分析师和预算，这在很大程度上是由于他们遭受了被告擅自窃用行为造成的竞争威胁，即使这并非唯一原因。蝇飞认为，原告公司提交的经济激励下降的证据几乎全部基于各公司研究主管的证词，并不可

---

[1] NBA, 105 F. 3d 841 (2d Cir. 1997)。参见本书有关部分。

信。但地区法院却认为，原告公司高管的证词是可信的；这些公司不需要证明其有实际损害，而只需表明窃用行为继续实施将导致原告遭受损害；近期经济衰退等所产生的确切影响对此无关紧要，因为只要证明蝇飞和其他类似机构对原告公司造成严重影响，就足以确认第五项要素的存在，即使也有其他事件削弱了原告业务。

地区法院的结论称，原告公司已确证了被告构成热点新闻窃用，并为此颁布永久禁令，禁止蝇飞报道原告的投资建议，直到股市开放半小时后（如果含有建议的研究报告是在上午9：30前发布）；或研究报告发布后两小时（如果报告在上午9：30后发布）。

[上诉与问题] 被告蝇飞公司于2010年4月向第二巡回法院提出上诉，其中主要辩称，（1）本案不能被认定纽约州法上的热门新闻窃用，因为原告不能证明窃用五要素中的时效性、搭便车、直接竞争和激励减少；（2）地区法院的禁令侵犯了蝇飞依据第一修正案享有的言论自由权；（3）地区法院肯定热点新闻窃用违反了《宪法》上的版权条款和联邦《版权法》；（4）地区法院在批准禁令救济时未能适用正确的标准；（5）禁令不合理的过于宽泛。

◇ 先例分析：NBA案与《版权法》优先

上诉法院指出，关于该案提出的联邦《版权法》优先适用问题，该院1997年判决的NBA诉摩托罗拉案曾做出直接处理，是一个具有约束力的先例。鉴于被告在NBA比赛过程中获取、转发了NBA产生的事实并从中营利，地区法院认定被告行为构成热点新闻窃用。被告对此提起上诉，禁令被停止执行。

[《版权法》适用条件得到满足] 该案分析首先面临联邦法律的优先适用问题。1976年《版权法》明确规定了该法的优先适用原则。按照该法第301

条,下述诉求应优先适用于联邦《版权法》:(1)诉求所要主张的是《版权法》第 106 条规定范围内的版权权利或与之等同的法定权利或衡平权利,即符合版权保护内容的"一般范围要求";(2)案件所涉标的属于《版权法》第 102 条和第 103 条明确保护的作品类型,即属于版权保护"客体要件"。

法院承认,当案件中被复制或窃用的对象属于版权保护范围内的独创性作品时,优先适用第二要素即客体要件就能得到满足;与此同时,在判定《版权法》是否优先适用时,原告对其作品中的非版权材料(如事实)寻求救济,这一点并不重要。可版权作品中常常包含不可版权的成分,如果作品整体满足版权保护的客体要件,原告就不能单就其非版权成分另外提出窃用之诉。因而,在 NBA 案中,NBA 的赛事广播属于版权客体,即使赛事广播披露的事实信息本身不具有版权,仍应归入版权的客体范围,从而整体性地适用《版权法》。这就是说,在适用法律方面,《版权法》不允许将版权作品中的版权部分与非版权部分区别对待。

对于优先适用原则的另一个要素,NBA 案判决认为,原告寻求保护的对象显然属于"版权一般范围"之内的权利。版权权利的一般范围即《版权法》第 106 条赋予的各项权利,包括复制权、演绎权、发行权、公开表演权和公开展示权。如果一种使用行为本身会侵犯联邦《版权法》上的某项排他性权利,针对该行为提出的州法之诉则因《版权法》优先而被排除。NBA 案所指控的行为正是被告对取自赛事广播的事实信息进行复制、发行和展示。这样,原告的侵权诉求就属于版权权利的一般范围。

所以,第二巡回法院认定这两项优先适用要素都得到满足,联邦《版权法》应得到优先适用。

在确定这两项要素支持联邦《版权法》优先适用之后,依据 NBA 案判决,如果另有额外要素(extra - element)得到满足,即使案件满足了版权法优先适用的条件,某些形式的商业窃用也能够免于版权法的适用。如阿尔泰案(Altai)判决称,如果案件含有复制、表演、发行或展示行为之外的其他"额外因素",该行为与权利就不属于版权的一般范围,就能构成州法上的诉由。❶也就是说,此时所诉权利就不属于版权,也不与版权权利等同。针对"额外因素"之判断,NBA案法院提出,在版权侵权因素之外有三种额外的要素可让热点新闻窃用之诉免于版权法的专属管辖:(1)事实性信息具有时效性价值;(2)被告具有搭便车行为;(3)原告提供的产品或服务因此面临威胁。

[窃用法及其道德维度] 在对1918年国际新闻社案以及新闻窃用原则作简要概述之后,第二巡回法院指出,按照1976年《版权法》修改的历史过程,得到普遍认可的是,类似国际新闻社案的热点新闻窃用之诉可免于版权法的优先适用。众议院报告曾就此指出,"'窃用'不一定就是版权侵权的同义词,因而,一个被称为'窃用'的诉由如果既非基于《版权法》第106条规定的版权权利或与之等同的权利,就不会因《版权法》优先适用而被排除。州法应具有一定的灵活性,以便为制止竞争对手擅自窃用热点新闻事实(即不属于文字类的表达)的做法提供救济(依据传统的公平原则),而无论它是以(国际新闻社案中的)传统模式,还是采取更新形式的科学、商业或财经数据库"。❷ 众议院报告进而预计,国际新闻社案之类的州法侵权将会免于《版权法》的优先适用。这就是说,国会没有在联邦法上设立窃用诉由或承认其存在,但它并不禁止这一州法之诉的继续存在。由此,NBA案法院承认,国际新闻社案作为一种侵权理论之代表,继续延续其存在。

窃用原则含有明显的道德考量,但这也一直令人困惑。国际新闻社案本身是依衡平法提起的案件,目的在于禁止国际新闻社抄袭美联社的不可获得版权的新闻。在这种情况下,该案法院强调的是该剽窃行为所具有的不正当性,甚至以《圣经》的语言谴责被告"在没有播种的地方收割庄稼"。❸最高法院指出:"被告……承认它取用的材料源自原告之组织和劳动、技能和金钱付出,

---

❶ Altai, 982 F. 2d at 716.
❷ H. R. No. 94 – 1476 at 132.
❸ 《圣经·加拉太书》第6章第7节:"不要自欺,神是轻慢不得的。人种的是什么,收的也是什么。"

且原告可将其销售以获利,而被告之挪用并作为己物予以出售,则是在企图不劳而坐享其成,将其卖给原告成员的竞争报纸,为自己获得播种者的收成。除去所有的伪装,这一过程相当于未经允许而介入原告正当业务的正常运作,而且恰恰是在其即将收取利润的时间当口儿,目的是将利润的实质性部分从努力获得者转移给本未努力者;因为被告没有为新闻采集负担任何费用,它由此就可以获得特别的竞争优势。这种交易行为本身不言而喻,衡平法院应该毫不犹豫地将其定性为商业中的不正当竞争。"❶ 这一原则得到了纽约州窃用法的吸收,如有判决意见称,"纽约法院注意到有无数种类的非法行为属于不正当竞争范畴,称之为一种广泛而灵活的原则——更取决于所呈现的事实,而不在于大多数诉由。宽泛的理解是,它包括任何形式的商业不道德,或完全是企图不劳而获;它是在取用竞争对手的技术、支出和劳动,为一人之商业优势而挪用本属他人的利益或财产。该侵权行为适应性强且范围宽泛"。❷ 适用纽约法的联邦地区法院的判决对此也有所反映。

地区法院在 NBA 案的判决中表示,纽约窃用法代表的是更宽泛的原则,即保护具有商业价值的财产权,禁止任何形式的商业不道德;窃用法之发展就是要处理有违社会伦理的商业失当行为,其适用宽泛而灵活。按照这种理念,窃用侵权原则的基础是反对剽窃行为的不道德性,应该免于联邦法的适用。但 NBA 案上诉法院明确否定了这种观念,并指出,窃用概念实际上与非法复制同义,与侵犯版权无任何意义上的区别;而地区法院所依据的宽泛的窃用原则相当于版权法中的排他性权利,本应归联邦《版权法》专属管辖。

无论摩托罗拉公司使用 NBA 的事实与统计数据对于后者有多么的不公平,同样地,无论该案蝇飞公司使用原告公司之交易建议对于后者显得多么不公平,对于判定窃用之诉是否因《版权法》优先而被排除而言,单是这种不公平本身是无关紧要的。新技术的应用伤害或破坏现有商业模式并不新鲜,无论

---

❶ INS, at 239-40。
❷ Roy Exp. Co. v. CBS, 672 F.2d 1095, 1105 (2d Cir. 1982).

其公平与否，并不能通过适用窃用原则得到制止。事实上，由于《版权法》本身为非法复制提供了救济，可以说，这种不公平性支持以《版权法》排除窃用原则。

[以统一版权法限制窃用之诉] NBA案上诉判决一再强调，热点新闻免于版权法优先原则的例外情形只有狭窄的空间。NBA案判决有关优先权的讨论没有突出维护1976年《版权法》第301条构建全国统一体制的重要性，但该法院后来的判决则强调了这一点。在 Krause v. Titleserv 案中，❶ 上诉法院就强调，要避免各州法律适用上的分歧，这有悖《版权法》的明确目标，即"通过广泛排除各州成文法和普通法版权条令，创制全国统一的版权法律"。的确，在美国，联邦成文法优先适用原则的核心所在，一般正是国会通过采取全国性行动提供法律统一性的价值。

新闻窃用之诉"狭窄的"例外范围是一个必须考虑的重要问题。可以说，该例外范围越宽，《版权法》的保护范围就越是要取决于被控侵权发生的地点、被裁定适用的州法之规定。美联社诉全头条案便是一个例证。❷ 该案中，法院试图判定纽约州和佛罗里达州在热点新闻窃用方面是否具有法律差异，以便根据法律选择原则确定适用法律。事实上，热点新闻窃用原则在纽约州法上可能被允许，而佛罗里达州法则不予承认。NBA案以及该案也都面临这样的问题。只要热点新闻窃用之诉没有因优先适用联邦法而被排除，信息聚合者的行为在各州之间就可能具有不同的法律遭遇；至少某些州会在一定程度上允许信息窃用，而其他州则可能会禁止窃用之诉。而联邦版权法优先适用机制的立法目的正在于，极大地限制全国范围内的差异性，从而将《版权法》优先适用之例外限于更狭窄的范围。

NBA案上诉法院在判定该案优先适用联邦版权法之前，曾两次阐述五部测试标准（five-part "test"），以确定何种热点新闻窃用之诉可免于版权法的

---

❶ Krause v. Titleserv, 402 F. 3d 119, 123 (2d Cir. 2005).
❷ AHN, 608 F. Supp. 2d 454 (S. D. N. Y. 2009).

优先管辖。蝇飞公司案地区法院适用了 NBA 案，以五要素测试法为中心对该案作出了法律分析。而 NBA 案判决意见在重申五要素测试之后还提出了含有三项"额外要素"的测试方法（见上述）。该案法官认为，这种做法值得特别考虑。先例 NBA 案中的五部测试对该案具有约束力吗？蝇飞案一定要遵循这一测试吗？这是该案审理中绕不开的问题。在蝇飞案整个诉讼过程中，双方当事人似乎有个一般性的共识：地区乃至上诉法院都会采用 NBA 案判决形成的五部分析，因为这毕竟是有约束力的先例。事实上，律师、地区法院一般都会试图考虑先例意见所形成的有关法律陈述。但是，正如先例的判决所曾经明言，法官的具有约束性的权力仅限于他面对的具体问题；他不能简单地通过挥舞指挥棒和使用"认为"（hold）这个词把附带意见（dictum）变成法律决定。❶ 上诉法官不能制定法律，只能根据上诉中的具体事实和情况做出推论。对后来审判具有约束力的，只是先例中的法律裁定。蝇飞案上诉法院认为，NBA 案提出的多要素测试标准不能说具有决定性意义：两次提出的五部测试法相互之间并不完全一致，而且与三个"额外要素"测试有更多差异。

这些有关测试标准的不同陈述之间有着相当大的区别。上诉法院认为，对于地区法院做出的事实认定，它的观点是，没有足够的证据能支持这样的结论：蝇飞或同类聚合者的被控搭便车行为事实上会造成原告成本远超回报，从而中止原告公司的服务；或者说会对原告的产品或服务提供本身构成威胁。NBA 案中有关多要素检验标准的三次陈述是基于不同的目的，包含了复杂而微妙的观察，有助于法院对棘手的优先适用原则进行深入分析。它们前后不一致，并非都能等同于法院应该遵守的法定指令。该案当事人都认为地区法院应该采用 NBA 案提出的五要素分析，地区法院也这样做了，但上诉法院不能以当事人的观点代替自己的法律观点。于是，五要素分析路径没有得到该案上诉法院的遵循。

NBA 案上诉法院得出结论说，原告 NBA 提出的窃用之诉因《版权法》优

---

❶ United States v. Rubin, 609 F. 2d 51, 69 (2d Cir. 1979) (Friendly, J., concurring).

先适用而被排除，因为版权权利之一般范围要求和客体要件两方面都已得到满足，而能够免除联邦版权法优先适用的额外要素也不存在，即使被告摩托罗拉确实在对 NBA 传递的相同赛事信息进行及时传播。

第二巡回法院在对 NBA 案的判决中指出，国际新闻社案新闻窃用之诉的一个不可或缺的要素是被告对原告产品进行了搭便车，让被告能以更低成本生产直接竞争的低价产品。但摩托罗拉并没有对 NBA 的赛事信息提供服务实施搭便车。摩托罗拉等是以自己的资源收集 NBA 赛事活动中发生的纯事实信息，并发送给其寻呼机；它们有自己的网络、自行收集并传输数据。不可否认，如果被告摩托罗拉将来从经改进的 NBA 的同类寻呼机收集事实，并将其转发至自己名下的寻呼机，那很可能构成搭便车，很可能造成原告的服务无利可图，因为它必须承担收集信息的成本，而摩托罗拉不需要这样做。如果听任事实信息被从一家寻呼机挪用到另一家的寻呼机服务，寻呼机新闻传送业务将大大受到抑制，因为任何潜在的传送者都懂得，第一家从业者将很快就会遭遇到低成本竞争者的搭便车行为。然而，NBA 案发生的情形并非如此。原被告双方各自为其赛事信息采集承担了成本，如果一方生产的产品比另一方更便宜或质量更优，该生产商将会占据市场主导地位。而这显然不是国际新闻社案想要防止的情形：由于对搭便车的担忧，此类产品或服务可能面临短缺。[1]

◇ 上诉判决： 蝇飞公司不构成新闻窃用

将 NBA 案和版权法优先适用原则适用于蝇飞案事实，上诉法院认为，原告巴克莱等公司的热点新闻窃用之诉也不能成立，该案应该归联邦《版权法》专属管辖。

---

[1] NBA, 105 F. 3d at 854.

首先，最终形成投资建议的公司报告属于《版权法》第102条所涵盖的作品类型，即固定于实体性表达媒介的独创作品，符合版权客体要件。投资建议中的事实信息虽不受版权保护，却不能排除《版权法》的优先适用。

其次，研究报告和投资建议达到了版权内容的一般范围要求，因为侵犯原告所主张权利的行为属于复制、表演、发行或展示行为，它本身会侵犯版权法上某种排他性权利。

最后，原告公司的诉求不同于国际新闻社案，后者不因版权法优先适用而被排除。按照NBA案提出的分析模式，蝇飞公司没有实施搭便车行为，而是亲自收集、整理并传输事实性信息——即原告等证券公司就证券买卖之价值和策略提出建议的事实信息，并就这些信息指明其来源。尽管原告公司要保护其商业模式的愿望可以理解，但原告公司是在生成新闻，蝇飞公司则是在披露信息。很久以前，最高法院已经在国际新闻社案判决中依据宪法做过解释，"新闻要素，即文字作品中所包含的有关时事的信息，不是作者的创作，而是对通常属于公共领域的事件的报道；它是一天的历史。不应该设想，《宪法》制定者授权国会'通过赋予作者和发明者在有限时间内就其各自的著作和发现享有专有权，以促进知识和实用技术的进步'（《美国宪法》第一条第8款第8项），是想要向那个碰巧首先报告某一历史事件的人授予在一定时期内传播其知识的排他性权利"。❶

在热点新闻窃用原则中使用"搭便车"一词，必然加剧这些问题解决的困难。不合理地使用他人本来可以用来销售营利的劳动、技能和金钱投入，这听起来很像是"搭便车"行为的实质所在，而且"搭便车"一词听起来似乎也明显意味着典型的不正当。但必须考虑到，搭便车一词显然是指国际新闻社案所述诉由的一个要件。正如NBA案法院所解释的，国际新闻社案热点新闻之诉的一个必不可少的要素是被告对原告产品实施搭便车。按照法院的界定，对热点新闻搭便车，就是获取原告通过组织和劳动、技能与金钱付出而获得的

---

❶ INS, 248 U. S. at 234.

且原告可将其销售以获利的材料，并将其作为已物予以挪用和销售。❶ 这一界定符合国际新闻社案的事实：被告获取美联社采集且正在传输的新闻，并作为被告自己采集所得予以销售。但这并不符合蝇飞的做法。在该案中，原告公司可能是在编制其研究报告的过程中获取材料，但这不是焦点问题。在对蝇飞提出热点新闻窃用之诉时，原告公司只是寻求保护他们的投资建议，而这些建议乃是它们利用专业知识和经验所创造（create），而非通过类似于报道的努力所获得（acquire）。

并且，蝇飞在获得有关原告之建议的新闻后，并没有将其"作为自己的"建议予以销售，而是特别指明是由原告公司发布的信息。可以想象，蝇飞如果将摩根士丹利的建议"作为己物"对外销售（就像国际新闻社把抄自美联社的新闻卖给客户那样），这对蝇飞或其客户均无多大意义。例如，如果摩根士丹利建议将波音公司普通股从"持有"改为"卖出"，蝇飞出售的信息则称"蝇飞已将它对波音的评级从持有改为卖出"，似乎不可能就此获得利润。因为蝇飞之身份、声誉等不足以对投资者产生影响。蝇飞将这些建议准确地归于制作者名下，才能凸显这些新闻信息的价值。

上诉法院认为，如下两种做法之间找不到有意义的区别：其一，就像蝇飞公司的行为，取得原告公司"创制"而非"获得"的信息材料（它们是后者进行组织与投入劳动、技能和金钱的结果，通常可以出售并挣钱），再将其售出，同时将材料来源归于创制者公司，而不是归于蝇飞自己名下；其二，是传统新闻媒体成员容易识别的常规性行为：如对托尼奖获得者或 NBA 比赛得分进行报道，同时将材料正确地归于其创造者名下。比较来看，国际新闻社案所处理的并非其中的任何一种。

同样值得注意的是，国际新闻社案判决称被告侵权行为构成未经授权介入原告合法业务的正常运作，而且恰恰是在其获利点上，目的是将本应获利者的实质性利润转移给本来未曾努力经营的人。比较可以看出，该案原告公司主要

---

❶ INS, 248 U. S. at 239.

的获利点在于证券买卖的实施。被告蝇飞介入原告业务之"正常运作"是否确实是在原告收获利润的"点"上,这至少是可以争论的;但完全不清楚的是,该利润是否在某种实质性意义上通过建议新闻的发布被"转移"给了蝇飞。而法院认为,损失的佣金被转移给了碰巧在执行交易的任何经纪人,而下单该交易的人从蝇飞那里获得了建议消息。

地区法院曾指出,蝇飞已经成功地把其订户与低价经纪服务联系起来,为此它利用了所获取的原告公司之建议,并减少了后者的佣金收入;这说明蝇飞与原告公司之间具有直接竞争关系。而上诉法院认为,没有任何证据显示,被告的做法确实已经达到这样一种程度,即原告公司所称利润损失的大部分被转移给与蝇飞联合的经纪人。此外,原告公司客户可自由利用经授权获悉的建议,以较低费用与低价经纪人进行交易。并且,这些公司将其服务费导向经纪业务,而不单纯依靠使用其建议。与投资建议完全不同的是,凭借其非公开信息(包括有关市场状况、证券和经济状态的一般消息),非公开的公司报告很可能在公司的研究工作与交易业务能力方面发挥更大的作用。所以,蝇飞发布原告建议的做法很难被做出这样的定性:未经授权且正好在获利点上介入原告公司业务的正常运行,将原告公司的大部分利润直接或间接地转移至蝇飞和其他从事类似业务的公司。

国际新闻社案判决不能被当作具有适用性的法律表述。一方面,国际新闻社案本身确立的法律多年前已被否决;另一方面,要注意到国际新闻社案法院所关注的重点是诉讼当事人的具体做法:一个新闻机构的重要业务是采集和传播新闻、数据等,而另一家机构却拿过去并作为己物予以发表,从而与前者形成竞争。国际新闻社案判决所做表述与本案存在实质性差异。与之不同,蝇飞公司拥有自己的网络,并自行收集、传输数据,也正像NBA案的被告那样。NBA案被告摩托罗拉的雇员看过球赛后,汇集赛事相关数据信息,将结果数据包装出售给订户,从中看不到有什么可免除联邦版权法管辖的热点新闻窃用。该案与之类似,被告蝇飞的雇员从事金融行业,类似于观察、总结球赛事实,并将其包装的事实信息出售给消费者;其间的差异在于,双方所涉事实的内容。

根据 NBA 案裁决，国际新闻社案新闻窃用之诉的一个不可或缺的要素是被告对原告产品实施搭便车，使被告能够以较低价格提供直接竞争产品，因为它的成本更低。而在 NBA 案中，被告的寻呼机服务不是这样的产品，部分是因为被告自己承担了收集 NBA 赛事信息的成本。在该案中，蝇飞的 28 名雇员大约有半数参与收集原告公司的投资建议并推出含有建议摘要的新闻提要；蝇飞在通过大量组织工作报道财经新闻——即有关原告公司建议的事实信息。所以，蝇飞的服务（即对有关原告公司建议的新闻进行收集、总结和传输）不属于国际新闻社案中的产品，因而就不能将新闻窃用的诉由适用于该案。

依据比较，上诉法院做了一个假设。如果某公司收集并向部分公众传发经纪业有关证券建议的事实信息（也许包括它自己产生的建议信息），如果蝇飞要复制该公司服务中的事实信息，它就可能要基于新闻窃用原则对前一公司承担责任。这种情况类似于国际新闻社案，很可能排除联邦法管辖。全头条公司案判决意见也曾表示，如果所提交的事实信息更加类似于国际新闻社案，原告就有可能获得热点新闻窃用的诉由。❶ 但是，该案原告公司没有这样的产品与服务，也没有提出这样的要求。所以，原告针对蝇飞公司提出的热点新闻窃用的诉由得不到支持。

［结论］上诉法院的判决结果是，原告公司通过发布可能影响证券市场价格的投资建议来制作新闻的能力，并没有为它赋予一种控制由谁并如何发布该新闻的权利；地区法院的判决应该被推翻，原告公司的窃用之诉被驳回。

◇ 拉吉法官附议：关于直接竞争

雷娜·拉吉（Reena Raggi）法官同意法院多数派作出的最终判决，但也

---

❶ AHN, 608 F. Supp. 2d at 454.

与之有所不同。拉吉法官主张以 NBA 案所提出的五要素检验法适用该案，而不能将之作为附带意见（dictum）而弃之不理；进而，拉吉法官认为，由于原告公司未能证明被告蝇飞与之存在直接竞争关系，其新闻窃用之诉无法成立。

拉吉法官强调的重点是，原告建议与被告聚合产品具有实质性不同，原告未能证明被告与之具有直接竞争关系。

按照多数派强调的事实，蝇飞公司生成的聚合性产品报道了原告公司的建议，并标明了建议来源。基于此，多数派在原告公司与蝇飞等新闻聚合者之间做出区分：前者生成新闻信息，后者则披露新闻，但前者不属于热点新闻之诉的保护范围。拉吉法官认为多数派的这一区别不具有决定性意义，因为原告公司显然扮演了两种角色：它不仅生成投资建议，然后又传播这些建议，通过交易收入来弥补其生产成本。这样，生成并传播新闻的原告提出热点新闻之诉并非不可以。但拉吉法官由此认为，原告公司的产品和蝇飞的新闻提要（news-feed）没有直接竞争，原告公司主张的热点新闻之诉因此就得不到支持。这也正是 NBA 案提出的窃用之诉的要件。

NBA 案裁决的依据是原告未能证明被告搭便车，给原告服务造成足够威胁，但法院也讨论了直接竞争因素。NBA 案法院区分了两种有关信息的行为：传播篮球比赛实况、受版权保护的广播与通过寻呼机服务收集和传输有关赛事的事实材料，而只有后者才可能与被告的产品直接竞争，即提供实况比赛事实的寻呼机服务。寻呼机服务已经是一个单独的市场。而只有处于"最激烈"竞争中的产品才能满足直接竞争要件，并且才不会被联邦法管辖权所排斥。正如国际新闻社案法院所称，其原告和被告报业公司在收集和发布全美新闻方面就处于最激烈竞争中。

拉吉法官认为，无论蝇飞公司传播原告建议的最终目的或影响是什么，确认直接竞争要考虑的关键因素是产品在满足相关市场需求方面的具有实质的相似性。

地区法院在断定双方存在直接竞争时指出，原告公司和蝇飞都在向投资者传递建议，供他们用于进行投资决定。公司总体目标上广泛的相似性并不构成直接竞争所要求的实质相似性。假设原告公司的一项"主要业务"是发布研究报告，每个公司也只是向最有可能遵循其建议并与其进行交易的投资者分发建议，而并不对其他公司的投资建议实施聚合或发布——这是由原告公司的商业模式所决定的。事实上，原告公司的研究报告的完全获取权被限于那些产生足够贸易收入的客户。与之不同，被告蝇飞公司并不提出自己的建议或追求交易委托回扣；相反，它开展订阅服务，收集财经新闻并发布给对这类信息感兴趣的人，其中最为有利可图的是涉案的原告投资建议，每项建议还都标明了其来源。

值得注意的是，正如地区法院所称，蝇飞的行为是其搭便车的有力证据，这取决于它获得原告之建议的方式。虽然蝇飞为这些建议的收集和聚合付出了努力，但它确实篡夺了原告公司的劳动与投资成果，且不劳而获。但是，正如多数派法官所指出的，这种明显的不公并不能影响联邦法优先适用原则的考察。尽管蝇飞对原告公司的努力实施搭便车，但蝇飞对其聚合而来的建议内容标明了出处，从而表明了业务上的关键区别：原告公司仅向最有可能遵循其建议并与之进行交易的精选客户发布建议，而蝇飞公司聚合其他公司的建议等财务信息，将其传播给愿意付费的公众，而不管客户是否接受或据此从事交易。有一个例子可说明这种区别。针对同一股票，两家原告公司可能会发布相反的建议。在说服客户接受其建议并与之进行交易方面，这两家公司存在直接竞争。而在另一方面，蝇飞可能会向受众同时传送这两种观点以及其他更多的观点，而不管他们是否根据这些信息从事交易。有些投资者可能特别重视学习所有建议，有些人可能对学习这类新闻具有一般兴趣，甚至不愿意投资。这样，蝇飞的产品可能与其他金融新闻机构（如道琼斯）的产品直接竞争，他们都试图向感兴趣的任何人提供所有建议。但蝇飞的聚合性订阅产品与原告公司的业务模式极为不同，后者不脱离其所瞄准的交易市场，因而二者之间难以找到直接竞争关系。

总之，拉吉法官虽认同法院的最终判决结果，但她所依据的理由是，原告公司未能证明蝇飞与之具有直接竞争关系。

对于拉吉法官的上述意见，多数派判决指出，该院没有考虑原告公司与蝇飞在投资建议方面是否存在直接竞争。按照 NBA 案的事实，因为被告没有对原告的工作成果实施"搭便车"，原告的诉由被版权法优先所排除。上诉法院的这一裁定没有以 NBA 案双方当事人是否存在直接竞争为依据，虽然这是联邦版权法优先权检验的一个要素。该案中，上诉法官也认为，基于案情事实，NBA 法官的裁定——即搭便车之有无对该案判决具有决定性意义——对该案具有约束力。换句话说，即使该案法官认定，原告公司与蝇飞之间确实在投资建议方面存在直接竞争，但该法院仍须基于对 NBA 案的解释，推翻地区法院的判决。因此，双方有无直接竞争并不是决定性的，该院认为它也不需要就此做出判定。

◇ 简评

在该案中，1997 年在 NBA 案中系统提出新闻窃用五要素检验法的第二巡回法院对该检验法采取了淡化或搁置的态度；具体而言，它没有对该案进行五要素分析，甚至称 NBA 案判决对检验标准的描述存在多处不一致，并将其视为一种附带性意见，而非有约束力的法定指令，该院或下级法院不必亦步亦趋；它强调窃用原则可适用范围狭窄，最终判决所依赖的是具有推断性且无法复制的搭便车要素。也正因此，可以说，该案判决难免让以后的新闻窃用之原告更难依靠这一诉由赢得官司，至少在第二巡回法院系统是这样。

无论如何，NBA 案新闻窃用检验标准在该案中经受了考验和质疑，这至少再次表明，在迅速发展的信息时代，法院应该对新闻窃用之诉持谨慎态度。

初审阶段，地区法院完全依据 NBA 案中的五要素检验标准判决支持了原告提起的新闻窃用之诉。地区法院发布禁令要求，在纽约证券交易所开盘后半小时之内或上午 10 时之前（以较晚者为准），被告不得传发原告的投资建议。

但上诉法院不以为然。一方面,上诉法院认为,该案满足了联邦版权法专属管辖的条件,因为(1)被告所使用的原告之研究报告与投资建议属于版权法上的客体,(2)原告之诉求也属于版权法所保护的权利内容。另一方面,被告行为没有对原告劳动和成果构成搭便车,该案因此便缺乏免于联邦版权法管辖的额外因素。此外,上诉法院并未依据五要素检验标准做全面分析;即使拉吉法官附议指出诉讼双方缺乏直接竞争关系,上诉法院判决仍然认为,这并不重要,搭便车的缺乏这一点对于案件判决已经足够。

历史地看,国际新闻社案认可了新闻窃用不正当竞争的存在,NBA 案则为这一原则的具体适用确定了分析模式与判断路径,从而也对其适用范围做出限定,也可以说进行了窄化;蝇飞案则进一步延续了这一窄化的努力。在讨论中,该案上诉法院还批评下级法院匆忙采纳 NBA 案提出的五要素检验标准,而这样的解读总是存在难度或者常常出现技术性差错。尤其是,这同一家审理法院——第二巡回上诉法院竟然将它自己提出的五要素分析法搁置起来,甚至可谓,热点新闻窃用原则似乎被置于一个并不稳定的地位,其适用性增添了变数。[1] 上诉法院的判决突出了搭便车的重要性,那么,能否断定这一要素居于"一票否决"的决定性地位?如果原告的新闻窃用之诉能够满足搭便车条件,又该如何处理?尤其是,上诉法院对五要素分析标准的态度更让后来的法院感到困惑。

新闻窃用原则产生于信息技术的发展;而过去的一百多年来,信息技术未曾显示出停滞,信息之介质与形态、存储与传递等,似乎在验证那句古老的哲学格言:人不可能两次踏入同一条河流,因而,法律规则似乎也难以两次适用于同一种信息利用行为。也许可以说,从国际新闻社案到 NBA 案再到蝇飞公司案,信息变了、信息之河变了,传递与使用信息的主体也不一样了。因而,同一条法律规则,岂能原封不动地适用?!

---

[1] Victoria Smith Ekstrand, *Hot News in the Age of Big Data*, LFB Scholarly Publishing LLC, El Paso 2015, p. 178; Brief for Google and Twitter as Amici Curiae in Support of Reversal, Barclays v. Theflyonthewall, 650 F. 3d 876 (2d Cir. 2011)(No. 10 – 1372 – CV), 2010 WL 2589770.

所以，国际新闻社案做出的支持新闻窃用的判决被视为应限于其具体事实；其他案例能否遵行此原则，端赖其事实基础的异同。简要比较一下。国际新闻社案双方都是纯粹的综合新闻的采集与发行者，其业务全无二致。NBA案中，原告NBA的业务是赛事比赛，然后将其赛事结果整理为信息并对外发布；而被告摩托罗拉则是寻呼机产销厂商，顺便自行收集赛事信息并向客户传发。至于蝇飞案，原告是证券投资机构，研究市场、制作研究报告并向客户发布、提出实用性建议；被告是信息聚合与传发平台，全面收集信息并向公众提供。从中可见，三个案例中，诉讼当事人各自的业务性质、经营模式、诉讼两者之间的竞争关系等，并不相同，试图以同样的法律规则规制其间的争讼，法院难免谨慎再三。

蝇飞案的结果很可能让某些数据公司尤其是金融行业的数据公司感到沮丧，问题正变得越来越棘手。除了技术以及信息获取与传送方式日益复杂之外，蝇飞案还有一个明显的特殊性：它们的争议对象是财金新闻，与普通新闻不同，这些新闻属于实用信息，它们不只是单纯的信息，还包含着或可以衍生出资产价值，因为此类信息本身也属于投资工具的一部分。这样，普通新闻竞争背景下产生的新闻窃用之诉是否能继续适用？或者，其适用空间应该如何进一步窄化？是否可以提出一项信息内容价值无差别原则？

窃用原则正面临大数据时代的考验。越来越多的数据公司可能要借助新闻窃用之诉为自己争取利益；同时，更多的数据公司希望更广泛、自由地使用他人的数据信息。值得注意，该案地区法院判决在互联网信息界引发强烈反应，尤其是那些必将因新闻窃用原则受到冲击的新闻聚合媒体更是表示担忧。网络巨头谷歌与推特在上诉审阶段提出各自的意见陈述，批评地区法院的判决依据是已经抛弃的额头流汗原则，违反了美国宪法上的版权条款；它们要求法院要么废除新闻窃用之诉，要么将其限定于类似于国际新闻社案之类的特定事实。❶ 对此，法院

---

❶ Brief for Google and Twitter as Amici Curiae in Support of Reversal, Barclays v. The flyonthewall, 650 F. 3d 876（2d Cir. 2011）(No. 10 – 1372 – CV), 2010 WL 2589770.

189

不会全然不顾。

　　鉴于上诉法院判决中的做法，美国有学者试图总结新闻窃用原则的未来命运："巴克莱资本案的判决意见到处都暗示着法院对热点新闻窃用原则的怀疑。在许多方面，法院实际上似乎是在否认这一原则。""即使未来有案件符合法院的标准，它可能无法通过法院坚持所有热点新闻窃用之诉遵循的严格审查。"可以说，第二巡回法院只差一步便可明言废止窃用原则，但它对此忍而不发，只是发出了一个信号，留待后人慢慢体会并做出抉择。这可能正是普通法之精神的体现。❶

---

　　❶ Shyamkrishna Balganesh, *The Uncertain Future of "Hot News" Misappropriation After Barclays Capital v. The flyonthewall.com* (2012), https://scholarship.law.upenn.edu/faculty_scholarship/482.

10. 新闻聚合与搜索引擎[+]的合理性边界

——美联社诉融文新闻美国控股公司（2013）

概 要

被告融文公司是一家向订户提供新闻监测服务的网络机构。为寻找新闻，融文使用的自动化系统每天"爬过"大约16.2万家互联网站，对网上已经公开可见的新闻报道进行存储，创建内容索引，还允许客户从事特别检索、设立新闻提要、存档。原告美联社指控称，融文公司将其33篇文章的摘录分发给其用户，侵犯了美联社的版权。融文不否认它从美联社报道中获取了表达性内容，但提出了包括合理使用在内的五项抗辩。融文的服务系统是仅供订户使用的封闭系统，但融文辩称它是互联网搜索引擎，对其从互联网新闻网站上获取的作品进行转化，这一转化性的目的符合版权法允许的合理使用。这是本案争议的核心问题。

纽约南区联邦法院判决融文公司侵犯版权,其核心观点是,融文的业务不是普通的搜索引擎服务,它对原告作品的使用具有营利性,而不具有转化性。[1]

◇ 案情背景

美联社(Associated Press)于2012年2月在纽约南区的联邦地区法院提起诉讼,因六项诉由指控融文新闻美国控股公司(Meltwater News U. S. Holdings, Inc.,以下简称"融文"),核心诉求是被告使用原告33篇文章的行为侵犯其版权;被告基本承认其使用原告作品的事实,但依据五项理由提出肯认性抗辩,请求免责。

经审理之后,法院于2013年3月做出判决,丹尼斯·科特法官代表法院撰写判决意见。在明确事实的基础上,他依次就被告抗辩进行分析,即合理使用、默示许可、衡平法上的禁止反言、迟误和版权滥用等问题。最终,法官判决不支持被告的各项抗辩,原告的版权诉求获准。被告没有为此提起上诉。

1. 争议当事人

[美联社]本案原告美联社系成立于1846年的美国老牌新闻机构。按其自我介绍,它每天都会产生1000~2000篇新闻文章,每篇文章都产生于记者和编辑的大量创造性活动。首先,美联社必须选择文章所要报道的主题,选择过程可能包括筛选大量新闻稿、政治家评论和美联社收到的新闻线索,从而对值得报道的主题做出决定。报道的写作是一个反复的过程,包含记者和编辑关于如何处理其内容的商讨。在此过程中,文章的完整性、明确性、平衡性和准确

---

[1] 本文依据纽约南区联邦法院的判决意见,AP v. Meltwater US Holdings, 931 F. Supp. 2d 537 (S. D. N. Y. 2013)。

性都会得到细致审查。新闻文章的结构本身是策略性和风格性选择的结果。例如，热点新闻报道传统上采取"倒三角"的结构形式，目的是让导语（lede）或报道的第一部分包含尽可能多的关键信息。美联社编辑称，报道的导语旨在传达报道的核心。

美联社提供了多种形式的新闻产品。例如，订户可以选择订阅区域性新闻产品，如美联社的拉美新闻或亚太新闻；订户选择可以专注于特定行业，如商业提示、国防提示或技术提示。

对于本诉讼所涉及的33篇文章，美联社都获得了版权注册（以下简称"注册文章"）。这些文章都由美联社记者撰写。大多数由美联社记者撰写的文章都由其成员或被许可人而不是由美联社自身发表。美联社收入的主要部分来自向大约8000名被许可人发放的新闻产品使用许可。美联社每年赚取的许可费达数亿美元。在数字时代，美联社的许可协议已经扩展到互联网传输。美联社与其数字和商业客户之间的许可协议年总收入为7500多万美元。许多刊载美联社内容的网站允许读者免费访问其文章。

美联社许可协议基于被许可人希望拥有的再发行权的类型。例如，美联社与LexisNexis和Factiva签订的许可协议允许其服务客户访问完整的美联社文章，并搜索美联社档案库。美联社还订立了允许发行其文章摘录或片段的许可协议。美联社与三家新闻剪辑（clipping）服务机构（它们是融文的竞争对手）之间的许可协议就属于此类许可。其中，有一份许可授权互联网剪辑服务机构发行从美联社被许可人网站搜集到的美联社文章以及美联社文章的链接、摘录。第二份许可授权中，美联社允许对方将美联社文章的"片段"（"作为许可内容之聚合提要的一部分"）再次发行到面向内部公司交流和公关职业者及其外部代理的媒体监测与评估公司的初级市场。该许可将"片段"定义为"来自美联社内容的标题和开头140个字符"。在另外一份许可授权中，许可协议允许对方直接或通过其附属机构提供美联社某些内容的片段，以回应搜索请求。

美联社还向其被许可人提供一个名为AP Exchange的网络平台，允许被许可人通过关键字搜索美联社文章。美联社每一篇文章都包含元数据标签，附载了文章的某些信息如人员、公司、地理位置和组织机构。通过 AP Exchange 平台，客户可以操作简单或高级搜索来查找美联社新闻报道。该平台还允许美联社客户保存他们的搜索，并持续接收搜索结果。当反馈客户自定义搜索的文章被发布时，美联社客户会收到电子邮件提示。此外，美联社已将其内容授权给客户，进而允许他们的用户使用关键字搜索来寻找美联社文章。

[融文新闻] 被告融文新闻美国控股公司（Meltwater News U.S. Holdings, Inc.）是一家国际性的"软件即服务"（SaaS）类的公司，在 27 个国家开展业务。其美国子公司当前有 400 名员工，9 个办事处。2005 年，融文开始向美国订户提供新闻监测服务，称"融文新闻"（Meltwater News），现已有 4000 多个客户，每年的订阅费约为数千美元。

2. 涉案事实

被告的融文新闻项目的订户可以访问融文的"全球媒体监测"产品。这是一套在线服务，可让用户依据互联网新闻文章中的某些单词或短语进行新闻跟踪，并获得这些新闻文章的摘录。融文使用计算机程序或算法从在线新闻源中复制或"搜刮"文章，对文章做索引，并根据搜索请求向客户逐字提供文章摘录。通过这一自动化机制，融文复制了本诉争议的 33 篇注册文章，并将其摘录分发给订户。

融文把它的服务推销给通讯与公共关系职业人士，作为工具帮助他们在媒体中找到其业务的关注点，跟踪其公司媒体发布并从事比较研究。融文的一些营销材料和销售代表还宣传称，融文新闻是一个随时获悉普通新闻动态的有用工具；有一个融文销售代表称融文新闻"以最有效的方式提供最多的新闻"，还称"融文新闻报告"是"定制的新闻摘要"；另有融文职工建议，要告诉客户，融文新闻摘要"为你节省时间，使你不必阅读整篇文章"。

融文与美联社及其被许可人存在业务竞争。融文将 Lexis Nexis、Cision、GoogleNews 和 Burrelles – Luce 等机构认定为竞争对手，而它们都持有美联社的许可证。融文已成功地从美联社的被许可人那里赢得所谓"特大合同",且美联社和融文都已向相同的潜在客户提交了投标书。例如在 2010 年,为回应"提供地方、国家和国际新闻网络发布的正式征求意见",美联社和融文都向众议院提出建议案。就像互联网搜索引擎一样,融文新闻使用名为"爬虫"的自动化程序,通过扫描互联网获得新闻。融文的爬虫每天扫描来自 190 多个国家的大约 16.2 万个在线新闻网站,以此建立网站内容索引。这些网站中的大多数可免费向读者提供文章。

融文的程序不断地进行在线扫描。爬虫软件提取并下载各网站上的内容;已下载内容被编排为拥有七个领域的结构化内部格式,其中有一个时间戳表明某文档被爬虫第一次看到的时间。提取的内容被依序排列以供索引。索引通过应用编程接口(API)创建,将文档中的大多数单词链接或映射至文档。

(1)新闻报告。

融文创建的索引允许其订户搜索并请求传送依据其搜索查询所获得的信息。融文订户可以对索引进行两种类型的搜索。

首先,客户可以使用融文新闻平台设置常规的搜索查询,其名为"代理人"。一个代理人是一串单词或短语,可被用于搜索融文的在线新闻内容索引。例如,对教育政策信息感兴趣的客户可以创建一个代理人,内容是"('老师'或'学生')和教育与政策"。代理人查询的创建允许特定搜索被重复性的自动实施。基础性订阅为客户提供的是能够创建五个常设代理人查询。

客户以两种方式接收代理人搜索结果。大多数客户在每个工作日都会收到电子邮件,其中包含反馈其常设搜索请求的摘录。这些都被贴上"新闻报告"的标签。客户还可以通过登录其融文新闻账户查看相同的搜索结果,在那里可以看到他们过去七个月的全部新闻报告。

典型的"新闻报告"采用下列形式:"新闻报告"的顶部有一个横幅,标明为"来自融文新闻的新闻报告";横幅正下方是一个题为"报告概览"的表格。该表格一般分为两列;第一列包含获取检索结果的"代理人"查询名称;

第二列显示特定时间段内大致的检索结果数（如1天3个或23小时内635个）。

实际搜索结果紧随报告概览之后。基于所回馈的代理查询，它们按子类别被组织排列。在每个代理人类别之内，结果呈现采取的是逆时顺序，首先显示的是最近发表文章的摘录。每一条搜索结果旁边有三个图标，内容是"翻译""分享"和"存档"。在某些新闻报告中，美联社文章占到搜索结果的1/3以上。

新闻报告的每一条搜索结果通常包含下列文本：（1）文章的标题或题目以及被索引文章所在网站网址的超链接。（2）文章来源的识别信息，如出版商和来源国。（3）通常有文章的两个摘录。第一个摘录包括最多300个字符（含空格），属于文章的开头或导语。第二个摘录比较短，被称为结果句（Hit Sentence），是由算法选择的、与客户搜索关键字之一相匹配的外观周围的大约140个字符（不含空格）。如果关键词出现在导语中，导语就被重复两次。

文章如果已被删除，其超链接就不再导向文章，而是引导订户访问文章最初所在的网站，将看到被网页操控者替代的内容。

（2）附加分析。

融文新闻的订户可以选择在他们的新闻报告中包含某些图表分析。这些名为"仪表板分析"或"邮件分析"的图表提供了有关搜索结果的附加信息。例如，选择在每日新闻报告中包含邮件分析的客户将看到一个饼状图，显示某一特定代理人覆盖率最高的三四个国家。订户也可以选择看到一张"升降范围"图表，显示范围覆盖数量在特定时间段是上升还是下降，或者看到一个"文字云"，表明搜索结果中出现的某些流行语。

订户还可以通过登录融文新闻平台查看其代理人搜索的其他分析。订户登录时会遇到包含五个工具的"仪表板"页面，其中有的工具与新闻报告中传送的工具相重叠。客户使用仪表板可以查看：①"基调分析"工具，分析新闻报告的基调是消极、积极还是中性。②"文字云"图形，说明关键词在搜索结果中出现的频率。③"顶级出版物"列表，提供了特定代理人查询的最大覆盖范围。④"升降趋势分析"图表，显示与给定搜索相关的媒体报道量在特定时期曾上升还是下降。⑤一张地图，说明相关新闻报道的地理分布。

（3）特别搜索。

客户可对融文新闻索引实施搜索的第二种方式是通过一种所谓"特别"搜索。要执行特别搜索，融文新闻的订户需要登录其融文账户，点击"搜索"选项标签，并键入其选择的关键词。特别搜索不产生新闻报告，但其搜索结果的呈现格式与新闻报告中的相同。特别搜索的结果不会存储在融文系统上，除非订户将它们保存到自己的档案夹里。订户可以实施特别搜索的次数没有限制。

（4）材料存档。

拥有基础预订的订户可以通过两种方式对材料进行存档。其一，订户可以将其搜索结果存入融文数据库中的个人档案。例如上述，融文新闻报告中的每一条摘录旁边都有一个"存档"选键，点击即可对搜索结果进行存档。当搜索结果以此方式被存档时，档案里存储的信息包括：①文章的标题或题目以及网址链接；②文章来源说明；③只包含文本开头的文章摘录；④用户输入或粘贴到评论框中的文本。结果句不会被自动存档。

其二，融文提供了一个名为"文章编辑器"的工具，可在融文新闻平台上访问。点击"文章编辑器"工具会出现一个弹出窗口，包括多个方框，标签为"日期、标题、开始文本、正文、网址、发布者名称和国家"。订户可以在这些框中输入文本，也可以复制和粘贴来自其他网站的文本。例如，如果客户单击搜索结果中提供的超链接，客户就可以继续复制发布在网站上的文章，并将该文本粘贴到文章编辑器。该文本可以保存在融义系统的"外部档案夹"，只要该订户依然是客户。

（5）时事通讯和新闻提要。

通过收取一笔附加费用，融文新闻还帮助订户创建他们自己的时事通讯（Newsletter），保存在订户档案夹中的材料（搜索结果或输入到文章编辑器的材料）可以被纳入其中，并发送给第三方收件人。订户也可以选择将其搜索结果纳入其内部或外部网站的新闻提要（Newsfeed），融文称其为搜索结果的动态列表，包括完整文章的链接。

3. 涉案作品：33 篇注册文章

作为融文代理人系统的搜索结果，融文在新闻报告中向客户提供了 33 篇原告注册文章的摘录。融文搜取的这些文章来自大约 1200 个网站，包括美联社被许可方的网站和美联社主办的网站，它们为美联社会员提供内容。在本案中，33 篇文章中的 24 篇是在融文回应检索请求后的 6 个月内发布的。融文能够从其记录中计算出，它至少对 24 篇注册文章制作了 22 297 份摘录，作为对代理人查询的回应而提供给客户。

至于被摘录并传送的美联社每篇原创报道在新闻报告中所占的百分比，各方未能计算出来，但其范围可能为 4.5%~60%。有多个因素影响了百分比的计算，一是注册文章的长度。33 篇注册文章的平均长度为 2571 个字符（不含空格）或 504 个单词。文章长短差别较大，范围在 75~1321 个单词之间。此外，如果被搜索关键词出现在导语中，那么导语和结果句将会重叠。美联社已经表明，就某些注册文章而言，单条融文摘录包含了该文章的 30% 以上。在至少一个实例中，单条摘录占文章 61% 的篇幅。例如，从最短的名为《现代五项全能运动加强反兴奋剂政策》的注册文章来看，融文提供了以下摘录：

> 莫纳科（AP）——作为 2012 年伦敦奥运会之前反兴奋剂规则的一部分，现代五项全能运动与其他体育运动一道采取了一项"无针"政策。
>
> ……称，只有经过适当的诊断后，且只有在别无选择的情况下，运动员才能接受"经认证合格的医学专业人员"的注射。

而注册文章全文如下：

> 莫纳科（AP）——作为 2012 年伦敦奥运会之前反兴奋剂规则的一部分，现代五项全能运动与其他体育运动一道采取了一项"无针"政策。
>
> 管理机构 UIPM 称，只有经过适当的诊断后，且只有在别无选择的情况下，运动员才能接受"经认证合格的医学专业人员"的注射。
>
> UIPM 说，所有的注射都必须向竞赛医生报告。

今年，自行车、体操和划船领域的管理机构也采取了"无针"规则。

融文的一些客户显然在一份新闻报告中收到了同一篇美联社文章的多条摘录。在这种情况下，该文章被提供给融文客户的百分比可能就会增加，因为不同摘录中的结果句可能会发生变化。

注册文章的摘录也包括在融文客户创建的 10 份时事通讯中。但是，没有证据表明有哪一个融文订户使用融文时事通讯功能剪切 33 篇注册文章中某一篇的完整复件，并将它粘贴到定制的时事通讯中。

最后，融文订户只点击了 7 篇注册文章的超链接。33 篇注册文章的平均点击率约为 0.08%。融文没有提供任何其他有关其点击率测量的信息。

◇ 问题分析

法院首先明确指出，对于该案，规制当事人争议的实体法是版权法。对于原告指控被告使用其作品的事实，融文并不否认；但被告对此提出五项肯认性抗辩，主要抗辩是它对这些注册文章进行了合理使用，另外尚有事实问题需要审判的四项抗辩是默示许可、禁止反言、迟误和版权滥用。法院对这些抗辩逐项讨论，认为没有一项抗辩能阻止其作出有利于美联社的简易判决。

1. 合理使用

被告融文声称，它对这些注册文章的使用是合理的，因为融文新闻的功能是互联网搜索引擎，按订户的查询请求向他们提供限量的版权材料，进而将订户引向在线信息源。它主张，这种服务对作品的使用是转化性的。但法院没有支持融文的观点。

法院承认《版权法》为作品使用留下了"喘息的空间"。合理使用抗辩制度使法院得以避免"版权成文法的苛刻适用"，如果"这会遏制法律旨在促进的创造性"。❶ 该案被告如果证明它对原告作品进行了合理利用,可以免除侵权责任。如果法院认定实质性事实方面不存在真正的争议,合理使用问题可以通过简易判决来解决。为认定被告是否对原告的版权作品实施了合理利用,法院要遵循《版权法》第107条的规定,就四个法定因素进行逐一考察并做综合评估。该案依然。

法院认为,在依据版权法之目的考察这四个因素时,美联社已经通过无可争议的证据表明,融文的复制不能得到合理使用原则的保护。

(1) 使用目的与性质:非转化、竞争性。

作为合理使用考察的重点因素,该案判决对此进行了大篇幅的分析。法院指出,该要素所考虑的是,被告的使用或新作品是单纯地取代了原作品的目标,还是相反地增加了某些新东西,具有其他目的或不同的特征,从而以新的表达、意义或信息改变了原作品;换言之,它要考虑新作品是否并在多大程度上具有转化性。

要判定一件作品是否具有转化性,不需要做出一个或全有或全无的评估。考察不只要看新作品是否具有转化性,而且还要看它在多大程度上转化了原作品。"新作品越是具有转化性,其他因素的重要性就越小,后者如商业主义可能会不利于合理使用判定。"❷ 关于这项调查,《版权法》第107条序言引导人们关注原版权材料是否被用于几种被列举的目的,其中包括新闻报道和研究。但同时也要注意,第107条序言所包含的合理使用清单只是"示例性的"(illustrative),而非排他性的。

对版权作品的改变并非都是转化性的。"仅仅对版权材料进行重新包装或再版的使用方式不可能被视为合理使用";格式改变尽管有用,却未必具有转化性。❸ 另外,如果独创作品中的可版权性表达被用作"原材料,在新信息、新审美、新的领悟与理解的创造中得到转化,这正是合理使用原则为了社会之

---

❶ Campbell v. Acuff‐Rose Music, 510 U. S. 569, 577 (1994).
❷ Campbell, 510 U. S. at 579.
❸ Infinity Broadcast v. Kirkwood, 150 F. 3d 104, at 108.

富足而要求保护的行为类型"。❶ 在考虑在后作品是否对原作品进行转化时，也有必要考虑由版权作品构成的被控侵权作品所占百分比，因为这对于表明被告使用是否对原作材料进行了足够的转化提供了一个指标。

合理使用第一要素的另一个方面是，新作品在多大程度上具有商业性或非营利的教育目的。商业性必须得到慎重考虑，因为非营利性的事业也可能侵犯版权；反之，如果商业性被赋予一种不利于合理使用判定的推定力，将会吞噬《版权法》第107条序言列举的几乎所有示例性使用，包括新闻报告、评论、批评、教学、学术和研究，因为这些活动常常是为营利而开展。某具体使用乃利润驱动这一事实不是商业性考察的焦点。相反，"营利/非营利区别的关键核心是……使用者是否从利用版权材料中获利，而同时没有支付通常的价格"；合理使用原则因此"要区分一个真学者和一个为个人利益侵犯作品的骗子"。❷

在做商业性考察时，要确定某项使用是否"利用"了某部受版权保护的作品，需要谨慎考察被告对原告作品受版权保护成分的确切使用与被告的经济利益之间存在何种关联。如果被告没有从复制中获得直接或立即的商业利益，其作为营利性企业的地位就没有多大关系。相反，"当复制者直接和完全从使用版权材料中获得明显的金钱回报时"，合理使用的可能性就降低了。当然，为"更广泛之公共利益"而产生价值的使用又可能有助于合理使用判定。

在分析使用目的时，法院还可以考虑被告目的的其他方面。例如，有的使用行为是为了取代对版权人"具有商业价值的首次发表权"，而"合理使用"一词本身就意味着，"合理使用以善意与公平交易为前提"。

基于上述一般性认定标准，法院就此断定，融文新闻报告的目的和用途及其对注册文章的摘录都不具有转化性。为此，法院针对被告的商业模式、公共

---

❶ Pierre N. Leval, *Toward a Fair Use Standard*, 103 Harv. L. Rev. 1105, 1111 (1990).
❷ Harper & Row, 471 U.S. at 562.

利益辩解，尤其是搜索引擎的技术特点等，分析了融文的使用方式与特点，否认了其转化性、合理性抗辩。

融文使用其计算机程序从新闻文章中自动抓取选定的片段，并在其新闻报告中重新发布，同时却没有附加任何评论或观点。法院认为，融文商业模式的核心特征是，借对原作品的单纯使用来直接谋利，而这并非使用版权材料的附带性后果。融文自己的营销材料也传达了其作为美联社新闻服务替代品的意图："新闻一目了然"和"把新闻带给你"；"融文新闻不断跟踪新闻来源，全天连续更新数据库，搜索新鲜的相关内容"；"新闻在你轻松阅读的早间和/或下午报告中传递过来"。融文的业务涉及新闻报道和研究——这是法定合理使用原则的两个目的，但融文的取用不是在从事新闻报道和研究。

同理，有关公共利益的考察也不利于融文公司。按照詹姆斯·麦迪逊的说法，对于理性和人性战胜错误和压迫的胜利，全世界都要感谢新闻界。对具有新闻价值的事件进行调查并撰文是一项昂贵的事业，而版权法的实施让美联社获得收益以确保这一工作。允许融文为了自己的利益获取美联社的劳动成果而又不予补偿，损害了美联社履行这一基本的民主功能的能力。另外，像融文这样的商业性网络新闻剪辑服务，虽然它们对其客户发挥着重要的作用，这种商业企业所含有的公共利益并不能超过实施版权法的公共利益，也不支持融文公司可对其他机构从事的新闻收集与报道进行搭便车。此外，允许融文公司免付许可费，使之比那些支付许可费的竞争对手占据了优势地位，且并无合理的依据。

融文对自己的定位是互联网搜索引擎，并强调搜索引擎对于互联网营运的重要性。但问题是，融文系统是不是普通的搜索引擎——这是法院判决重点考察的核心问题。

正是借助搜索引擎，互联网将知识传递至全球民众的指尖。维护这一民主的、即时的和高效的信息获取途径，具有强烈的公共利益。但是，新闻报道和搜索引擎这两种重要的公共产品之间并无必然的冲突；恰恰相反，它们是相辅相成的。没有新闻机构的报道，互联网就会更加贫乏，而互联网又为新闻机构所收集和发布的新闻提供传播通道,两者都能获益。但无论如何,融文公司及其法庭之友都没能证明,判定融文的行为不属于合理使用会对互联网搜索引擎构成何种威胁。基于此,法院认为合理使用第一要素考察明显有利于美联社。

融文关于其使用行为具有转化性的主张乃是基于这一论点,即融文新闻属于将用户引向在线信息源的搜索引擎;其搜索结果对某些单词和短语在因特网上出现的"地点、时间、频率和语境"提供了深入了解。融文将搜索引擎界定为这样一种系统:其设计和操作是要促进互联网上可得信息的获取;搜索引擎的设计和功能应该减少用户将引擎显示材料与原作品做相同使用的可能性。

但是,从前文有关融文业务的讨论可以看出,融文自己有关互联网搜索引擎的描述与其融文新闻的运行方式并不相符。融文新闻是一种昂贵的订阅服务,其自称是一种新闻剪辑服务,而不是一种促进全网内容获取的公开可用的工具。并且,融文新闻的设计或运作都不是为了促进获取完整的被链接的报道,融文没有提供证据以证明融文新闻客户实际上是将该服务用于帮助他们获取新闻提要中摘录过的原新闻报道。

对于原告的33篇注册文章,客户很少点击查看背后的美联社文章——其次数只占到0.08%。融文的一位高管证实,0.05%的点击率符合她的预期。33篇注册文章的点击率也符合英国法庭在同类案件中的调查结果,即融文的服务为某些英国新闻源带来了0.5%的点击率。融文没有提供证据表明这种看似很小的点击率等同于它所自比的搜索引擎的实际情形。更能说明问题的可能是了解单项融文新闻报告的点击率,而不是新闻报告所摘录的单篇文章的点击率,但融文也没有提供这类信息。对于其单条新闻报告的点击率和单条谷歌新闻搜索或通过公认的搜索引擎实施的其他新闻搜索的点击率,融文也没有提供比较分析。

法院认为,融文的这种做法是一个有意的安排。在证据开示过程中,因为预计到融文会主张融文新闻为获取新闻文章而将流量导向了源网站,美联社一再要求它提供更多关于融文点击率的数据。融文则认为这些数据与诉讼无关,并拒绝为此提供证据。这样做的结果就是,融文并没有证据表明它的系统将客户系统地导向第三方网站,其结果自然是对美联社运营或许可的新闻网站构成替代。融文总是复制新闻报告的标题和导语,以及某个目标关键词周围的材料,就像新闻剪辑服务,这是在向其订户系统性地提供在大多数情况下是与读者有关的美联社文章之精华。并且,尽管有某些明显的可比性因素将其描述为一个搜索引擎,融文却没有证明它对原作提取的程度没有超出搜索引擎的通常做法。比较而言,美联社提供的证据显示,谷歌新闻提示没有系统性地包含一篇文章的导语,且平均长度是融文摘录的一半。

融文没有提供任何证据来比较它与互联网搜索引擎的实际表现,同时却援引第九巡回上诉法院的两个裁决。融文通过这两个裁决提出,它对原作复制的程度与合理使用分析无关,因为即使是复制全部作品,如果是由互联网搜索引擎完成,也可能是转化性的。但这两个裁决不能为融文提供多少帮助。

在完美十分诉亚马逊案❶中,第九巡回法院撤销了一项初步禁令,并认定谷歌在初审时可能已成功表明,谷歌图像搜索网页上显示的"缩略图"是原告受版权保护的照片经缩小后的低分辨率版本,该显示是"高度转化性的",因为其功能是充当信息来源的向导,而不是充当一种娱乐形式,因而属于合理使用。

在凯里诉阿里巴巴案❷中,第九巡回法院同样裁定,在互联网搜索引擎网站上展示小的低分辨率图片(缩略图)属于对原告照片的合理使用。该案中,搜索引擎只是为反馈用户查询才生成缩略图,且没有文本。法院认为,缩略图的使用具有转化性,因为这"与任何审美目的无关",且进一步放大会"造成图片清晰度的实质性丧失,使其不适合作为展示材料";缩略图的展示没有"扼杀艺术创造力"或"取代作品原件的需求"。

本案争议和上述两案中的问题存在几项差异。第一项也是最明显的差异是,那两个判例将合理使用抗辩适用于从事转化性目的的普通搜索引擎。与之

---

❶ Perfect 10 v. Amazon, 508 F. 3d 1146 (9th Cir. 2007).
❷ Kelly v. Arriba Soft, 336 F. 3d 811 (9th Cir. 2003).

不同，融文的搜索不是公开可用的，并且其运行是针对一个确定的内容提供者列表。如前所述，融文在其他重要方面也没有提供证据表明其运行方式与搜索引擎相同。简言之，仅仅是使用算法从互联网上爬过并搜刮内容，确实不足以被视为从事转化性工作的搜索引擎。

需要注意的第二项差异是，那两个裁决完全不能支持融文的这一主张，即只要再现（reprinting）是由搜索引擎所为，再现整个版权作品就属于合理使用。那两个案例中的涉案作品都是照片，性质上不可分割；缩略图尺寸小、分辨率低，不可能完全替代受版权保护的原作。两个判决的判定无法支持融文的主张，即它在搜索结果中展示了多大篇幅的注册文章乃无关紧要。如果融文获取并展示了受版权保护的新闻报告的全部文本，它就不能合理地声称其商业模式只是一个旨在将读者导向背后新闻报告的搜索引擎。

融文有关搜索引擎的讨论在某种程度上离题太远。了解融文新闻的运作方式固然重要，但即使它是一个搜索引擎，仍然有必要审查融文的行为是否违反《版权法》。完美十分案和凯里案判决针对搜索引擎创建的网页讨论了合理使用问题，并判定其中被告为合理使用，但这一事实并不能表明融文公司为订户具体展示搜索结果也属于合理使用。换言之，利用搜索引擎机制搜刮互联网上的材料，再依据消费者的搜索请求向其提供，并不能让被告免受《版权法》规定准则的约束，包括合理使用抗辩的法定标准。

同样，尽管搜索引擎可以说只是对原作进行一种"重新包装"，而没有在增加"新表达、新意义或新信息"的意义上转化它，❶ 这并不意味着它的取用就没有资格依据合理使用抗辩受到保护。如果被告的使用"明显不同于当初（作品创作时）的目的"，其使用可能就是转化性的。比如，Bill 案就允许在传记中复制海报的一个小图像。❷ 正如法庭之友所描述的，搜索引擎的目的是允许用户筛选互联网提供的大量数据，并将他们导向最初的源头。这应该是一个

---

❶ Campbell, 510 U. S. at 579.
❷ Bill Graham Archives v. Dorling Kindersley, 448 F. 3d 605, 609 (2d Cir. 2006).

转化性的目的，但融文并未表明它是这样运行的。

法官断定，基于案卷记载的无可争议的事实，融文提供的在线服务相当于传统的新闻剪辑服务；融文也将自己描述为"为传统新闻剪辑市场（增加了）重大转折性技术"。而这一功能没有任何转化性。在此之前，不少案例判决曾认定此类剪辑使用缺乏足够的转化性，如电影的剪辑预览、新闻文章摘要、无线电监测服务、电视新闻剪辑服务等。❶

最后，为了对其复制注册文章进行辩护，融文指出，它使用从互联网上获取的内容也是为了向其用户提供仪表板分析之类的服务。融文认为这种使用本身构成转化性使用，该案诉讼对此也没有质疑。但是，融文对这些分析的展示与它发表版权文章摘录是完全分开的服务。融文还提供了其他一些分析工具，但这一事实并不能导致它对文章摘录的复制和再传具有转化性。

总之，融文使用美联社文章的目的和性质不利于判定其为合理使用。

（2）原告作品性质：已发表的事实作品。

第二个要素即版权作品的性质主要考虑版权作品的两个特征。第一，作品是不是表达性的或创造性的，比如，属于虚构作品还是更具有事实性。比之于事实性占主导的作品，虚构作品"更接近预期的版权保护的核心"。❷ 相应地，对于事实作品，合理使用的范围就更宽泛。第二个特征是作品是否已经被发表。首次发表权是版权人的一项重要权利，对于未发表作品，合理使用的范围比较窄。

美联社的文章是事实性的新闻报道，因而比虚构作品更易适用合理使用抗辩；而且融文复制的是已发表作品。因此，第二因素在该案的合理使用考察上充其量是中立的，甚至有利于合理使用判定。法官判决对此未作更多分析。

（3）数量和实质性：原作重要部分被复制。

第三个因素考察侵权作品复制的数量和实质性。该因素具有定量和定性两

---

❶ Video Pipeline v. Buena Vista Home Entm't., 342 F.3d 191 (3d Cir. 2003); Pacific and Southern v. Duncan, 744 F.2d 1490 (11th Cir. 1984) 等。

❷ Infinity Broadcast, 150 F.3d at 109.

个层面,并要依据版权作品的被使用情况而非侵权作品进行审查。

该要素的定量评估所要考察的是被告从原版权作品中取用的份额;定性层面则考察被复制部分的表达性成分的重要性,即法院应考虑被取用部分是不是受版权保护之表达中的实质性核心。该要素最具相关性的问题是,侵权人的使用是否超过其所必要。

就复制数量来看,法院都承认,其合宜性判断在法律上并没有一个明线规则。第二巡回法院曾判定,某一案件中,学生所摄电影的8%被广播复制,就可能不利于合理使用认定。❶ 塞林格案中,复制17封信的1/3和42封信的10%,被认定不利于合理使用判定。❷而在有的案例中,对原作复制高达8%也并无悖于合理使用。❸ 事实上,整体挪用一件版权作品虽然不利于合理使用认定,若该作品不可分割,合理使用的判定也并非不可能,如海报图片的合理使用。❹ 与此同时,如果被取用的部分在性质上是重要的,相对少量的取用也可能具有实质性意义。例如哈珀案中,被复制部分本质上被视为图书的核心部分,复制20万字书稿中的300个单词就被认定是实质性的,不属于合理使用。

被复制之数量与份额的合理性将取决于在后使用的特征和目的。为实现转化性目的,在后使用者可能有必要复制原作品的一定数量或特定份额。联邦最高法院在坎贝尔案中的分析具有指导意义。在该案中,在一首名为《漂亮女人》的说唱仿讽(parody)中,说唱小组2 Live Crew对歌曲《哦,漂亮女人》进行了部分取样。在考虑该复制之数量和实质性时,最高法院作出分析称:

> 当仿讽的目标是某特定作品时,仿讽就必须至少足够"唤起"原作,使其批判的对象得到识别。造成这种识别的,便是援引原作中最独特或最令人难忘的特征——对此,仿讽者要确定受众能够了解。取用量一旦足以保证识别,数量的合理性将取决于(比如)歌曲的首要目的和特征在多

---

❶ Iowa State Univ. Research Found. v. Am. Broad., 621 F.2d 57 (2d Cir. 1980).
❷ Salinger v. Random House, 811 F.2d 90 (2d Cir. 1987).
❸ New Era Publ'ns Intern. v. Carol Publ'g Group, 904 F.2d 152 (2d Cir. 1990).
❹ Bill Graham Archives, 448 F.3d.

大程度上是对原作进行仿讽,或者相反,仿讽在多大程度上有可能被充当原作的市场替代品。❶

这一要素的分析也可能为合理使用第四要素的分析提供启发。事实上,复制的实质性可能意味着在后作品在某种程度上能够充当原作品的市场替代品。

无论从数量上还是质量上,融文都没能证明它对注册文章的取用可以得到辩护。融文取用了原告注册文章的4.5%~61%,自动复制了每篇美联社报道的导语。正如美联社的编辑所述,导语是"旨在传达报道的核心",是一个需要大量新闻技艺才能制作完成的句子。美联社报道的每一篇文章中,没有其他哪个单句像其导语这样总是很重要。

融文也没能证明其取用没有超出作为搜索引擎的必要,而这正是它为其侵权寻求辩护的途径所在。它没有提供证据表明它用于筛选和展示文章段落的自动化程序符合搜索引擎的行业标准。它所提供的证据表明,搜索引擎通常展示的是新闻文章中较简短的部分。按照电脑及通讯工业协会(CCIA)对搜索引擎所取用片段的描述,它们只是"标题和上下文之片段",目的是将用户引导至最初的源头。事实上,在融文的国外业务中,它为客户提供的材料显然大大少于它在美国提供的材料。在加拿大,它只提供标题;在英国,它提供的摘录要短得多。

针对第三要素考察,融文提出三个论点为其侵权辩解。但这些论点都缺乏说服力。首先,融文依据Nihon案❷提出,它的取用在数量上并不重要。第二巡回法院在Nihon案中指出,只从一篇新闻文章的六段中复制一段并不侵权,因为案中的两篇文章在"定量的意义上"并不具有实质相似性。但是,美联社证明融文复制每篇注册文章均属侵权,而融文对此没有提出异议,Nihon案法院有关实质性相似的讨论对于本案的相关性就很有限。无论如何,审理Nihon案的第二巡回法院曾认为,被告对新闻文章的摘要(abstracting)不是对

---

❶ Campbell v. Acuff – Rose Music, 510 U. S. 569, 588 (1994).
❷ Nihon, v. Comline Business Data, 166 F. 3d 65.

这些文章的合理使用。其次，融文认为其复制的程度是合理的，因为它的目的是发挥搜索引擎的作用。但融文并未证明，它从美联社文章中取用的材料只是作为搜索引擎所必要的数量。事实上，证据所显示的恰恰相反。最后，融文不承认导语在性质上具有实质的重要性。这一主张也没有得到法院的认可。

法院认为，该要素在本案中明显不利于合理使用判定。

（4）突出的市场影响。

最后一个合理使用要素"要求法院不仅考虑被控侵权人特定行为所造成的市场损害之程度，还要考虑被告所从事的那种不受限制和广泛的行为是否会对原作的潜在市场需求造成实质性的不利影响"。[1]

侵权人对版权材料的使用方式如果已存在一个充分运作的市场，他就很难证明无须付费即可合理使用。相反，"在后使用可能引起的唯一不利影响如果是版权持有人通常未曾寻求或未能合理地取得或捕获的市场或价值"，第四要素将有利于被诉侵权者。[2] 当然，同样因为合理使用是一项肯认性抗辩，被告有责任对有利于其辩解的相关市场提出证据。

在分析第四要素时，潜在的许可收入所受影响是一个值得考虑的问题。不过，在考虑这种损害时，法院必须警惕落入循环推理的陷阱。第二巡回法院对此提供了指导。它称，"依据合理使用第四要素，如果某种使用的支付手段比较便捷，就该特定使用寻求付款的权利往往就能在法律上得到认可"；"如果现成的市场或使用费支付途径尚不具备，某一特定的未经授权的使用应被视为较为合理；如果市场或使用费支付途径已经具备，这种未经授权的使用就应被视为不合理"。[3]

基于各种原因，法院通常只考虑那些传统的、合理的或可能被开发的市场所受到的潜在许可收益之损失。因此，如果某使用具有转化性或发生于版权人不可能开发的市场，被告所实施的就更可能属于合理使用。毕竟，"版权人很

---

[1] Campbell, 510 U. S. at 590.
[2] Am. Geophysical Union, 60 F. 3d at 930.
[3] Am. Geophysical Union, 60 F. 3d at 930.

少对自己的作品进行仿讽或撰写评论,甚至更不可能从相反的政治视野对其原有数据做新闻分析"。❶ 相应地,虽然版权人当下对于某特定市场的参与关系到某市场是否传统的、合理的或可能被开发之判断,这却并非决定性的。"版权人不能单纯通过对其创造性作品的仿讽、新闻报告、教育或其他转化性利用的市场开发或许可来阻止他人进入合理使用市场。"换言之,"版权所有人不可预先阻止转化性市场的开发"。❷

并且,该要素还需要仔细关注危害之源或缘由。"如果损害产生于转化性的在后使用,后者降低了公众对原作的评价(例如,批判性的图书评论大量引用原作,以说明它写得多么荒唐和糟糕),这种转化性使用尽管产生了损害,却会被认定为合理使用。"❸ 这一要素所关注的并不是在后使用压制了甚或破坏了原作品或其潜在衍生作品的市场,而是在后使用是否侵夺或取代了原作品的市场。❹

本案中,第四要素考察非常不利于被告融文。美联社花费了相当大的投入来开发其在线市场。除了其他方面,原告已将内容授权给媒体监测服务,而后者正属于融文所参与的商业领域的经营者。融文拒绝向美联社支付许可费,不仅剥夺了美联社在已有市场上的许可费,而且与那些以同样方式使用美联社内容并向其支付许可费的公司展开竞争,因而降低了美联社作品的价值。由于融文直接与美联社竞争客户,导致美联社作品的价值进一步遭受损害。通过使用美联社的内容并拒绝支付许可费,融文在市场上获得不公平的商业优势,并直接损害了《版权法》所保护的表达性内容的创造者。

总的来看,融文几乎完全依赖于它的这些观点,即它是一个搜索引擎,搜索引擎对原告享有版权的新闻报道实施转化性的使用。但正如上文所述,被告并未证明它应该被定性为一个具有转化性目的的搜索引擎;只是采用搜索引擎

---

❶ Twin Peaks Productions v. Publ'ns Intern., 996 F. 2d 1366, 1377 (2d Cir. 1993).
❷ Bill Graham Archives, 448 F. 3d at 614–615.
❸ On Davis, 246 F. 3d at 175.
❹ Castle Rock Entm't, 150 F. 3d at 145.

所使用的技术，本身并不能使之成为通常意义上的搜索引擎。很明显，融文并没有证明它所取用的内容数量只是作为搜索引擎发挥作用所必要的。

（5）综合评估：被告非合理使用。

对合理使用四个要素分别考察，并参照《版权法》与合理使用抗辩之目的再对它们进行整体性关注，法院的结论认为，融文没能提出实质性的事实问题来支持其合理使用抗辩。融文的商业模式依赖于系统性地复制受保护之表达，并在与版权人及其被许可人直接竞争的报道中出售这些复制件汇编，从而剥夺版权人有权获得的一系列收入。融文的新闻报告收集并向其订户传发新闻报道，这是典型的新闻剪辑服务，而不属于转化性使用。同样重要的是，就此拒绝被告的合理使用抗辩，将能促进《版权法》的最终目的，即为公共利益而激发创作。

在融文的合理使用抗辩讨论中，它一直试图将自己定性为搜索引擎，以逃避合理使用四部检验标准的直接适用。但就搜索引擎这一术语的普遍理解而言，融文未能证明它与订户之间的互动可被视同于搜索引擎之运行。利用搜索引擎技术收集内容并不能解决该业务本身是不是作为搜索引擎在发挥作用的问题。

2. 默示许可

融文另一项抗辩称，它的使用可因美联社的默示许可而得到免责。

按照《版权法》规定，非排他性许可不必是书面的。因而，非排他性许可就可以是口头的甚至是默示性的。最高法院曾在德弗罗斯特案中对专利的默示许可做出过解释。它称，在判定一家公司是否已向他人做出许可时，"不必正式颁发许可证即可令许可生效。专利人使用的任何语言或他向另一方展示的任何行为，都可能构成许可并成为侵权指控的抗辩，只要对方可以从中适当推断专利人同意他以制造、使用、出售以及其他行为来使用该专利"。❶ 在版权领域，判断默示许可是否存在的检验标准被总结为三个要素，即被告必须证明

---

❶ De Forest Radio Telephone & Telegraph v. United States, 273 U. S. 236, 241（1927）.

(1) 被许可方曾要求创作一件作品；(2) 许可人创作了该作品，并将其交付给提出请求的人；(3) 许可人有意让被许可方复制和发行其作品。❶ 该案法院认为，默示许可的情形是相当狭窄的。有些法院即使不要求对三要素中的每一项提供证据，也要求有证据表明，许可人和被许可人之间达成某种合意（a meeting of the minds），借此可合理地推断许可人有意向对方授予非排他性许可。❷ 由于默示许可是合同法的产物，双方当事人的意图便是关键性因素。

该案中，被告融文提供的证据不能让一个理性的陪审员从中推断原告已默示授权它复制和发行其文章。注册文章无疑不是应融文之要求而创作的；并且，双方在该诉讼之前根本没有过任何接触。因而，融文无法显示它与美联社之间的任何互动，就此便无法推断双方之间有过使用作品的合意。

各上诉法院曾认定少量的互动情形含有默示许可的证据，而融文没有证明它与美联社有过其中的任何一种。例如，双方当事人"参与了需要相互信任和相互努力的业务关系"❸；当事人已达成正式协议，一方据此为另一方的产品实施设计❹；建筑师按公司要求制作了示意性设计图并向公司交付复制件❺。融文也没有提供证据证明它与美联社的任何被许可人存在某种互动，从而可推断有哪个被许可人曾向融文默示授予分许可。其实，美联社的许可证根本不包含分许可的规定。

融文在其反驳意见中提出一个论点支持其默示许可抗辩，即再次将其行为视为搜索引擎——免费向公众提供搜索，并将用户导向所搜寻的网站。美联社没有要求其被许可人在网站上使用 Robots 协议来排除网络爬虫，这便是对融文使用其注册文章进行默示性许可。

关于 Robot 协议，双方同意它通常具有的功能。Robots 协议也被称为"机

---

❶ Latimer v. Roaring Toyz, 601 F. 3d 1224 (11th Cir. 2010).
❷ Baisden v. I'm Ready Prods. 693 F. 3d 491 (5th Cir. 2012).
❸ Lukens Steel v. Am. Locomotive, 197 F. 2d 939, 941 (2d Cir. 1952).
❹ Atkins, 331 F. 3d at 990.
❺ I. A. E., 74 F. 3d at 771–772, 776.

器人排除标准",由行业组织设计,旨在指示协作网络爬虫避免访问某公开可查看网站上的全部或部分内容。如果某网站使用了 Robots 协议,向网络爬虫发出有关其网站的指令,该爬虫就要尊重该指令,不应访问该网站或其明示的部分。

由于多种原因,美联社被许可人未采用 Robots 协议,但这不等于默示许可融文复制和发行美联社的内容。首先,融文此意是想把责任转移给版权人,由后者阻止未经授权的使用,从而免除侵权方证明其有权使用的责任。同样重要的是,仅仅基于 Robots 协议的阙如并不能合理地推断版权人和网络爬虫所有人之间对复制的范围与程度有一个合意。融文所辩护的默示许可适用于每一种网络爬虫,而不区分它是否将从事合理使用,也不区分对方要做公开察看的使用还是隐藏在封闭的订户系统内的使用。融文没能证明 Robots 指令能够就内容表明版权人允许网络爬虫做何种使用或版权人所允许复制的程度。

如果美联社及其被许可人愿意继续允许搜索引擎访问其网站,融文的观点也还存在一些实际问题。美联社正在进行一项许可计划,其中包括授权网络爬虫在线搜取美联社内容。Robots 协议可被用来允许或禁止特定的网络爬虫。如果融文的观点成立,针对被许可人名单上的每一项变化,美联社和它的每一个被许可人将务必要更新他们的 Robots 协议,以表明哪些网络爬虫拥有访问每个网站网页的许可。

另有一个政策原因反对用 Robots 协议来执行《版权法》。该协议对协作爬虫发出指令,是一个有益的创新。但是,为了互联网的开放性,人们希望只有在广泛限制访问明显符合网站利益的情况下才使用它。而合理的假定是,大多数互联网用户、网站所有者希望搜索引擎使用的爬虫可以访问尽可能多的网站,并把这些网站囊括在搜索结果中,从而引导访问者到达尽量多的网站。按照融文的立场,那些担忧不当复制的网站将不得不采取措施以警示那些不受欢迎的爬虫。

最后，为了支持其论点，融文还引用了菲尔德诉谷歌案❶和帕克诉雅虎案❷。但其中没有任何一项裁判有助于表明，美联社因为其被许可人允许搜索引擎爬取其网站就默示同意融文的复制。这两项裁定主要讨论的网站协议不同于 Robots 协议，其所处理的是搜索引擎进行网页存储的问题。缓存的网页允许搜索引擎用户访问存储于搜索引擎系统的网页存档副本。该存档副本显示的页面是它在搜索引擎最近一次访问时的样子。而当页面已从其原来位置删除之后，这一功能特别有用。网站所有者可通过采用"不存档"元标签，指令搜索引擎不向其用户提供这种缓存的链接。在这两起案例中，版权人知道搜索引擎会尊重"不存档"元标签，也知道搜索引擎会根据请求删除被缓存副本，但他们都没有选择使用这种元标签。在这种情况下，法院认定其中包含了默示许可。而本案被告融文未向订户提供访问缓存页面的权限，保留了忽略某些 Robots 指令的权利，也没有表示它会应版权人请求从其系统中删除某些内容。因而，上述两项裁定与本案无多大关系。

值得注意的是，如果爬虫正在对网站内容做合理使用，它不必诉诸默示许可原则；如果不是合理使用，网站没有采用 Robots 协议阻止访问将不会产生默示许可。由此，被告融文的默示许可抗辩不能成立。

3. 禁止反言

依据衡平法上的禁止反言原则（equitable estoppel），融文认为，美联社不得指控融文侵犯其版权，因为当美联社知道融文在使用其作品时，它并没有及时采取保护措施，并保持沉默。法官认为，融文的这一抗辩并不比默示许可抗辩更为有效。

衡平法上的禁止反言原则所适用的情形是，"执行一方当事人的权利会对另一方造成不公，因为后者对前者的言语或行为具有合理的信赖"。❸禁止反

---

❶ Field v. Google, 412 F. Supp. 2d 1106（D. Nev. 2006）.
❷ Parker v. Yahoo, No. 07 Civ. 2757（E. D. Pa. Sept. 25, 2008）.
❸ Marvel Characters v. Simon, 310 F. 3d 280, 292（2d Cir. 2002）.

10. 新闻聚合与搜索引擎+的合理性边界 ◎

言裁定的关键因素是，一方对另一方的错误表示具有致害的信赖（detrimental reliance）。如果援引禁反言原则的一方"通过合理努力就有办法获得知悉，那么不利用这些办法而保持不知悉便是他自己的疏忽"，信赖便是不合理的。❶单纯沉默很少能被作为判定衡平法上禁反言的依据，但"如果一方当事人在法律上负有告知的义务，沉默就可能构成积极的'错误表示'"。❷

被告融文没能履行举证责任来证明它提出的事实问题，即美联社是否曾有过错误表示或者其某种方式的行为是否表明融文有理由相信自己有权使用注册文章，或者说它不会因为如此行为而遭到侵权之诉。融文没有指出美联社或其被许可人曾有任何表示令它相信，它可以那样发布美联社文章的摘录。相反，美联社的许多（若非所有）被许可人在他们的网站上展示的使用条款禁止对其内容做商业使用。融文也没有表明它的行为已经做到了该抗辩所必要的勤勉努力。事实上，融文没有提供任何证据来表明，它确实相信美联社已经授权它发表那些注册文章的摘录。

相反，融文试图依靠美联社的两个遗漏来支持禁反言抗辩。第一，美联社没有要求被许可人将美联社内容放在付费墙后以限制其在线内容的通常性访问，没有要求注册访问或使用Robots指令来示意美联社内容属于禁区。但是，美联社在其行使权利、制止侵犯版权之前，并没有义务采取这些步骤。任何侵犯美联社版权的人都没有理由靠这些措施的阙如作为其侵权行为之借口。

融文接下来指出，在发起诉讼之前，美联社从来没有向融文提出异议。但是，融文并没有证据表明它与美联社有任何关系或交流能让美联社负有表示异议的义务。在没有此种义务的情况下，融文没有理由信赖美联社的沉默。

融文不仅没有提出其合理信赖的证据，而且就这些请求所提交的证据还表明，融文曾注意到它面临被美联社起诉的风险。正如前述，融文为复制美联社文章而爬取过的许多网站（若非所有）都张贴了特别禁止商业使用的使用条

---

❶ In re Becker, 407 F. 3d 89, 99 (2d Cir. 2005).
❷ Kosakow v. New Rochelle Radiology Assocs., 274 F. 3d 706, 725 (2d Cir. 2001).

215

款。2007年美联社曾起诉融文的一个竞争对手Moreover公司侵犯其版权，理由是Moreover从网站上刮取了美联社的内容，并将摘要或整篇文章发送给客户。2009年美联社发布了一份新闻稿，介绍它启动的一项保护新闻内容免受在线挪用的行业举措；美联社于该年年底宣布，对美联社内容使用情况做在线监测的举措已经开始。如果融文能充分地尽其勤勉以获知美联社有关其内容之商业再转的观点，它就不可能一直不了解真正的事实。

4. 版权滥用

被告提出的最后一项肯认性抗辩理由是原告滥用其版权。它认为，原告与竞争性新闻机构实施价格限定，违反反垄断法，构成版权滥用，法院应禁止其行使版权。法院判决未予支持。

在此之前，虽然多家巡回法院曾承认版权滥用可以作为版权侵权之诉的肯认性抗辩，但只有少数几个判决予以采纳；而第二巡回法院未曾判决认可版权滥用抗辩。在莫顿盐业公司案❶中，盐沉淀机设计的专利人莫顿盐业公司还生产盐片。莫顿签订的许可协议要求被许可人只能使用该公司的盐片。莫顿提起专利侵权之诉时，最高法院判定，由于它利用专利垄断对非专利品市场实施竞争限制，其诉讼因而被禁止。最高法院这样描述抗辩背后的理由：

> 向发明者授予特定的专利垄断特权，贯彻了《美国宪法》和法律所采纳的公共政策，即通过保护发明人在有限时间内对其"新鲜而有用"的发明享有排他性权利，"促进知识和实用性技术之进步"。但是，公共政策将发明纳入授权垄断的范围内，排除了发明中没有包含的一切。它同样禁止利用专利来获取专利局没有授予的专有权或有限垄断，这种行为有悖公共政策授权。

1990年，第四巡回法院成为第一个明确接受版权滥用抗辩的巡回法院。基于"英国专利和版权法的起源，我国（美国）《宪法》制定者对知识产权这

---

❶ Morton Salt v. G. S. Suppiger, 314 U. S. 488（1942）.

10．新闻聚合与搜索引擎⁺的合理性边界 ◎

两个领域的处理以及后来我国专利和版权领域的成文法与司法发展"，该法院得出结论说，版权滥用应该被用作版权侵权之诉的抗辩手段。它还指出，有效的版权滥用主张不以违反反垄断法为先决条件：

> 企图利用版权违反反垄断法确实有可能产生版权滥用抗辩，反之则未必正确——滥用不必违反反垄断法就能构成对侵权之诉的衡平法抗辩。问题不在于版权的使用是否采取了违反反垄断法的方式，而在于版权的使用是否有违版权保护所体现的公共政策。❶

与上述理由相一致，该法院称版权滥用是由于版权人试图利用其版权在版权之外的领域控制竞争，其焦点在于对竞争的不正当扼杀。滥用抗辩得到谨慎保守的适用。

融文主张，它提供的证据充分证明，美联社对一家许可实体强行实施定价结构和最低目标价格，并将它自己的定价信息分享给该机构及其成员，从而违反了反垄断法。该许可实体即 NewsRight，是美联社不久前参与成立的合资企业，其明确目标是与第三方如商业性聚合机构和媒体监测公司合作，对大批来自大出版商的内容进行许可，并允许出版商和第三方被许可人跟踪和分析在线新闻内容的使用。那些作为 NewsRight 成员的新闻出版商授权 NewsRight 对其内容发放非排他性许可。截至该判决产生时，NewsRight 已经签订两项许可协议，但它还没有对美联社的内容发放许可。

法院认为，美联社的行为并不构成版权滥用。即使假定本巡回法院承认版权滥用抗辩，并进而假定融文提出了一个事实问题——关于美联社是否向 NewsRight 分享它自己的定价信息，并对该合资企业提供的许可"强加了"定价结构和最低价格，融文也并未证明它提出的滥用抗辩可以成立。没有任何迹象表明，美联社在新闻传播过程中不恰当地利用其版权来控制竞争。它的每一个竞争对手——无论是否 NewsRight 的成员，都有权依据自己选择的定价方式来

---

❶ Lasercomb Am. v. Reynolds, 911 F. 2d 970 (4th Cir. 1990).

发放自己的许可。融文没有解释美联社的行为如何妨碍了《版权法》的目标，即为公众利益增加创造性表达的积累。

此外，融文所提证据甚至没有表明美联社有任何不当行为。融文的主张——美联社通过参与 NewsRight 业务从事价格限定——所依赖的基本是三份文件。其中最重要的是 2011 年的一封电子邮件，其中，美联社建议将聚合市场分为三个区段（顶级从业者、优质机构专家和媒体剪辑服务），并就每区段的 NewsRight 许可提出许可费建议。但 NewsRight 最终拒绝了该建议。为一家新设的合资企业的定价结构提出策略建议，并未有违反垄断法。

另外，融文还试图通过迟误（laches）抗辩来为自己开脱，也遭到法院的否决。

◇ 简评

该案所涉，显然是网站利用搜索引擎实施新闻聚合引起的版权纠纷。在使用对象属于表达的情况下，问题核心便转向合理使用，以及其他可能的问题。

有必要注意一下这个案子的时间，此案从起诉到宣判，时间是从 2012 年 2 月到 2013 年 3 月，一年的时间并不算长。而且，一审之后，被告融文公司服判，未提起上诉；双方还于当年 7 月达成和解协议，准备开展业务合作。❶ 此前，被告融文在英国还有一桩案了，几乎可谓同案同判。具体是，报业特许代理公司等在法院起诉融文公司侵犯版权，法院于 2010 年 11 月判决融文侵权成立，融文同样选择服判，未提起上诉。

近似的案子如 2009 年 GateHouseMedia 诉纽约时报公司、2010 年 Briefing.com 诉 Dow Jones & Co，都涉及在线新闻文章的搜索与链接。这两个案件双方

---

❶ https://www.law360.com/cases/4f3c07ae7190f92e53000001/articles.

均私下和解，未及法院审判。综合众多案件来看，网络环境下，借助于搜索引擎与链接技术，新闻聚合在发挥其快速与便捷传输的同时，竞争带来了权利纠纷。而无论是版权抑或其他权益，侵权与合理的边界，确难划定。但在另一方面，该案以及其他同类案件的侵权判定并无太大的争议，这可能也意味着，搜索与链接中的是与非问题还是可以找到虽然模糊但毕竟存在的原则性标准。

与融文公司的英国诉讼不同，该案没有涉及标题侵权，原因也许是美国版权局明确拒绝标题等短语的版权注册。就摘要或摘录而言，法院虽认定侵权，却并没有提出"一刀切"的规则：摘录享有版权保护；而是以被告复制摘录篇幅的具体长短为依据；从判决书中举例来看，超过通常所谓摘录的篇幅，已经构成替代性使用，因而可支持侵权判决。

而关键在于所谓搜索引擎，这可能会成为该案判决最具启发性的方面。

搜索引擎已经是互联网常规性的信息传输方式，其版权法上的合理性在于它仅仅向搜索者提供必要的信息提示，并将其导向源头网页，实质只是扮演了一个引路人的角色，而决不替代原网页。但使用搜索引擎技术并不一定就是法律可以免责的中立且合理的使用。相反，该案被告的技术运营模式可谓一种"搜索引擎+"，即在常规搜索引擎之外，被告还增加了其他因素，技术已经不再中立。按照法官意见，融文提供的搜索"摘录"了超出常规必要的篇幅，实质构成了对原文表达的实质性复制，结果则让用户感觉没必要再查看原文。尤其是融文的"搜索引擎+"不是无条件地向公众免费开放，而只供付费订户使用。此时，当技术不再中立，利益天平发生倾斜时，合理与否则需另当别论。

美联社起诉书中称，"传统新闻来源及其高质量的新闻收集和报道基础设施的丧失乃是公众的重大损失，因为信息丰富的公民是民主正常运作的必要条件"。这种言说可被所有利益方用来为自己辩护，难免成为大话、空话。但利益的流向却是实实在在的。当一方媒体的投入与创作挣得独创性作品，另一方的行为方式与营利模式一反市场运营之常态，并达到对他人产品与利益的"截流"，其合理性一定会受到质疑。

11. 新闻标题、摘要的版权与在线用户责任

——英国报业许可代理公司诉融文控股公司等（2014）

概 要

该案历经英国三级法院审理；并在联合王国最高法院申请之下，欧盟法院还就有关问题作了先行裁决。

原告英国报业许可代理公司是众多报社的版权管理者，它与部分会员起诉融文控股公司及其用户侵犯其版权：融文通过程序从事在线媒体监测，使用原告的作品内容制作用户定制的跟踪报告，并通过电子邮件或网站访问的方式向用户提供；用户获得的报告中包含有每篇文章的超链接、标题、标题下的开头语和显示关键字的上下文摘录。

案件初审法院英格兰高级法院裁定支持原告的侵权诉求；被告提起上诉

后，英格兰威尔士上诉法院基本维持了一审判决。作为融文公司所服务用户的代表，公共关系顾问协会继续上诉至最高法院，主张用户不因其在线接收行为承担版权责任。英国最高法院判决表示，在线浏览版权材料不属于侵犯版权，最终用户无须为此取得许可。鉴于该判决对欧盟各国可能具有的意义，最高法院将有关问题提交至欧盟法院，后者裁定支持英国最高法院的意见。

该案主要争议问题是，网络聚合媒体将搜索结果以电子邮件等方式传输给最终用户，聚合媒体及其最终用户是否侵犯了有关作品内容（标题、开头语、关键字、摘录等）的版权；尤其是最终用户通过计算机在线浏览时生成的临时复制件是否侵权。❶

◇ 基层法院判决：新闻作品的版权性与在线浏览许可

原告英国报业许可代理公司（Newspaper Licensing Agency Ltd，NLA）负责管理众多会员报纸的版权，对报纸内容的复制发放许可并收取许可费，其他原告包括报纸出版商以及 NLA 的股东。原告设立了多种许可机制，其中涉及在线媒体追踪服务的许可类别有两项：一项是"网络数据库许可"（WDL），向媒体追踪服务机构发放许可；另一项是"网络最终用户许可"（WEUL），向那些接收并使用该种服务的人发放许可，NLA 在此问题上的观点是，媒介追踪服务的最终用户有义务获得这种许可证，否则构成侵权。

融文公司（Meltwater）向用户提供在线媒体追踪（media-monitoring）服务，开设了一项名为"融文新闻/Meltwater News"的服务业务。融文使用一种名为"蜘蛛"的程序搜寻、读取出版商的网站内容；具体由融文的最终用户

---

❶ 本文依据英格兰高等法院、上诉法院与英国最高法院以及欧盟法院的裁定意见，NLA v. Meltwater, [2010] EWHC 3099 (Ch), PRCA v. NLA & Others, [2011] EWCA Civ 890, [2013] UKSC 18 和 [2014] Case C360/13。

指定关键词，然后以此搜寻在线发表的新闻文章；搜寻结果通过融文新闻传输给融文的最终用户，途径包括电子邮件传发或由最终用户访问融文网站。融文新闻提供的内容有：（1）以文章标题设立的超链接，指向每篇相关文章，点击超链接可将用户导向文章所在的出版商网站页面。（2）文章标题之后的开头语（opening words）。（3）搜索词上下文摘要。被告之一的公共关系顾问协会（Public Relations Consultants Association Ltd，PRCA）是一个公司制的职业协会，其会员是融文新闻服务的用户，通过它接收并使用这些新闻文章。

NLA及其成员报社起诉融文、PRCA等，诉求包括：（1）融文在线提供"融文新闻"内容应该从原告处获得许可；（2）PRCA的成员即最终用户也需获得许可才能接受、使用融文新闻。为了其业务的顺利开展，融文同意接受原告的WDL许可项目，无论是否必要。原告仅针对代表广大用户的PRCA申请法院进行快速审判。

这样，围绕融文新闻的整个诉讼的关键问题是，作为融文新闻的最终用户，PRCA及其成员是否需要获得原告的许可（WEUL）才能使用融文新闻服务。原告认为，未经其许可，这些最终用户侵犯了出版商文章的版权以及数据库权利。（1）按照《英国版权、设计和专利法》（CDPA）第17条，用户通过电子邮件或访问融文网站收取并阅读融文新闻，构成对有关内容的复制。按照该法第23条，用户还在其商业过程中拥有了一份侵权副本。（2）点击文章链接，用户对文章实施复制（第17条），并拥有了一份侵权复制件（第23条）。按照出版商网站上的规定，这些文章只允许为个人和/或非商业使用而访问。（3）依据该法第18条，通过向其客户转发融文新闻或其内容，最终用户向公众发布该作品的复制件。这些成为各法院审理案件的焦点。

英国高级法院法官普劳德曼（Proudman）于2010年11月作出了支持原告侵权之诉的裁定，即PRCA成员及广大用户必须获得原告的许可才能合法地接收、使用融文新闻；代表广大用户的PRCA（而非融文公司）为此提起上诉；上诉法院于2011年7月宣判，支持高级法院的判决。普劳德曼法官的理由可概括为：（1）融文新闻中复制的文章标题（headlines）属于独立于文章的文学作品；(2) 融文新闻中复制的文章摘要（extracts）是整体文章中的实质性部分；(3) 最终用户计算机在收到融文的电子邮件、打开该邮件、通过单击文章链接访问融文网站时，生成了融文新闻复件，当点击融文新闻指示的链接时，生成文章本身的复件，这些都可能侵犯出版商的版权。(4) 英国 CDPA 有关临时复制的第 28A 条、有关合理使用的第 30 条以及《数据库条例》均不能为此类复制免责；(5) 最终用户要使用融文新闻服务，应该从报社或其代理机构 NLA 获得许可。

1. 文章标题与摘要的可版权性

[标题的可版权性] 尽管充满争议，一审法官普劳德曼肯定原告的文章标题属于独创性作品，并享有版权，上诉法官予以支持。

法官判决以较大篇幅证明标题的独创性与可版权性。法官认为，当标题作为作者自己的智力创造而可能具有独创性时，可以成为独立的文字作品。在经过一番证据罗列与分析之后，一审法官明确表示，"在我看来，无论独立来看还是就其作为相关文章之一部分，标题能够成为文学作品"。而对于作品之判断，她说，"我接受（原告代理人）的意见，有待评估的不是已发表的完整作品，而是创作的过程，以及对投入其中的技能和劳动的鉴定"。"而本案的证据……是标题包含了相当的设计技能，它们通过专门设计，以娱乐的方式将文章内容告知读者，从而吸引读者。"就此而言，法官判断作品所依据的，显然主要是一种主观性投入，而非客观存在标准。为此她也接受了原告方提交的证明，即有关标题产生的描述：标题通常都是引人注目和实质性的。标题通常由编辑而非记者撰写，而撰写标题的能力是一种宝贵而独立的技能，需要专门的课程来讲授。标题需要技巧，以达到吸引读者注意力、诱导阅读文章的目的。标题通常有一些动人多情的"钩"，可能包含俏皮话，概括文章的内容；最终选择标题的过程独立于文章本身的选择。记者通常会提出一些备选方案，并由一名高级编辑作出决定。文章有时会根据标题做出修改。

法官最终否决了被告的主张，即标题是报纸文章的一部分，与文章构成一件单一作品。法官指出，自从欧盟法院对 Infopaq 案做出裁决以后，部分和整体不再做出区分，只要该部分包含作为作者智力创作成果的表达性成分。❶ 欧盟信息社会指令（即第 2001/29/EC 号指令）❷ 第 2 条没有提到"实质性部分"；欧盟法院（ECJ）曾清楚表明，独创性（originality）而不是实质性（substantiality）是适用于被提取部分的检验标准。上诉法院对此表示同意，并承认可版权性的检验标准所关乎的是作品的来源，而不是新颖性或价值性要件。

[摘要的可版权性] 按照英国 CDPA 第 16 条之（3），复制独创性文字作品之实质性部分导致侵犯版权。本案中的问题是，被告所摘取（如上述）的原告文章摘要、文章开头语（有时也连同文章标题）是否构成文章的实质性部分？

按照原告方的 WDL 许可证，文章摘要被限于 256 个单词。被告方认为，含有 256 个词的摘要过分短且属于事实性的，不能让读者对文章有更多的想法。但法官认为这种观点没有意识到作者的智力创造。普劳德曼法官指出，在大多数情况下，文章摘要不只是孤立的、本身没有意义的词语或句子；它们显示了文章的风格，通常具有吸引读者关注整体作品的特殊功能。所以说，这样的摘要可构成独创性文章中的实质性部分。法官援引了 Infopaq 案重申的质量（quality）标准，也就是说，作品之实质性判断（test of substantiality）应该是一种有关质量非数量的考察。该案中，即使独创文章中的很小的一部分，如果它表现出反映作者创造性的个性印记，也可以得到版权保护；一审法官说，"一个只有 11 个字的摘要数量上也可能是足够的，只要它包含属于作者智力创造的表达"。并且，法官还通过摘要的功能来论证其作品性，"在大多数情况下，文本摘要（特别是标题和开头语）并非本身没有任何意义的单纯孤立的词或句子。它们提供了文章的基调，通常具有特殊的功能，即吸引读者进入作

---

❶ Infopaq International A/S v. Danske Dagblades Forening（Case C5/08）16 July 2009。
❷ 即 2001 年发布的欧盟关于协调信息社会版权与相关权某些方面的第 2001/29/EC 号指令，简称"信息社会指令"（InfoSoc Directive）。

为整体的作品"。另外，按照英国案例法上的检验标准，作者在创作独创作品时投入的劳动和技艺遭到不合理的借用，即构成侵权。

法官就此认定，本案中的很多文章摘要包含来自整体性文章的具有创造性的表达。上诉法院同意这一点（而没有解决哪个检验标准合适）。

2. 版权侵犯与例外

法官认为，当最终用户收取含有融文新闻的电子邮件时，就有一个复制件生成在其电脑上，并保存至最后删除。同样地，当最终用户通过融文网站浏览融文新闻时，一个复制件就会生成在其电脑上。结果，最终用户制作了原告文章的标题和摘要的复制件，便可初步认定发生侵权行为。继而，当最终用户点击有关链接时，文章复制件便生成于用户电脑，这更有可能侵犯版权。最终，当最终用户利用分享功能转发链接，依据 CDPA 第 18 条，这是一种向公众发布复制件的行为，也构成侵犯版权。

[临时复制之责] 基于瞬间性或附带性临时复制之理由，英国 CDPA 第 28A 条允许被告对侵权指控提出抗辩。但法院认为，这一例外规定不能允许本案最终用户擅自制作复制件；法院为此还提及欧盟法院 Infopaq 案判决对例外情形进行的解释。

法官解释说，例外规定并非要让浏览过程中产生的一切复制件都得到合法化，否则用户就被允许观看盗版的电影、收听盗版音乐。抗辩可以适用的情形是，复制之目的是促成第三方之间通过中介进行有效的网络传输，其代表即是网络服务提供者。就本案而言，最终用户访问融文网站以观看融文新闻或访问出版商网站以观看独创文章时进行的复制不是技术性过程（technological process）中必不可少的一部分，即不是瞬间或附带性的；并且，这些复制件显然具有独立的经济意义，因为它是用户付费获得的成果。所以，基于临时复制进行成功抗辩的条件得不到满足。

代表最终用户的被告 PRCA 不同意两审法院有关临时复制问题的裁判，并继续提起上诉，从而使得英国最高法院（Supreme Court）与欧盟法院有机会就该问题做进一步审理。

[合理使用?] 初审法院认为，本案最终用户不能依据《版权法》第 30 条规定的合理使用抗辩。一审法官认为，最终用户没有对有关作品从事批评活动，无论是对文章还是对其摘要；不管"批评或评论"可做何种宽泛性解释，本案最终用户的活动都不能被包含其中。摘要让用户可以观看关键词所存在的上下文语境，融文新闻的目的并不是报道当下事件，只是让最终用户决定他是否需要阅读文章的内容；并且，融文新闻提供的文章摘要是专门针对自己特定的最终用户量身定做的，而不是为了公众消费。进而，融文新闻被认定为是为了商业目的并鼓励用户侵犯出版商的版权。

3. 关于数据库问题

被告是否侵犯了出版商网站对其网页数据库享有的权利？法官对此做出否定。法官认为，假定被告出版商的网站依法能够构成数据库，最终用户未取得许可也不侵犯其数据库权利。依据法律，数据库保护范围被限于其编排和结构。但就本案事实来看，被控行为所涉及的是文章内容，并非网站作为数据库的编排或结构。

法院未支持被告的这一观点，即 1996 年《版权与数据库权条例》第 19 条 (2) 令出版商网站的使用条件失效，因为这种条件阻碍合法用户提取或再用数据库内容的非实质性部分。法院判定，该条规定仅仅针对那些可能侵犯数据库权利的行为（而不是仅仅侵犯文字作品版权的行为）；另外，没有参与 WEUL 许可的最终用户不属于合法用户，因而无论如何也不能享有第 19 条 (2) 上利益。

4. 双重许可或默示许可

被告 PRCA 认为，如果融文的在线新闻搜寻服务获得许可，其最终用户就不必另外取得许可；因为基于一种必要的默示，发送许可必然暗含了用户接收的许可，"发送和接收是同一硬币的两面"。相反，要求融文公司最终用户获得单独的接收许可则是对前一许可的减损；否则，原告的要求无异于一种双重许可。

法院不支持被告的上述主张，因为最终用户在各自的电脑上生成了融文新闻内容的复制件，这是连被告也承认的。一项提供服务的许可可能包含着一项接收该服务的默示许可，但它不可能包含一项对许可内容另外制作复制件的默示许可。用户由于打开融文新闻的邮件、搜寻融文网站或通过融文的链接访问出版商网站所生成的复制件，并非融文所发送的同一复制件。因此，这并不是融文实施的同一个复制行为，用户需要为此获得单独许可。

正是由于两审法院不支持被告提出的临时复制免责，并认为最终用户应该单独获得许可（即双重许可），PRCA 向英国最高法院上诉。其间的争议焦点是，在浏览互联网时，在个人硬盘和屏幕上制作的网页副本是否属于侵权的例外，即可免于侵权责任的临时复制的范围。

◇ 在线浏览的版权问题：临时复制与用户责任

代表最终用户的 PRCA 上诉称，作为融文公司的客户，其成员仅仅是在融文网站上查看追踪报告，不需获得权利持有人的授权。原告 NLA 则认为，查看网站导致用户计算机屏幕和硬盘的互联网"缓存"中有复制件产生，即屏幕副本（on-screen copies）和缓存副本（cached copies）；这些副本构成《欧盟信息社会指令》第 2 条意义上的复制件，不属于该指令第 5 条（1）规定的责任豁免的范围。

面对被告 PRCA 继续提起的上诉，联合王国最高法院的判决明确指出，该案提出的一个重要问题是，对于在线浏览版权材料所涉技术过程中发生的临时复制，版权法应如何适用。具体而言，互联网用户通过计算机查看（viewing）网站上的版权材料，但没有下载或打印，是否应该为此过程中制作的临时复件获得授权，或因擅自创建屏上副本和缓存副本而承担侵犯责任？

根据英国 CDPA 第 16~26 条的界定，版权人对其作品拥有实施或授权实施复制、发行等行为的排他性权利。广义而言，复制或发行受保护作品复制品或改编作品属于侵权行为；而仅仅观看或阅读则不构成侵权。任何人阅读受保护书籍的盗版件或观看受保护绘画的赝品，都不属于侵权，虽然向他售书或伪造绘画的人可能属于侵权。

但网络环境下的作品利用情况很复杂，最高法院对此进行了描述和分析。在互联网环境下，作品与网络的正常使用需要在多个步骤生成临时的复件，它们会产生于因特网路由器和代理服务器的传输过程中。当最终用户在他的计算机上观看网页时，所涉技术过程需要在电脑屏幕上、硬盘的因特网缓存中生成临时复制件。不言而喻，屏幕副本是相关技术的必要部分，它将停留在屏幕上，直到用户离开相关网页；舍此，用户将无法观查网页。功能有些复杂的因特网缓存属于互联网浏览技术的一个普遍特征；离开因特网缓存，设计浏览软件也有可能，但在目前技术状态下，其结果是因特网将无法处理通信流量，且难以正常运行。最终用户可以主动清除缓存，但是在正常过程中，缓存会在间隔一定时间后被其他信息覆盖——具体取决于其容量以及最终用户的因特网使用量和时间安排。因特网缓存的容量可以通过改变用户计算机上的浏览器设置做出一定限度的修改；使用特殊软件或高度熟练的技术人员有时也可以恢复已经删除的缓存信息。但这种改进并非因特网普通应用的基本特征，而且就该案而言也可以被忽略。至关重要的是，在这些情况下，如果最终用户只以观看网页信息为目的，没有选择对网页内容进行下载或打印，他就没有制作网页复制件；而复制件在屏幕上或互联网缓存中的临时存留仅仅是他为观看而操作计算机的附带性结果。该案上诉所提出的问题是，如果未取得版权人许可，该过程中生成的临时复制件是否侵犯版权。

上诉人即初审被告 PRCA 是公共关系专业人员的行业性协会，代表委托人跟踪、搜集相关新闻报道，方法之一是使用在线追踪或搜索服务。该上诉所涉具体事实是融文公司向协会成员提供的服务。融文公司使用自动化程序创建单词索引，使之显示于新闻网站上。其客户提供有关的搜索条件，融文制作追踪报告，其中列出关键词索引的检索结果。对于每次搜索，追踪报告将显示文章开头的词句、关键词连同两侧的几个单词，以及一个再现标题的超链接，这让用户可以访问相关源头网站上的文章。但应注意到，如果目标网站有付费墙（paywall），该链接将不会让用户避开绕行；用户需根据与他人相同的条件付费，然后才能访问付费墙后面的材料。融文通过电子邮件向客户发送追踪报告，或者由客户在融文网站上访问它。

诉讼各方在有些问题上是一致的。被告融文公司同意按照版权审裁处确定的条件从报纸出版商取得提供服务的许可；融文的客户需要获得许可才能接受融文以电子邮件提供的服务，即以电子邮件传输跟踪报告，邮件副本（e-mail copy）此后被存储于收件人的硬盘驱动器，直到用户将它删除，所以它不是临时的。

而案件被告向最高法院提出上诉的问题是，如果追踪报告只是在融文网站上提供，融文客户是否需要取得接收其服务的许可？显然，如果客户从网站下载报告，他就是在制作一份会侵犯报纸版权的复制件，他应为此得到许可。但是，如果他只是在网站上观看材料呢？初审法官和上诉法院曾认为，该用户仍应为此取得许可。最高法院认为这一问题非常重要，因为它势必影响到以商业方式提供服务的经营，也可能影响着数百万非商业的互联网用户——由于他们未经版权人允许而在互联网上观看版权材料，可能会在无意中招致侵权责任，尤其是对于第三方非法上传的材料；当观众通过机顶盒在数字电视或预订电视频道上观看广播时，类似的问题也会发生。

为寻找可适用的规则，最高法院将目光投向了欧盟指令与欧盟法院判例法，通过深入解读以为当前问题寻找答案。

◇ 法律适用：国内法及欧盟指令条款

针对上述焦点问题，英国最高法院对可适用的英国国内法和欧盟法律进行了深入分析。

对于作为计算机上观看版权材料所需技术过程之一部分而制作的临时复制件，英国CDPA第28A条做出了规定，而该规定来自2001年的欧盟信息社会指令。为了实施该指令，英国CDPA曾于2003年增加了第28A条。所以说，对于该案，欧盟信息社会指令和英国立法具有同等效力，对此并无争议。

欧盟信息社会指令的源头是1995年发布的《欧洲委员会信息社会版权及相关权绿皮书》，它将使用数据处理系统复制"不能直接以人类感官来理解的"版权材料（如作为数字代码）视为一个问题。这就有必要做出判定：版权人控制其作品复制的权利是否"应在构成信息社会之特征的计算机和其他设备的普通使用（数字化、中介性复制件、主存储器下载）中发挥作用"。经过一段时间的磋商，欧盟委员会于1997年12月发表了一项建议，清楚地指出本诉所发生的问题。它讨论了数字化音乐、电影或其他版权材料数据库作为数字信号在因特网或其他高速网络上进行商业传输以供展示或下载的前景，因为这将摒弃传输和存储的物理介质，如图书、磁盘、磁带等。一方面，作为一个政策，欧盟传统上为知识产权提供了高水平的保护，而这些技术的广泛应用可能有助于盗版；另一方面，人们显然也有一种担忧，严格遵守为物理性媒体设计的版权法可能阻碍互联网和其他电媒技术的商业发展。尤其是电子环境中的临时或附带性复制的地位尚有其不确定性。

《伯尔尼公约》第9条第（2）款曾允许签约国通过立法为作者的复制权规定有限的例外，此即所谓三步检验标准：立法可允许在某些特殊情况下复制作品，只要这种复制不与作品的正常使用相冲突，也不致不合理地损害作者的合法利益。而欧委会于1997年看到的问题是，依据该公约第9条第（2）款赋予的该种自由，不同成员国的立法以不同方式处理以数字形式提供的版权作品，其间的差别可能阻碍欧盟内部市场的发展。而该信息社会指令的目的就是协调欧盟各地的规则。

信息社会指令是欧盟协调内部市场的统一措施，旨在改变和补充已有的版权法，以充分应对新的利用形式等经济现实（序言第5节）；其目标是在确保高水平版权保护的同时，缓和这些权利，以允许互联网的一般性使用。指令序言第31节宣称，不同种类的权利人之间以及不同的权利人和受保护客体的使用者之间的权利和利益的合理平衡必须得到保证。根据新的电子环境，成员国法律已有的权利例外和限制必须得到重新评价。

序言第33节直接提到了临时复制（temporary copies）问题：排他性复制权应当遵循例外，以允许某些临时复制行为。这些行为是瞬时的或附带性的复制，构成技术过程中必不可少的组成部分，其唯一目的是确保第三方之间经由中介进行有效的网络传输，或是保证作品或其他客体能够被合法利用。该复制行为本身应该不具有独立的经济价值。这些条件若能得到满足，该例外应当包括允许浏览的行为和实施缓存的行为，其中包含使传输系统能有效运作的行为，只要该中介未更改有关信息，也未妨碍被业界广泛承认和使用的、通过使用信息获得数据的合法的技术应用。某一使用经过了权利人授权或不为法律所限制，就应被视为合法使用。

指令第二章专门规定了权利及其例外。版权人的权利分别规定于三个条文（第2~3条和第4条）：复制权、传播权和发行权。指令第5条规定了这些权利的例外情形，第5条第1款为"临时复制"创设了复制权例外，具体是，第2条所指的临时复制行为是瞬间的或附带性的，是技术过程中必不可少的一部分，如果其唯一目的是"（a）使第三方之间能够通过中介对作品或其他客体进行网络传输，或者（b）使作品或其他客体的合法使用成为可能，且该行为不具有独立的经济意义，应免除第2条规定的复制权保护"。不过，依据第5条第5款规定，该条规定的版权例外与限制还应符合一定的条件，具体就是该款所重复的源自《伯尔尼公约》第9条第（2）款的三步检验标准。

◇ 欧盟判例法的启示

欧盟法院此前不久曾在三个案件中讨论过第5条第1款，这些案例为国内法院的法律适用规定了普遍可行的原则。英国最高法院判决书依时间顺序分别进行了介绍和分析。

[Infopaq I 案[1]] 在该案中，欧盟法院解释称，指令第 5 条第 1 款为复制行为设立了基于五项条件的版权免责：复制行为应该是（1）临时的；（2）瞬间的或附带性的；（3）技术过程中不可缺少和必要的一部分；（4）确保第三方通过中介对作品或其他客体进行网络传播，或者保证作品或其他客体的合法使用；（5）没有独立的经济意义。这一公式也在随后的案例法中得到重复适用。法院指出，尽管它们在指令中被排列为五个单独的段落，但它们不是各自独立的要求，而是重叠和重复的，且每一项都烘衬着其他各项的含义。它们必须被一起解读，以实现它们共同的目标。案例法显示，欧盟法院一直是这样做的，Infopaq I 案尤其如此。

Infopaq I 案来自丹麦，涉及商业媒体追踪服务机构 Infopaq，与融文公司的业务完全相同。系争问题关系到 Infopaq 的"数据捕获程序"，即它用来识别相关报纸摘要的电子搜索程序。就像融文案一样，该案所涉并不是将搜索结果传送给 Infopaq 客户的方法。然而，Infopaq 的方法确实使人们有必要一般性地考虑：指令第 5 条第 1 款如何适用于数字资料的存储和观看。它们具体在技术过程的四个连续阶段涉及复制件的产生："（i）制作原始文章的扫描图像，（ii）该图像被转换为可搜索的文本文件，（iii）从该文本文件中提取关键词及其两侧各五个单词，并作为文本文件得到存储，（iv）打印并保留复制件（iii）"。问题表现为该程序过程中所生成复件的临时性或瞬间性特征。法院裁定认为，如果国内法院相信这些复制件在其技术需求已经过去时被自动删除，即没有任意性的人为干预，第 5 条第 1 款就可适用于前述（i）、（ii）和（iii）项；而第（iv）项复制不是"瞬间的"，因为只在人们决定销毁打印件时，它们才会被销毁。

---

[1] （Case C-5/08）Infopaq International A/S v. Danske Dagblades Forening（"Infopaq I"）[2010] FSR 20.

虽然欧盟法院仅仅直接关注前两个条件，却根据条件（3）进行了解释。实质上，该法院认为，条件（3）的要求（复制是技术过程中不可缺少和必要的一部分）意味着，如果复制是技术性过程所固有的，复制件在程序完成时被删除，它才能被认为是"临时的"或"瞬间的"。该法院一开始就提请人们注意一个事实：即第5条第1款的例外是对版权人权利的缩减；它指出，为了对每项条件进行依次解释，应当注意，根据已决判例法，对该指令所定一般原则（即保护版权）进行缩减的条款必须做严格解释。❶ 这适用于《信息社会指令》第5条第1款规定的免责，该免责就是对该指令确立的一般原则的缩减。如果该免责必须符合《信息社会指令》第5条第5款，情况则尤为如此——即依据三部检验标准，免责例外只适用于某些不与作品正常使用相冲突的特别情形，且不会不合理地损害权利人的合法利益。

然后，欧盟法院判决就其立场进行了概述。

根据前面提及的免责条件（3），法院认为，临时和瞬间的复制行为构成技术程序中不可缺少和必要的一部分，其目的是确保完成该技术程序。在这种情况下，鉴于前述严格解释之原则，这些复制行为不得超出正确完成技术过程之所需。权利人的法律确定性还要求，复制件的存储与删除应该免除任意性的人为干预，尤其是要免除作品使用者的干预。无论如何，一旦复制件不再因促进技术过程而具有保存的合理性时，有关人就应将它删除。这一观点也得到《信息社会指令》序言第33节的支持。作为第5条第1款所述行为的示例，指令列举了确保浏览和缓存的行为，包括使传输系统有效运行的行为。根据定义，这种行为自动产生并被删除，无须人为的干预。

鉴于上述情况，欧盟法院认为，一项行为，只有当其存续被限于完成有关技术过程所必要的时间时，才能依据《信息社会指令》第5条第1款所规定的条件（2）被视为"瞬间的"；恰当的理解是，该过程必须是自动化的，一旦

---

❶ Criminal Proceedings against Kapper（C-476/01）[2004] ECR I-5205，ECJ at [72]，and Commission of the European Communities v. Spain（C-36/05）[2006] ECR I-10313 ECJ at [31].

实现促成这一过程的功能，无须人力干预即可自动删除该行为。在考虑上述复制件（iii）（含有关键字提取的文本文件）所涉问题时，法院补充说，国内法院要确定的是，该文件的删除是否取决于复制用户的意愿、文件在促成技术过程的作用结束之后是否仍有继续存留的风险。

[Premier League 案❶] 在足球协会英超联盟诉 QC 休闲、卡伦·墨菲诉媒体保护服务公司这一重要案例中，在有关条件（4）（5）之争的背景下产生了第 5 条第 1 款的范围问题，而这在 Infopaq I 案中没有得到考虑。但是，如果不对第 5 条第 1 款做整体性解释，并审查每项条件的作用，就不能形成有关这些条件之影响的观点。这正是欧盟法院当时所做的。

案件的事实是，墨菲夫人在希腊预定了收费电视服务，并获得了一个希腊卫星解码器；但在没有权利人授权的情况下，她在自己的英国酒吧里用它接收足球比赛广播，让其顾客观看。被控侵权的副本是在材料流播（streaming）过程中生成于解码器存储器中、电视屏幕上的临时副本。在功能上，这些副本类似于因特网缓存中和个人计算机屏幕上产生的副本。无论如何，侵权指控所针对的是墨菲夫人以及作为其最终用户的顾客对版权材料的"消费"。欧盟法院提醒说，版权所有者之法定性权利的例外限制虽然都应得到严格解释，但该权利必须与例外制度之目的取得平衡——这一目的便是鼓励新技术的发展与运行、保障使用者希望使用这些技术的权利。该案裁定，墨菲夫人因第 5 条第 1 款受到保护。

第一个问题是，墨菲夫人的解码器缓存中生成的涉嫌侵权之复制件的产生是不是为了指令第 5 条第 1 款所述（a）与（b）两项原因之一；由于其目的不是对材料进行网络传输，墨菲夫人就要依靠（b）规定，这就要求她证明其复件制作是为了促成其他合法的用途，法院对此做出了肯定。

欧盟法院称，从信息社会指令序言第 33 节可以看出，某项使用如果经过

---

❶ （Case C-403/08）Football Association Premier League Ltd v. QC Leisure and Others and（Case C-429/08）Karen Murphy v. Media Protection Services Ltd（"Premier League"）.

权利人授权，并且不受有效立法的限制，该使用就应被视为合法。在该案中，由于有关作品的使用未经版权人授权，就必须确定涉案行为是不是为了促成不受法律限制的作品使用。而并无争议的是，这些短暂的复制行为保证了卫星解码器和电视屏幕能正常运行。对于电视观众，它们确保能看到包含作品的广播。仅仅是在私人圈里接收这些广播——即看到广播及其视觉展示，并不是一种受到欧盟立法或英国法律限制的行为，因而该行为是合法的。并且，对于来自英国以外的成员国的广播，当它通过外国解码装置来实现时，这种对于广播的接收必须被视为合法。由此可谓，涉案复制行为具有唯一的目的，即促成版权指令第 5 条第 1 款（b）范围内的"合法使用"，即符合前述条件之（4）。

对于理解当下案件中的问题和法院所依据的全部法理，这一部分判决至关重要。如果没有版权人授权，欧盟法律可能将版权材料的任何利用都视为非法——网络传输除外。实际上，经济和社会委员会曾提出一项建议，欧委会最初的提议应做修改，实际上属于作品消费的复制如果未经授权，就应该被认为是非法。❶ 但该建议没有得到采纳。在 Premier League 案中，欧盟法院断然拒绝就第 5 条第 1 款做出达到同样效果的解释。因为墨菲夫人使用这些材料并不违反可适用的立法，即使未经权利人授权，也在第 5 条第 1 款（b）的意义上被认定为合法。在其判决的后一部分，法院继续主张，墨菲夫人使用该材料侵犯了该指令第 3 条规定的单独的传播权，在此意义上构成违法。但这并没有影响其结论认为，就第 5 条第 1 款（b）而言，她对该材料的使用属于合法。这是因为，第 5 条第 1 款仅仅涉及第 2 条所规定的复制权的范围。因而唯一的要求就是，有关使用行为应该符合规制复制权的欧盟立法，包括第 5 条第 1 款。

然后，欧盟法院转向了涉及材料使用之"经济意义"的条件（5）。法院对这一条件的解释称，除了单纯接收和观看所固有的经济价值之外，被控侵权人使用材料不得再具有任何经济价值。该法院指出，就条件（5）而言，在技术过程中实施的复制行为促成了受保护作品的获取；由于后者具有经济价值，

---

❶ OJ C 407/32，28.12.98，at paragraph 3.7.1.2.

获取它们必然具有经济意义。但是，如果《信息社会版权指令》第5条第1款规定的例外是必要的，该种经济意义就必定是独立的，即超越了受保护作品广播之单纯接收的经济利益。而在该案中，临时复制行为在卫星解码器的存储器内和电视屏幕上被实施，构成了有关作品广播之接收过程中不可分离和非自主的一部分；并且，对于由此获取受保护作品的人而言，复制是在毫无影响、甚至毫无察觉的情况下完成的。因此，除了单纯的接收有关广播所带来的利益，这些临时复制行为不可能产生额外的经济利益。由此可得出结论说，该案所涉复制行为不具有独立的经济意义；它们满足了《版权指令》第5条第1款规定的免责条件（5）。

而且，上述两方面的判定也因该条款的立法目的得到证明，即旨在确保新技术的开发和运行。有关行为如果不被认为符合《信息社会指令》第5条第1款规定的各项免责条件，未得版权人授权，所有使用现代设备的电视观众将不得接收包含广播作品的广播——为了正常运行，这些设备需要实施这些复制行为。而这将阻碍甚至瘫痪新技术的实际传播和贡献，且枉顾了《信息社会指令》序言31中所表达的立法意图。

最后，欧盟法院对第5条第5款即三步检验标准进行了简单处理，并指出，鉴于第5条第1款之考量与分析，该检验也必然被视为已得满足。

[Infopaq II 案❶] 该案是与 Infopaq I 案有着相同情形的另一个移送案件。它关注的是免责条件之（3）（4）和（5），这在上次案件移送中没有直接涉及。欧盟法院大量重复了它在 Premier League 案中针对第5条第1款（b）之合法性检验所说过的话，并在此基础上认定条件（4）得到了满足，对此无须再论。其他问题关系到条件（3）即"技术过程之不可缺少和必要的一部分"、条件（5）即不具"独立的经济意义"以及第5条第5款之效力。

丹麦法院就条件（3）提出的问题是，法院以前对人力干预缺乏的强调似

---

❶ （Case C-302/10）Infopaq International A/S v. Danske Dagblades Forening（"Infopaq II"），17 January 2012，BAILII：[2012] EUECJ C-302/10.

乎排除了将第5条第1款适用于启动程序的扫描件,因为原件必须经手动置入扫描器。在处理这个问题时,该法院指出,它在Infopaq 1案所要强调的是,临时复制件的删除不得依赖人工干预;它并没有说任何阶段都不得有人力干预。由此可谓,用户决定启动程序的自主性(例如,打开计算机或访问具体网页)是无关紧要的。

解决这一点之后,法院便借机更一般性地处理这一要件:复制应该是"技术过程中不可缺少和必要的一部分"。它指出,"技术过程中不可缺少和必要的一部分"的要求是,临时复制行为必须完全在执行技术过程的背景下实施,因而就不应完全或部分地在该过程之外实施。这一概念还假定,临时复制行为的完成是必要的,因为若没有这种行为,相关技术过程就不能正确和有效地展开。该案所涉技术过程的目标是在报纸文章中识别预定关键词,并在数字媒体上提取它们。因而,这种电子过程需要将这些文章从纸媒转换成数字信息,因为必须经过这种转换才能辨别数据,确定并提取关键词。

在讨论条件(5)即不具"独立经济意义"时,法院指出,《信息社会指令》第5条第1款所允许的临时复制的目的,是获取受保护作品并促成其使用。这些作品具有特定的经济价值,因而其获得与利用必然也具有经济意义。并且,《信息社会指令》序言33表明,临时复制行为(就像允许"浏览""缓存"的行为)的目的是促成作品的使用或令使用更高效。因此,这些行为的固有特征便是确保在该使用的背景下实现效率增益,从而引导利润增加或生产成本降低。

但这些临时复制行为不得具有独立的经济意义,因为其产生的经济利益与有关作品之合法使用所生经济利益不得有区别或相分离,且不得在作品使用所生利益之外产生额外的经济利益。❶ 该案所争议的临时复制行为正是如此。

另外,临时复制行为的实施者如果有可能借助临时复制的经济性利用而谋利,源于该行为的这一利益就是可区别并分离的。

---

❶ *Football Association Premier League and Others*, paragraph 175.

最后，Infopaq II 案审理法院对它在 Premier League 案中有关第 5 条第 5 款的表述进行了扩展。它说，在这一问题上，下面的说法已经足够：这些临时复制行为如果符合《信息社会指令》第 5 条第 1 款规定的所有免责条件，就可以被认定为能够满足三步检验标准，即它们不与作品或其他客体的正常利用相冲突，没有不合理地损害权利人的合法利益。该法院认为，《信息社会指令》第 5 条 5 款必须做这样的解释。

上述最终结论貌似奇怪：因为这似乎意味着第 5 条第 5 款对第 5 条第 1 款未做任何补充。但是，当人们充分意识到第 5 条第 5 款反映了《伯尔尼公约》第 9 条（2）的表述时，这种表面的奇怪就会消失。根据该条，签约国可以通过立法就"特殊情形"允许可能构成侵权的复制，只要这不与作品的"正常"利用相冲突，且不会"不合理地"损害权利人的"正当"利益。而第 5 条第 1 款就是满足《伯尔尼公约》的相关立法。欧盟法院此论是在指出，第 5 条第 1 款的制订就是为了在立法上确定何种利用将被视为正常、作者专有权的何种减损将被视为合理与正当。这并未导致第 5 条第 5 款成为多余；其效果是要求第 5 条第 1 款依其目的得到严格解释。但是，在试图对它做任何解释之先，其目的必须被置于首位。

［欧盟法院意见概述］在对上述欧盟判例作简要分析之后，英国最高法院对欧盟法院的观点做出了如下概括：

（1）遵从有关限制的情况下，第 5 条第 1 款的例外适用于"技术过程"（特别是数字化数据处理）之展开所不可缺少和必要的临时复制。就此而言，如果复制件目的是促成程序"正确而有效地"运行，其制作就是程序过程所"必要"的一部分。

（2）作为例外的复制件必须是临时的。也就是说，复制件的产生必须是"瞬间或附带的，且属于是技术过程之不可缺少和必要的一部分"。这意味着，①版权材料的存储和删除必须是用户决定启动或终止相关技术程序时的自动结果，而不依赖于更多自主的人力干预；②复制件的持续时间应限于完成相关技术过程所必要。

（3）例外免责不限于为促成通过中介以网络传输材料所生成的复制件；只要生成复制件的唯一目的系促成某种合法的用途，即可适用该例外规定；以互联网浏览为唯一目的者，也在此列。

（4）就第5条第1款来说，材料的使用如果符合欧盟立法（包括第5条第1款本身）有关复制权的规定，无论版权人是否有过授权，它都是合法的。材料使用不会仅仅因为缺乏版权人授权这一个事实而构成非法。

（5）临时复件的制作一定不能有"独立的经济意义"；但这并不意味着它一定不能有商业价值。这里的意思是，临时复件一定不能有独立的商业价值，也就是说，除了对材料进行单纯的数字传输或观看所产生的利益，它不再有任何额外的价值。

（6）至于第5条第5款规定的三步检验标准，如果上述条件得到满足，不能再依该款推导出其他额外的限制条件。

[欧盟法院裁决对该案的适用] 对于该案，英国最高法院指出，其首要的也是根本的问题是，第5条第1款根本上是否适用于最终用户为使用互联网所生成的临时复制件。

原告代理人认为，第5条第1款只适用于材料在网络传输过程——如在中间路由器和代理服务器的缓存中所生成的副本。最高法院判决认为，这个观点是不成立的。

第一，按照《欧盟信息社会指令》序言特别是序言33，其有意承认该例外应该"包括促成浏览的行为以及产生缓存的行为"。浏览不是传输过程的一部分，而是最终用户使用互联网浏览器对网页进行的查看，本质上是一个最终用户功能。这条序言所关注的是"临时复制行为"；"促成"浏览发生的临时复制行为因而就是在最终用户硬驱的互联网缓存中及屏幕上产生临时复制件。由此可谓，该条序言已经明确地预想到该款例外将适用于最终用户对网页的观看。

第二，如果原告代理意见是对的，该例外的范围就仅仅对应于第5条第1款（a）所涵盖的那部分过程（"第三方之间经由中介进行网络传输"）。事实上，缓存涉及网络中的材料传输，因为其目的是通过减轻互联网容量局限来使其操作更有效率。但该例外的范围更为宽泛，也包括了第 5 条第 1 款（b）所涵盖的行动，即"合法使用"。合法的"使用"指的是对受版权保护的作品的使用；无论是否获得版权人授权，该使用包含了"不受有效立法限制的"使用；欧盟法院在 Premier League 案和 Infopaq II 案中已做阐明。它当然也包括最终用户通过浏览互联网使用作品。

第三，原告代理人提交的意见遭到 Premier League 案判决意见的直接反驳，该案中，第 5 条被适用于墨菲夫人通过电视展示对版权材料的使用；而她是最终用户，她和她的客户是在消费该产品。按照免责条件（5）——即复件不应具有独立的经济意义，欧盟法院曾考虑过电视屏幕上所生复件的状况，因为有人曾表示屏幕复件可能具有缓存复件所缺乏的独立经济意义。该法院指出，如果第 5 条第 1 款不适用于电视最终用户对版权材料的观看，那就意味着，在缺乏版权人授权的情况下，这些观众将被禁止接收广播，而这必将"阻碍甚至瘫痪新技术的实际传播与贡献，且罔顾了欧盟立法机构在序言 31 中表达的意愿"。为此，在电视屏幕上观看版权材料与在计算机上观看相同材料并无二致，难以做合理区分。

第 5 条第 1 款的部分目的是授权制作复制件，以确保最终用户可在互联网上观看版权材料——这种说法一旦被接受，该条所规定的各种免责条件的解释必须符合这一目的。如果例外是相互连贯的整体，它就必须适用于与因特网浏览相关的普通技术程序。

最高法院法官认为，针对第 5 条第 1 款规定的免责条件（3）（4）和（5），该案事实并没有值得争辩的余地。条件（3）是在互联网缓存和屏幕上产生的副本应该是技术过程中不可缺少的一部分，这一直是计算机设计的基本特征，该案也显然如此。毫无疑问，设计一种在互联网浏览过程中不缓存材料的计算机是有可能的；但依 Infopaq II 案之判决意见，在没有临时复制行为的情况下，浏览互联网所需技术程序就不能"正确而有效地"运行。适用于最终用户（就像融文公司客户）的免责条件（4）是要求其使用必须合法。就像 Premier League 案和 Infopaq II 案所决定的那样，一旦使用被确定为合法（除了缺乏版权人授权），这一条件同样也就确定地得到满足。至于条件（5）——即复制不应具有独立的经济意义，融文用户通过访问融文新闻所取得的唯一经济价值仅仅是屏幕阅读这个单纯的事实，同时他们并不下载或打印材料（在这种情况下，他们无疑需要获得许可），所以这些复制件对融文用户并不具有其他单独的经济价值，该条件便足以得到满足。

显然，前面这些讨论可以解释原告代理人的意见为什么主要涉及前两项免责条件——即浏览所需技术过程产生的复制应该是"临时性""瞬间或附带性的"。法官认为"瞬间"与"临时"是相同的。"瞬间"只是在"临时"之后所做详细解释的一部分。

正如欧盟法院所认可的那样，如果说网上浏览版权材料是它的一种使用方法且属于第5条第1款的范围，如果因特网缓存内或屏幕上的复制件制作对于浏览所涉技术过程的正常有效运行是必不可少的，那么，法律要说这些复制件在正常运行过程中存在的时间不足以构成合格的"暂时"或"瞬间"，则是很奇怪的事。通过参考Infopaq I案的欧盟法院判决，最高法院法官解释称，相关的要求是（1）版权材料的存储和删除应该是自动的，而不依赖于"自主的人工干预"，（2）复制件的期限应限于"完成有关技术过程所必需"。材料的"存储"即在缓存里或屏幕上生成复制件，是浏览互联网的自动结果；除了访问相关网页的决定，存储不需要其他的人工干预；复制件删除同样是与持续使用浏览器所需时间经过之后的自动结果。"有关技术过程"必然与网络浏览相关联，包括缓存中的资料保留；该保留不超过与互联网使用相关联的一般过程所持续的时间。法院的分析意在区分这样两种情形：一是只为观看有关材料而使用计算机设备，二是为了记录而对它进行使用。将范围限于"临时"或"瞬间"复制件，目的是防止将例外制度用于保护下载或其他形式的复制，而这些复制件会持续存在，直至用户主动删除。

原告代理人认为，缓存材料不是"临时"或"瞬间"的，因为用户可以自主决定关闭计算机，这样会导致材料无限期地保留于缓存，直至再次使用浏览器。同时，用户还可以调整设置以扩大缓存，从而延长材料存留其中的时间；也可以在访问网页的状态下，任其电脑开启，让网页无限期地留在屏幕上。但法官认为，这些当然都属于自主的人工干预的具体情形，但它们无关紧要，因为这些并不涉及有关是否将材料保留于内存的任意性决定；它们只是延长"技术过程"持续时间的人工方式。就此情形，最高法院提请注意以下三点。第一，在浏览过程中生成互联网缓存或屏幕复制件的影响，必须根据计算机或其浏览器的正常运行来判断。法庭不能创设一种方法对本为临时的复制件的生命做某种程度的延长。第二，问题在于删除材料是否需要人工干预。对于第5条第1款的立法目标而言，至关重要的是区分这样两种情形的实质性差异：自主决定延长自动程序的持续时间，不同于在浏览过程中以确保持久的方式存储材料的复制件——直至自主决定删除或销毁。欧盟法院的裁决表明，前者原则上符合第5条第1款的前两个条件，而后者则不然。第三，被上诉人即原告方罗列的例子难以立足。按照其假设，关闭计算机、更改浏览器设置以扩大互联网缓存或将图像无限期留在屏幕上，原则上这都是可以实施的；但是，如果仅靠这样的假定事实就足以阻止适用第5条第1款，那么该规定将永远不能适用于互联网浏览，而这必然会摧毁该立法之目的。

最高法院法官认为，如果互联网缓存或屏幕上生成的复制件是"瞬间的"，严格来说就不必考虑它们是否也属于"附带性的"；然而，它们很显然是"附带性的"。为了促成版权材料的合法使用即观看它，软件将一个网页置于屏幕上并置入缓存；而复制件的产生完全为有关技术过程所附带。

上述五项免责条件一旦被证明成立，第5条第5款得到满足也是其必然的结果。

◇ 最高法院判决：用户浏览无须授权

在上述分析的基础上，英国最高法院最终判决，网络最终用户在利用计算机浏览网页过程中对版权材料生成临时复制件免于版权责任。

最高法院首先从欧盟法律政策的角度切入它对案件的意见。保持知识产权的高水平保护乃欧盟政策，且这一政策已经得到了《欧盟信息社会指令》（见序言第4条和第9条）和案例法的认可。网络环境下有这样一种忧虑：如果在网页上观看版权材料无须版权人的许可，版权人将面临难以查明、无法防止的大规模盗版。但最高法院法官表示，他们不能接受这一观点，而且，经常面对这一问题的欧盟法院显然也不相信它。虽然说，对版权人之权利进行任何缩减都会缩小他们对其作品享有的保护范围，但法院仍需要正确对待这一问题。

就此，英国最高法院指出，第一，欧盟指令第5条第1款是作品复制权的例外，它当然要允许某些有可能侵犯复制权的复制行为。

第二，依据现行法律，仅仅观看或阅读实物形态（physical form）的侵权作品，并不构成侵权；这种情况也不会被认为与知识产权高水平保护有冲突。欧盟指令第5条第1款所追求的目标正是要将互联网上观看版权材料视同于实物形态观看，即使所需技术过程附带地导致临时复制件在电子设备上的产生。

第三，如果将单纯观看版权材料（无下载或打印）视为侵权，浏览互联网的人可能会因为偶读某些版权材料而在无意中涉嫌侵权。这一结果必将使无数普通用户成为侵权人，因为他们常常在为私人或商业性目的使用浏览器和搜索引擎，这显然不可接受。

第四，对于融文公司在其网站上传版权资料或以其他方式制作非临时复制件的做法，第5条第1款并不影响其需要获得许可的义务。融文需支付许可费的确定依据是客户本身需要从出版商获得许可，且该服务仅提供给拥有许可的最终用户。如果最终用户不需要单独获得许可，融文公司自己需付许可费很可能会大大增加；基于此，原告也向版权裁定部门提出了另一项替代性请求。法院由此指出，更加令人满意的做法是，应该将代表版权价值的单笔大额许可费支付给上传资料的人，而不是向数量巨大的互联网用户分别收取小额使用费。

第五，如果单纯的网页浏览不属于侵权，版权人就不必忙于发放授权或寻求救济，这也就不会将版权人置于丧失有效救济的地步。法官说，救济应该是针对那些表面上更明显是在侵权的人;第5条第1款的任何规定都不会妨碍版权人行使制止他人非法上传版权材料的权利,正如版权人一直都有权制止他人制作或发行盗版品一样。欧盟信息社会指令某些重要条款显然加强了打击盗版的力度。

下级法官一审裁定,融文客户需要获得原告的许可,才能通过电子邮件接收追踪报告,并在融文网站上获取它们。其判决理由是:(1)在最终用户浏览的过程中,计算机上制作复制件无论是否是临时性的,都不属于技术过程的一部分,因为它产生于用户自己的意志,即访问网页由用户自愿决定;(2)并且,由于它就是最终用户所观看的,实际上就是该程序过程的最终结果,因而它就超出技术过程的范围;(3)由于这些复制件未获版权人授权,因而观看行为就不是合法使用。上诉法院基本上基于上述理由(1)就同意了初审意见观点。在他们看来,该复制行为正是自愿的访问该网页的人类行为所引发的。由此,未经许可的互联网浏览被认为不符合第5条第1款规定的免责条件。

最高法院指出,下级法官如果理解Premier League案和Infopaq II案判决的精髓,他们就不会得出上述结论。尤其是欧盟法院在这些案件中对"合法使用"概念赋予了更广泛的理解,使得免责例外的范围不可能受到过分局限。而一旦承认第5条第1款原则上能够涵盖未受许可的最终用户为浏览目的而生成临时复制件,下级法院认可的大多论点就会瓦解。鉴于以上考虑,英国最高法院得出结论,屏幕副本和缓存副本符合欧盟信息社会指令第5条第1款规定的免责条件,其侵犯复制权的责任可被免除。

◇ 欧盟法院先行裁定

不过,鉴于欧盟法院的意见[1],在为了统一适用欧盟法而需要就普遍性问

---

[1] OJ C338, 6.1.2012,即《就启动先行裁定程序对国家法院和法庭的建议》。

题作新的解释时,或者是当现有判例法可能难以适用新的事实时,国内法院有必要向欧盟法院移交案件。就该案而言,英国最高法院承认其问题具有欧盟普遍性,并且版权法之于互联网的适用关系到欧洲人对基础性技术设施的利用,有关这一问题的任何决定都有必要提交欧盟法院作出裁决,以便其关键问题的解决可在欧盟做统一适用。于是,最高法院将有关问题提交欧盟法院做先行裁决(preliminary ruling)。

欧盟法院裁决指出,英国最高法院希望欧盟法院就下列问题做出裁决——

在下列情况下,该案所涉复制件是否符合信息社会欧盟指令第5条规定的免责条件,也就是说,它们是不是(1)临时的,(2)瞬间的或附带的,(3)属于技术程序中不可分割和必要的一部分?

(1)最终用户在没有下载、打印或以其他方式制作复件的情况下查看网页;

(2)这些网页复件自动生成于最终用户计算机屏幕上和硬盘的互联网缓存中;

(3)对于正确和有效的因特网浏览所需要的技术过程而言,这些复件的制作必不可少;

(4)屏幕复件在屏幕上保留至最终用户离开相关网页,计算机正常运行将导致它被自动删除;

(5)缓存复件保留在缓存中,直至最终用户查看其他网页时被其他材料覆盖,计算机正常运行导致其被自动删除;

(6)复件保留的时间不超过前述〔第(4)项和第(5)项〕互联网使用所需正常程序的持续时间。

在对英国最高法院的观点做必要概括之后,欧盟法院指出,移交法院的问题实质上是在询问,欧盟指令第5条是否应该做这样的解释:最终用户在浏览网站过程中生成的屏幕复件和缓存复件是不是临时的?性质上是不是短暂或附带性的?是否构成技术程序中的一个不可或缺的必要部分?如果是这样,这些复件能否不经版权所有者授权而被制作?

欧盟法院于 2014 年 6 月做出裁定，支持英国最高法院对于上述问题做出的判决及其判决理由。

1. 欧盟法院的原则性考虑

在对案件进行分析之初，欧盟法院援引相关的欧盟法律和判例，表达了与案件直接相关的政策性意见。按照《欧盟信息社会指令》第 5 条第 1 款，满足下列条件的复制行为可以免除指令第 2 条规定的复制权之责：它是临时的；是短暂或附带性的；是技术程序中不可缺少和必要的一部分；其唯一目的是使作品或其他客体能够经由中介在第三方之间进行网络传输或进行合法使用；且不具有独立的经济意义。根据欧盟法院此前的判例法，这些免责条件须做严格解释，因为该指令第 5 条第 1 款是对该指令所确立的一般规则的减损（derogation），该规则要求复制受保护作品须经版权所有者授权。❶

与此同时，欧盟判例法也显示，该条款规定的免责必须允许和确保新技术的发展和运行，并在权利持有人和希望使用技术与作品的使用者之间确保权利和利益的合理平衡。❷

基于上述意见，欧盟法院主要从如下两方面对案件进行分析：依据案件事实，《欧盟信息社会指令》第 5 条第 1 款规定的免责条件、第 5 条第 5 款所列条件即三步检验标准是否都得到满足。

2. 在线浏览所生成副本的性质

英国最高法院的判决曾指出，该案中的屏幕复件和缓存复件符合欧盟指令第 5 条第 1 款规定的复制权免责条件之（4）和（5）。因而当前裁判所面临的问题涉及前三项条件能否被满足。

免责条件（1）要求复制行为必须是临时的。欧盟法院依据案情指出，首先，在因特网用户离开他所查看的网站时，这些屏幕复件就被删除了。其次，

---

❶ Case C5/08 Infopaq International，EU：C：2009：465，paragraphs 56 and 57，and Joined Cases C403/08 and C429/08 Football Association Premier League and Others，EU：C：2011：631，paragraph 162.

❷ Football Association Premier League and Others，EU：C：2011：631，paragraph 164.

基于缓存容量以及有关用户使用互联网的程度和频率，缓存复件通常会在一段时间后被自动更换为其他内容。由此可见，这些副本在性质上属于临时性的。有鉴于此，这些副本就必须被认定为符合《欧盟信息社会指令》第5条第1款规定的免责条件（1）。

其次，应该考察免责条件（3），即有关的复制行为必须是技术程序中不可或缺和必要的组成部分。这一条件要求同时满足两个标准：第一，复制行为完全是在执行技术程序的背景下得以实施；第二，这些复制行为的完成是必要的，离开这些行为，技术过程就不可能准确而有效地进行。❶

欧盟法院认为，第一个标准被视为最为重要的。该案中的屏幕复件和缓存复件是由浏览网站所利用的技术程序创建并删除的；由此，这些复制行为完全是在这一过程中进行的。另外，浏览过程虽是由因特网用户启动、由屏幕副本这种临时复制行为来终止，这对于案件性质的认定无关紧要。依据欧盟法院判例法，由于指令第5条第1款没有具体规定临时复制行为要在技术过程的哪个阶段得到实施，因而不能排除这种行为能够启动或终止这一过程。并且指令第5条第1款并不排除技术过程受到人为的干预，特别是人工手动的启动或完成。由此可谓，这些屏幕复件和缓存复件必定属于该案所争议技术过程中不可或缺的组成部分。

然后是前述第二项标准，即这些复制行为的完成是必要的。就案件事实可以看出，在有关复制行为没有发生的情况下，案件所涉及的程序进程就得不到正确而有效的运行。缓存副本极大地推进了因特网浏览，因为没有这些副本，互联网将无法处理在线传输的数据流量；如果不生成此类副本，用于查看网站的过程将大大降低效率，无法正常运行。至于屏幕副本，当前不存在争议的是，通过计算机浏览网站的技术必须制作这类副本，从而才能正确而有效地运行。所以说，无论是屏幕复件还是缓存副本，它们必须被视为案件所争议技

---

❶ 对此可参见欧盟判例 Infopaq International，EU：C：2009：465，Infopaq International，EU：C：2012：16。

过程中必要的部分。进而可谓，这两类复件符合指令第 5 条第 1 款规定的免责条件（3）：属于技术程序中不可或缺和必要的组成部分。

欧盟法院将免责条件（2）放在第三位加以考察，称之为选择性标准：复制行为必须是暂时的或附带性的（transient or incidental）。

关于第一个标准，该法院指出，依据所采用的技术程序，这样一个复制行为应被视为"暂时的"：其持续时间仅限于该程序正常运行所需时间；同时这一程序进程必须是自动的，因为其一旦结束执行这一程序的职能，就在无人干预的情况下自动删除该复件。❶

然而，有关技术程序可以得到人工的启动和结束；为了终止该技术程序的使用，自动删除这一条件并不排除在删除之前做人工干预。因此，与原告 NLA 的主张相反，在系统自动删除复件之前，最终用户如果进行了旨在终止有关技术过程的人工干预，复制行为不会仅仅因此就丧失其短暂性。

关于另一项标准即所谓"附带性"，一个复制行为作为一个技术程序过程的一部分，如果它不是独立于该技术程序，也不具有独立于该程序的目的，就可以被视为"附带的"。

就该案情形来看，首先，正当网络用户离开有关网站，从而终止使用技术程序观看该站点的时候，屏幕副本被电脑自动删除。原告 NLA 曾就此提出，互联网用户一直开着浏览器并停留于相关网站的同时，屏幕副本就一直存在，因为查看该网站的技术程序在此期间仍处于活动中。但这一事实无关紧要。所以必须要认定的是，屏幕副本维持存在的时间应被限于浏览网站的技术程序正常运行所必需的时间。在这样的情况下，这些副本就应该被视为"暂时的"。

其次，考察缓存副本。当因特网用户终止用来观看网站的技术程序时，不同于屏幕副本，缓存副本确实不会被删除，因为它们滞留在缓存中，目的是为随后查看该网站提供便利。然而，考虑到所使用的技术程序，这些副本一旦被认定具有附带性特征，就没必要再将它们归类为"暂时的"。

---

❶ Infopaq International，EU：C：2009：465，paragraph 64.

这方面应当指出的是，第一，有关技术程序从整体上决定着缓存副本得以生成和使用的目的；在无副本生成的情况下，该程序即使能够运行，其效率也会很低。第二，案件事实显明，使用有关技术程序的互联网用户并不能在程序之外创建缓存副本。所以说，这些缓存副本既未独立于有关技术程序而存在，也不具有独立于该程序的目的，因而就应该被视为"附带的"。

基于上述，法院必须认定有关屏幕副本和缓存副本符合欧盟指令第 5 条第 1 款规定的免责条件（2），即属于暂时的、附带性的。继而，案件中的有关复制件也应被认定符合指令第 5 条第 1 款所规定的前三个条件。不过，为了依据该条款规定的例外对案件做出判定，这些复制件也还必须符合指令第 5 条第 5 款所规定的条件。

3. 三步检验标准之适用

《信息社会欧盟指令》第 5 条第 5 款是对《伯尔尼公约》三步检验标准的重述。按其要求，只有在不与作品的正常利用相冲突且不无理损害权利人合法利益的某些特殊情况下，临时复制行为才可以被免除侵害复制权之责。

首先应当指出，由于制作屏幕复件和缓存复件的目的只是查看网站，它们因此就构成了一种特殊情形。

其次，这些复件原则上使互联网用户未经版权人授权就访问了网站上的作品，但这些复件并不会不合理地损害这些版权人的合法利益。必须注意到，这些作品是由网站出版商向互联网用户提供的。而根据该指令第 3 条第 1 款，因为这种提供作品的行为构成该条意义上的向公众传播，这些出版商就必须获得有关版权人的授权，版权持有人的合法利益也由此得到保障。在这种情况下，要求互联网用户另外获得授权，以便取得有关版权人已经授权过的相同内容，是没有理由的。

最后要承认的是，屏幕复件和缓存复件的制作与作品正常利用并无冲突。很显然，通过有关技术程序浏览网站代表了作品的正常利用，这让互联网用户得以利用网站出版商向公众提供的信息。鉴于涉案复件的制作构成了浏览观看行为的一部分,因而它不可能对作品的正常利用造成损害。

综上,屏幕复件和缓存复件符合《信息社会欧盟指令》第5条第5款规定的条件。

最后,欧盟法院对英国最高法院申请的问题做出答复称,该案最终用户在浏览网站过程中制作的屏幕复件和缓存复件符合该指令第5条第1款规定的条件,这些副本是临时的、具有暂时或附带的性质、属于技术程序中不可缺少和必要的组成部分;同时也满足了该指令该条第5款规定的条件。因此,这些复件的制作无须经过版权人的特别授权,可自由为之。

◇ 简评

从英国国内到欧盟法院,经历四个层级的审理,且历时5年之久。但就该案系争焦点来看,仍可谓版权法的基本理念问题——当然也不妨说是基本法理问题在网络传播时代的变体。

该案争议值得关注的问题主要有两个:文章标题与摘要是否可享有版权保护;在线浏览网页上的版权作品,最终用户是否应为其间所生成的临时复件承担版权之责。

第一个问题在初审与上诉两级法院得到了明确的肯定性答复:文章标题与摘要可以作为享有版权保护的作品。但这样一种肯定性结论尤其是关于标题版权的论断,很有可能受到质疑。实质而言,标题有无版权是一个不能直接肯定或否定的笼统问题。任何一种具体的材料能否享有版权,只能根据它是否符合法律规定的条件;由于版权法保护有独创性的作品,如果标题能够成为合格的作品,当然可以享有版权。但在实践中,标题的特点决定了它往往不能成为作品,加之其他因素,标题通常难以享有版权保护。

立法上可以援引的例子包括法国和美国。《法国知识产权法典》第L112 –

4条规定，智力作品的标题（title）如果具有独创性（original）特征，应该像作品本身一样受到保护。显然，仅表明原则，并听任实践中的个案裁判，这种规定应该是明智之举，但也可能并无多大意义。而美国则与之不同。《美国版权法》没有涉及标题的可版权性问题，但《版权局条例》明确列举了五类"不享有版权的材料"，其中第一类首先列出的就是"词语和短语，如姓名、标题和口号"。❶ 依此，标题就被明确排除在版权保护范围之外，似乎没有给实践中的个案判断留下任何余地。

英国立法没有明定标题的可版权性问题，这给法院留下自由裁量的空间，与法国立法的做法有着基本一样的效果：个案解决。英国与法国的做法似乎都合理，但美国有关方面难道没有意识到这样的问题：一刀切的做法似乎与版权法基本原则难免冲突，因为有一种可能性似乎应该考虑到：如果某标题确实具有独创性，版权法依然不予保护吗？可是，按照该案争议，人们也不难发现，标题的版权性确实是个问题，而且这不只是如何判断的学理问题，更是一个执法上的实践问题。具体就是，如何准确判断标题的作品性或独创性；对于可以肯定的标题性作品，其实践中的保护又如何实现？

该案初审法官的分析以及她所援引的前例都表明，标题版权是一个非常棘手的问题。就该案判决来看，法官支持标题的独创性与可版权性，其论证过程更多突出了标题产生过程、作者智力投入的决定性作用；此外她也强调了标题外在的某种特征。但她较少关注标题本身的构成、标题如何作为独立性的表达而发挥完整作品的功能和价值——实质而言，这才是最重要的。按照该案法官的分析，问题是难免的：标题写作的智力性过程、其中投入的技能和劳动乃至所追求的目标等，一定能产生符合法律要件的结果——即产生作品吗？又有多少文章标题在完全脱离文章的情况下可以作为作品被单独发表、阅读、传播？这肯定需要做具体的实证。但在一般情况下，人们很少碰到这种符合作品构成

---

❶ 即"Words and short phrases such as names, titles, and slogans"，见《联邦管理法规》，37 C. F. R.，§202.1。

要件的标题。这可能也是美国上述规定的原因之一。

在此有必要提及一审判决援引但没有采纳的观点。发生在澳大利亚的费尔法克斯案被称直接处理报纸标题版权问题的权威性判例。法官班尼特（Bennett）说，"依我之见，每篇文章的标题发挥的是文章名称的功能。……它可能是一个聪明的名称。这是不够的。就像名称，标题要作为文学作品获得版权保护，太不重要、太过短小。作为文章的名称，标题的功能也像是其主题的简明陈述，以一种压缩的方式，长度上与书名之类相当。它通常过分琐碎而不属于文学作品……"❶

班尼特法官在不承认标题作品性的同时，也因另一种理由而不支持对标题进行版权保护，这就是公共利益的考虑。标题是文章的名称，在很多情况下（不限于新闻报道、学术研究等），人们为了提及作品而复述其标题，包括在各种媒体上进行复制和相应的传播。而作品标题一旦受到版权保护，这些提及难免涉及授权或侵权。除了零星的提及，文献目录的编制更是对文章标题的大规模使用。难道每个引述者在引用文章标题、编排文献目录时都必须考虑标题的版权问题？毋庸置疑，如此要求，必然损害新闻、出版与学术活动的顺利进行。尤其是，正如该案所揭示的，在数字媒体环境下，各类数据库与数字文献目录之编纂、在线链接以及搜索引擎经常会以各种方式使用文章标题，若将之视为侵权，恐难免影响公共利益。所以费尔法克斯案判决认为，基于公共利益，通过作品名称识别作品的需要是排除标题之版权保护的一个理由。班尼特法官说，"在我看来，将已经发表的标题作为一类文学作品，为其赋予版权保护，这在通过标题自由提及文章或使文章被提及方面，将会极大地颠倒公众利益之平衡"。由此看来，美国明确而直接地拒绝对标题赋予版权保护，不能被理解为其决策者动摇了独创性原则，而是有其更深刻的考虑，这就是基于公共利益的考虑。班尼特法官就是这么认为的。

就上述来看，标题的版权保护问题至少涉及两个方面：标题本身有无可版

---

❶ Fairfax v. Reedn, [2010] FCA 984.

权性与版权保护的外部影响。即使标题符合版权客体的认定标准，基于外部性考虑，标题的版权保护也可以受到限制，甚至被完全剥夺。这就是该案争议的合理使用问题。就该案判决而言，为标题提供版权保护，并一般性地要求被告就标题使用获得授权，否则以侵权论处且不支持合理使用，可能难以获得广泛的支持。

与此同时，标题版权也涉及另一个问题：权利的具体实施问题。在很多情况下，标题的使用往往是大规模的，标题可版权性的判断就成为问题。虽然这主要是一个事实问题，不能以此影响法律问题的处理；可是，这一问题必然影响法律的实行。如果海量标题之属性的判断存在问题，法律的有效性、合理性也必须成为问题。该案上诉法院法官虽然支持一审的判决结论，却也指出，被告所使用的原告标题、所摘取的内容并非全部都是版权作品或版权作品的实质部分，因而被告的使用并非全部都是侵权。

所以，综上可谓，标题即使能够被视为合格的作品——即具有必要的独创性，鉴于标题的特殊性，其版权保护一定要受到限制；而美国直接拒绝标题版权的做法应该是值得支持的。标题的这种特殊性在于，标题具有功能性，即作为指称作品本身的名称的功能；即使有些标题本身可被视为独立作品，但其首要与主要的身份毕竟是作品的名称，由此而言，标题具有依附性。基于标题的这种依附于作品的功能性特征，标题不应被赋予版权保护。

我国《著作权法》没有规定标题的可版权性问题，不过，有关判例提供了探讨的机会，留下了可资借鉴的司法意见。在《五朵金花》著作权纠纷案中，针对文艺作品标题"五朵金花"，一审法院指出，"日常式的对话虽然也反映了作者的思想，但是不具备作者独立创作的特点，也不是作者创作整部小说的思想的实质部分。'金花'是白族妇女的称谓，'五朵'也只是数词和量词的组合，'五朵金花'一旦独立成句，仅能表现为5位白族妇女的称谓……所以仅'五朵金花'一词句，其表现的内涵并不属于某个特定人的思想的独特表现，也无法认为其反映了作者的全部思想或者思想的实质部份"。❶ 可以说，这一段分析与该案判决结果符合个案实际情况，当然也遵循了著作权法基本原则。实际上，立法是否对标题的可版权性做明确规定，无关紧要。

关于该案另一个重要问题，即用户使用作品、在线浏览所生成临时复件的版权问题，上文已做详述。这里希望表达这样一些想法：这样一个问题貌似是网络环境下新技术对版权制度提出的新挑战，但其前身很容易被找到：多种媒体领域都曾遭遇的用户责任问题，同时也涉及权利一次用尽的问题。

前文在介绍终审意见时已经涉及，最终用户接收并使用有关作品与作品的传送属于一枚硬币的两面；传输者即融文公司为作品传输取得的许可，自然也就默示了用户接收的许可，因为不允许用户接收的单纯传输许可是没有意义的。另外，上述法院也指出，法律或经营模式的设计固然也可以人为地将许可分为两段，许可费也可以分为两部分，但这种做法实际上是不利于版权人利益之实现的。毕竟，版权人要在海量用户中逐一发放许可、收取费用或寻求侵权救济，其难度可想而知，最终很可能出现收费难、救济难的局面。

传统媒体领域也是这样。书籍售出后，每个购书者不必再为阅读寻求许可，收音机购买者不必为其收听付费……这几乎都是一个道理。版权制度自其产生始，核心宗旨就在于规制作品传播者、生产者之间的利益关系，并不涉及用户责任。在数字网络环境下，作品的复制、传播与使用的大格局发生较大变化，用户规制的问题空前突出。但即使如此，一般认为，版权法尽量不要将用户规制纳入其中。所有问题但凡能够在企业之间解决，就尽量不要将其演变为用户版权责任问题。

临时复制也是自其产生即充满争议。但至少就该案而言，无论是否是临时的、瞬间的，只要它是作品正常使用所必须的环节，它就应该被推定为已获许可。这是一个技术问题，更是一个经济学问题：版权人已经为作品许可收取费用，就不能再为授权后的作品正常使用进行重复收费。相反，如果此种临时复

---

❶ 赵继康诉云南曲靖卷烟厂民事判决书，(2001) 昆民初字第82号。

制也需承担责任,那么,图书的每一次阅读、录音的每一次聆听、视频的每一次观看,都可能是一次具体的也可谓临时的复制或播放、表演,是不是每次都需要获得许可、支付费用?上文终审法院也曾做过类似的比喻。

所以,该案结局纵然貌似圆满,却仍然让人感到两方面的遗憾:在最终用户的责任、在线临时复制这一问题上,英国两级法院的判决虽然得到了最高法院的纠正、欧盟法院的澄清,但它毕竟表明,英国法院乃至范围更大、数量更多的法律人对此并无当然的共识。更大的问题是,关于文章标题乃至摘要的版权保护,英格兰两下级法院竟一致认可其作品性、可版权性,并否认被告的合理使用抗辩;而且,被告方竟然认可这种判决结果,未能继续对此提出挑战。可以说,这种结果并非圆满,甚至可预计,它很有可能再次引发争讼。

12. 公开传播权与链接的版权属性

——尼尔斯·斯文森等诉瑞典猎犬公司（2014）

> **概　要**

该案发生于瑞典法院，后提交欧盟法院做先行裁决。斯文森等几位新闻记者诉称，被告瑞典猎犬公司在自己的网上对原告发表于其他网站的文章设置链接，供公众访问，侵犯了其版权。瑞典两审法院均否决了原告的诉求。因为案件涉及 2001 年《欧盟信息社会版权指令》（2001/29/EC 号指令）第 3 条第 1 款所规定的"公开传播"的解释，瑞典法院将案件提交欧盟法院，申请其对有关问题做出解答。

欧盟法院最后裁定，普通的在线链接不侵犯公开传播权。❶

◇ 案情与问题

该案原告尼尔斯·斯文森（Nils Svensson）等是新闻记者，他们撰写的文章发表于《哥德堡邮报》，也公开发表在其网站上，公众可自由访问。被告瑞典猎犬公司（Retriever Sverige AB）运营一家网站，根据客户要求为其提供其他网站已发表文章的链接列表。按照原告的说法，当客户点击其中一个链接时，他就能被转向另一个网站以访问他感兴趣的作品，但他并不知道网站也发生了转移。而被告猎犬公司声称，客户其实很清楚，当他点击其中一个链接时，他已经被转移到了另一个网站。

原告向斯德哥尔摩地方法院（Stockholm District Court）起诉瑞典猎犬公司，请求获得损害赔偿，理由是该公司通过在其网站上提供链接，未经授权使其客户可以访问原告的作品，侵犯了原告享有的向公众提供其各自作品的排他性权利。斯德哥尔摩法院于 2010 年 6 月 11 日做出判决，拒绝了原告的请求。

原告就该判决向斯维亚上诉法院（Svea Court of Appeal）提出上诉。被告瑞典猎犬公司继续坚称，它在自己网站上对已公开传输作品提供链接列表，不属于可能影响其版权的行为。被告还辩称，其行为只是向客户提示（indicating）有关作品所在的网站，而没有对这些作品实施传输（transmission）行为。

由于该案涉及有关欧盟指令相关条款的适用，斯维亚上诉法院于 2012 年 9 月决定中止该案诉讼程序，依据《欧盟运行条约》（TFEU）将案件提交欧盟法院，请求其就有关问题做出先行裁定。上诉法院提请裁定的问题是：（1）作

---

❶ 本文依据欧盟法院的裁决意见，Nils Svensson et al. v. Retriever Sverige AB，C‑466/12（ECJ，February 13, 2014）(Europe)。

品版权人以外的其他人在其网站上提供该作品的网络链接，该行为是否构成《欧盟信息社会指令》（第2001/29/EC号指令，以下简称《指令》）第3条第1款所指的"公开传播"（communication to the public）。(2) 在下面两种不同的情况下，前一个问题的答案有无不同：一种情况是，该链接所指作品位于任何人都可以自由、免费访问的网站上；另一种情况是，被链接作品所在网站的访问以某种方式受到限制，即不能自由访问。(3) 回答上述第一个问题时，是否应该区分以下情形：一种情况是，用户点击链接后，作品呈现在另一个网站上；另一种情况是，用户点击链接后，作品显示的方式让人以为它仍显示在原来的网站上。(4) 成员国是否可以让公开传播涵盖比《指令》第3条第1款规定的更大范围的行为，从而为作者的排他性权利提供更宽泛的保护。

依据相关欧盟法律，欧盟法院（第四庭）于2014年2月13日对该案做出裁决。

◇ 法律背景

为了在国际法框架下解决国内法院提出的上述问题，欧盟法院对该案可适用的相关国际法进行了必要的检视，主要包括欧盟地区性法律和国际性法律两类。

1. 欧盟法律

欧盟法律是欧盟法院审理该案的直接依据，也是该案提交法院申请适用并解释的对象。相关的欧盟法律是欧盟第2001/29号指令即信息社会《欧盟指令》。

《指令》中可适用于该案并需要做出解释的具体条款是第3条。其中，该条第1款规定，"成员国应规定作者享有授权或禁止任何通过有线或无线的方式公开传播其作品的专有权,包括将其作品向公众提供,使公众中的成员在其个人选择的地点和时间可获得这些作品"。第3款规定,"第1款和第2款所指的权利不得因本条列出的公开传播或向公众提供的任何行为而穷竭"。

同时,在直接适用上述条款的同时,《指令》序言中的相关原则性规定也发挥着重要的指导作用,具体包括序言如下六节:

第1节 该条约规定要建立一个内部市场,并制定一套确保该内部市场中的竞争不被扭曲的体系制度。各成员国在有关版权和相关权利方面的法律的协调将有助于实现这些目标。

第4节 增强法律的确定性并同时提供高水平的知识产权保护,建立协调一致的版权和相关权利法律框架,必将促进对创造与革新,包括对网络基础设施的大规模投资,进而引导欧洲产业,既包括内容提供和信息技术领域,也包括跨工业和文化部门的更加广泛的领域的增长和竞争力的增强。这将保障就业并促进创造新的就业机会。

第6节 为应对技术挑战,许多成员国在国内层面已经开始立法活动,如果没有共同体层面的协调,可能在保护上会出现严重分歧,由此限制服务和含有知识产权或以知识产权为基础的产品的自由流动,并进而导致内部市场的重新分裂和立法的不统一。随着信息社会的进一步发展,这种发展已经大大提高了对知识产权的跨境利用,这种立法差异和不确定性所造成的影响将会变得更加显著。这种发展将会也应当会继续增强。在保护方面立法的严重分歧和不确定性将会阻碍含有版权和相关权利的新产品和新服务的规模经济。

第7节 为达到内部市场平稳运行所需要的程度,必须对保护版权和相关权利的共同体法律框架进行改进和补充。为实现这一目的,应当调整那些各国间有显著差异的有关版权和相关权利的国内法条款,或那些阻碍内部市场平稳运行的以及影响欧洲信息社会正常发展的造成法律不确定性的国内法条款,并应当避免各国应对技术发展的不一致性;同时,对内部

第9节　由于版权和相关权利对智力创造具有决定性意义，因此对此种权利的任何协调必须建立在高水平保护的基础之上。对其保护有助于为了作者、表演者、制作者、消费者、文化界、工业界和全体公众的利益促进创造力的维持和发展。知识产权因此已被认为是财产权不可分割的一部分。

第19节　行使权利人的精神权利应当根据成员国的立法以及《伯尔尼保护文学和艺术作品公约》《世界知识产权组织版权条约》和《世界知识产权组织表演与录音制品条约》的规定。此种精神权利未保留在本指令的适用范围之内。

2. 国际法律

按照法律适用的程序，欧盟法院首先提到的国际法是世界知识产权组织（WIPO）1996年通过、2000年经欧盟理事会决定（OJ 2000 L 89, p. 6）在欧盟生效的《WIPO版权条约》（WIPO Copyright Treaty, WCT）。而依据WCT第1条第（4）款规定，缔约方应遵守《伯尔尼公约》第1~21条。依据《伯尔尼公约》第20条规定，"本同盟各成员方政府保留在它们之间签订特别协议的权利，以给予作者超出本公约规定的更多权利，或者包括不违反本公约的其他条款。凡符合上述条件的现有协议的条款仍然适用"。

◇ 问题分析

1. 解释"公开传播"

欧盟法院说，移交法院提出的前三个问题适合一起考虑。综合而言，移交法院实际上是在询问，《指令》第3条第1款是否必须做这样的解释：如果某家网站以公众可自由访问的方式提供了某一作品,其他网站上就该作品提供的可点击链接是否构成该条款所称的"公开传播"(communication to the public)❶。而根据该款,每一种公开传播作品的行为都必须获得版权所有者的授权。

从该条规定可以明显地看出,"公开传播"这个概念的构成包括两个累加性标准,即针对作品的"传播行为"和面对"公众"的传播。❷

其中,第一项标准即"传播行为"的存在应该作宽泛、概括性的解释,❸由此可确保版权持有人获得高水平的保护,这也正是《指令》第4节和第9节序言的旨意。该案情况必须要注意的是,一家网站对另一家网站上发表且无访问限制的受保护作品提供可点击链接,便是让前者的用户直接访问这些作品。而《指令》第3条第1款表明,网站以公众中的人们能够访问的方式向公众提供作品,便足以认定其中存在"传播行为",为此不必考虑人们实际上是否利用这个机会看到了有关作品。❹ 所以,该案中,网站对受保护作品提供可点击链接就应该被视为"提供"(making available)行为,并应该被视为该条款意义上的"传播行为"。

关于上述第二项标准即受保护作品必须被传播给"公众"(public),需要考虑何谓"公众"。该《指令》第3条第1款显示,该条款所谓"公众"一词,指的是数量不确定的潜在受众,并且也意味着相当大量的人。❺ 比如,网站管理员通过可点击链接实施一个传播行为,所针对的对象是该网站所有的潜在用户,就属于不确定的、相当大量的接收者。在这种情况下,管理者必须被认定为在实施面向公众的传播。

但是,该案所争议的传播行为涉及的作品与初次传播的作品相同,且像最

---

❶ Communication to the public 也常被翻译为"向公众传播"。
❷ 参见 C607/11 ITV Broadcasting and Others [2013] ECR,第21段和第31段。
❸ 参见 Joined Cases C403/08 and C429/08 Football Association Premier League and Others [2011] ECR I9083,第193段。
❹ 参见 C306/05 SGAE [2006] ECR I11519,第43段。
❺ SGAE,第37和38段,ITV Broadcasting and Others,第32段。

初传播一样发生在互联网上，通过相同的技术手段；但根据已定判例法，如果要认定这样一项传播属于《指令》第 3 条第 1 款所指范围内的"公开传播"，它还必须面对新的公众，即版权人当初授权公开传播时没有考虑到的公众。❶

而该案的实际情况显然是，被告网站以链接的方式提供作品，却并未导致有关作品被传播给了新的公众。作品最初在线传播的目标公众包括原网站的所有潜在访客；加之原网站没有对其所发表的作品采取任何限制访问的措施，所有互联网用户便都可以自由访问。对于通过可点击链接在另一个网站上访问有关作品的所有用户，如果他们原本可以直接在作品最初被提供、传播的网站上访问这些作品，而不需通过设立链接的该他网站管理者的参与，在这种情况下，后者即设立链接的网站之用户就应该被视为最初传播的潜在受众，也应被视为版权人最初授权传播作品时已经考虑在内的公众之一部分。这样的话，既然设链网站并没有增加新的公众，通过链接公开传播作品就不必寻求版权人的授权，该案情形就是这样。

在这里，对于直接连接和嵌入链接在法律效果上的区别，欧盟法院有所触及但并没有做出区分。欧盟法院在此指出，案件相关文书并未清楚地表明，当互联网用户点击涉案链接时，作品的显现方式让人以为它存在于设链网站上，而实际上该作品来自另一家网站；但是，案件移交法院如果作出上述判定，也不应受到质疑。这种额外情形决不能改变这样的结论：一个网站对另一个网站上的已发表且可自由访问的受保护作品提供可点击链接，其结果就是向前一网站的用户提供该作品，从而也构成公开传播。但无论如何，设链网站并没有因此增加新的公众，也就不需要为此获得版权持有人的专门授权。

另有一种情况是，作品首发网站对作品或整个网站设置了访问限制措施，从而将作品的受众限定为该网站的预订用户；在这种情况下，并非所有的互联网用户都能自由访问该作品。此时，如果另一家网站对该作品或该网站设置链

---

❶ 参见 SGAE，第 40 段和第 42 段；2010 年 3 月 18 日在案例 Case C136/09 中下达命令 Organismos Sillogikis Diacheirisis Dimiourgon Theatrikon kai Optikoakoustikon Ergon，第 38 段；以及 ITV Broadcasting and Others，第 39 段。

接,并通过规避性措施让用户能够绕过、避开这些限制措施,得以访问这些作品,该链接行为由此就构成一种干预措施,通过该干预措施访问原发作品的用户就不是原发网站的预订用户,即不在版权所有者当初授权传播时的考虑范围之内,而是新的公众;相应地,向这批新公众传播就需要获得版权持有人的授权。尤其是,当作品的原发网站已不再向公众提供该作品,或者后来仅提供给有限的公众,如果另一网站仍在未经版权持有人授权的情况下予以提供,情况更是如此。

最后,欧盟法院指出,对前三个移交问题的统一回答是,《指令》第3条第1款应该解释为,一家网站提供可点击链接指向另一家网站上被自由提供的作品,不构成该条款所指的公开传播行为。

2. "公开传播"的范围应统一于欧盟指令

对于第四个问题,欧盟法院认为,案件提交法院实质上是在询问,《指令》第3条第1款是否应该做这样的解释:阻止成员国规定范围更宽的"公开传播",从而对版权持有人提供更广泛的保护。对此,欧盟法院做出了肯定答复。

与此有关的是,《指令》的目标之一是纠正有关版权保护的立法分歧和法律上的不确定性,其第1节、第6节和第7节序言就清楚地说明了这一点。如果允许各成员国对"公开传播"这一概念规定比《指令》第3条第1款更宽泛的范围,即让公开传播权可以规制更多的行为,便可赋予版权持有人更广泛的保护。其结果必定是,在欧盟各国之间制造立法分歧,产生法律上的不确定性。这样一来,如果不同成员国对于"公开传播"这一概念的解释比《指令》第3条第1款更为宽泛,各国各有自己的立法规定与司法意见,欧盟指令所追求的目标将不可避免地被削弱。

《指令》序言第7节表明,对于那些不会对欧盟内部市场运作产生不良影响的国家间差异,该指令无意进行消除或防止。但是,欧盟法院提醒注意,成员国对于公开传播这一概念的规定或解释如果超出了《指令》第3条第1款所规定的范围，内部市场的运作则一定会受到不利的影响。因此，欧盟法院的结论是，《指令》第3条第1款的解释不能允许成员国为了赋予版权人更广泛的保护而对公开传播这一概念规定比指令更宽的范围。

原告曾在原诉程序中以书面意见强调，《伯尔尼公约》第20条规定签署国之间可达成"特别协议"，以赋予版权持有人享有比该公约之规定更广泛的权利。但欧盟法院认为，《伯尔尼公约》这一规定并不影响上述有关欧盟指令的解释。

对此，欧盟法院提醒注意，曾有判例指出，如果有协议允许而非要求成员国采取似乎违反欧盟法律的措施，成员国就一定要避免采取此种措施。[1] 如果公开传播这一概念被解释为包括比《指令》第3条第1款更宽的范围，指令的目标就会不可避免受到削弱。为此，成员国必须避免行使它因《伯尔尼公约》第20条被赋予的权利，否则欧盟指令的目标就难以实现。

基于上述，欧盟法院对于第四个问题的答案是，《指令》第3条第1款必须做这样的解释：阻止成员国为了向版权人提供更广泛的保护而为公开传播这一概念规定超过该条规定的范围。

◇ 裁决结果

最终，欧盟法院对该案做出如下裁决：（1）《欧盟信息社会指令》第3条第1款必须做这样的解释：一家网站对另一家网站上可自由访问的作品提供可点击链接，本身不构成"公开传播行为"。（2）《欧盟信息社会指令》第3条第1款的解释为，阻止成员国为了向版权人提供更广泛的保护而对"公开传播"这一概念规定比该条款更宽泛的行为。

---

[1] 参见 C277/10 Luksan［2012］ECR，第62段。

12. 公开传播权与链接的版权属性

◇ 简评

显然，该案判决的核心观点是，设链行为不构成欧盟法律上的"公开传播"行为，因而，对版权作品设链的行为就不侵犯公开传播权；而尤其具有启发意义的是，即使链接是所谓加框的、嵌入式深层链接，即由于设链者采取了一定的技术措施，受众点击链接、打开被链接内容后，表面上感觉该内容并非显示在链接目标网站上，而是依然显示在设链网站上，法律结果同样如此。

法院判决一开始表示要对前三个移交问题做合并解答，但在经过一番分析之后，字面上似乎只回答了第一个问题，即按照《指令》第 3 条第 1 款，一家网站提供可点击链接指向另一家网站上被自由提供的作品，不构成该条款所指的公开传播行为（见判决书第 32 段）。但也不可否认，另外两个问题的答案已经暗含在判决书中并包含在法院的解释中。问题二的回答应该是，被链接作品的访问如果以某种方式受到限制（只面向特定用户），该内容不可自由访问，该设链客观上也无法打开。问题三也提出了两种情形，用户点击链接访问被链接作品时，如果页面表明被链作品呈现在目标网站上，该链接就属于普通链接；与之不同，用户如果感觉依然是在设链网站上访问被链接作品，该链接就属于嵌入式、深层连接。由于两种链接方式都没有将作品传播给新的公众，它们就都不属于新的公开传播行为，不对版权人的公开传播权构成侵犯，即如判决书第 30 段所称，"由于没有新的公众，该公开传播无论如何都不需要获得版权持有人的授权"。

欧盟法院在此有关链接之法律性质的分析路径与观点被视为"公众标准"（public criterion）。这似乎是合理的："公开传播"行为的构成包括两方面——传播与公众。通常情况下，不面向公众的传播，如通过电子邮件传递给特定个人，不会侵犯版权；传统媒体环境下通常也是这样，如个人在家里表演作品。

而作品一旦公开传播，任何人可以在传播网站上自由访问该作品，设链行为便只是帮助某些人更便捷地访问该作品，而没有超越传播者或版权人在传播之初所预见的范围。这样可谓，设链者的这种帮助性传播行为并没有违反版权人公开传播作品的意志，也就是说，没有改变公开传播的性质，不应被视为版权侵犯；深层链接同样没有改变公开传播的性质，所以也不被视为侵犯公开传播权。

但是，深层链接设链者之所以如此行为，应该有其追求的特殊目的；而如果这种做法为设链者带来了不菲的收益，同时也给被链网站造成不小的经济损害（直接或间接的），法律也不应回避，也许可通过其他法律途径加以认定和规制，如不当得利、不当竞争等。这不在该案考虑范围之内。

而该案法院仅仅提及但并未深究的另一种情况是，在作品初始传播网站上，被链作品如果设置了访问限制，而设链网站在链接的同时如果对该限制措施实施解密，从而帮助用户打开了作品，其法律性质如何认定？一方面，设链者破坏技术措施，固然属于不当且违法；另一方面，这种行为是不是也侵犯了版权？按照该案所谓"公众标准"，一方面，设定限制措施的网站如果允许任何人在符合条件的情况下访问作品——如付费访问，该传播就是面向所有人即面向公众的；另一方面，破解加密措施的设链者确实让更多原本不符合条件的公众访问作品，这些公众似乎属于超出版权人预先考虑的新公众。这是一个值得继续考虑的问题。

该案判决意见对我国也很有启发。若依我国法律，上述问题就是，深层、嵌入式链接是否侵犯信息网络传播权。按照制度移植的意图，我国法律上的信息网络传播权相当于国际上通常所谓公开传播权；这样，深层链接也就不属于信息网络传播行为，没有侵犯信息网络传播权。并且，公众标准着眼于初始传播的意图等具体情况，更接近于我国法律界所谓服务器标准，而与所谓实质呈现、用户感知等标准有较大差距。由此看来，公众标准为服务器标准提供了证成的路径。

13. 电视节目数据库检索与片段播放：转化性与合理使用

——福克斯新闻网诉电视眼公司（2018）

> **概 要**

电视眼公司每周7天、每天24小时跟踪和录制1400家电视广播台播出的内容，并将其转化为可供订户搜索的数据库。订户可通过输入关键词或按照时间与频道进行搜索，获得并观看最多10分钟的视频片段。电视眼数据库的存储时间不超过32天，但用户可以独立进行不限数量的保存、存档、下载，还可以与他人分享。电视眼的订阅费用约为每月500美元，可用于商业和专业用途，不向私人消费者提供。

福克斯新闻网起诉称，电视眼服务侵犯其电视节目的版权，同时也构成不正当竞争和窃用；电视眼则以合理使用提出抗辩。

地区法院裁定，电视眼服务部分构成侵权、部分为合理使用。原告福克斯提起上诉，认为电视眼的观看功能及部分附属功能构成侵权。原告诉求最终获得上诉法院的支持。❶

◇ 事实背景

1. 福克斯公司及其电视新闻业务

总部在纽约的电视新闻机构福克斯新闻网（Fox News Network，以下简称"福克斯"）拥有并运营两个电视新闻频道——福克斯新闻频道（FNC）和福克斯商业网（FBN）。FNC 在 24 小时的新闻循环中提供一切领域的重大新闻，此前一直是美国收视率最高的新闻频道。FBN 是一个财经新闻频道，提供实时的财经和商业新闻报道；它在全美的有线电视用户超过 7000 多万。FNC 和 FBN 每周 7 天、每天 24 小时播报新闻信息，它们的主要竞争对手是有线电视频道、微软全国广播公司（MSNBC）和美国有线电视新闻网（CNN）。

FNC 和 FBN 从事全球新闻报道业务，每天都要花费大量资金来报道当日新闻，其节目需要创造性的努力，以及相当多的时间、精力和费用。在常规新闻播报的同时，电视屏幕底部水平滚动播出的新闻提供实时更新的重大新闻。

福克斯还越来越多地在互联网上提供在线数字内容，就像其竞争对手那样。通过其 TVEverywhere 服务项目，福克斯向有线或卫星电视订户提供 FNC

---

❶ 本文撰写依据美国纽约南区联邦地区法院判决、第二巡回上诉法院判决以及卡普兰法官的协同意见，Fox News v. TVEyes, 43 F. Supp. 3d 379 (S. D. N. Y. 2014); Nos. 15-3885, 15-3886 (2d Cir. Feb. 27, 2018)。

和 FBN 的节目直播。福克斯还通过其网站 FoxNews.com 和 FoxBusiness.com 向普通公众提供其部分节目。福克斯在线提供了其电视广播内容的约 16%，并担心超出这一范围将会削弱其观众基础，或排挤福克斯的有线和卫星电视收看。福克斯在节目播出后一小时内提供部分的片段剪辑，并根据需要进行更新。视频片段没有准确显示电视曾播出的内容或图像——例如，在线片段中没有屏幕底部的新闻滚动条。此外，在线片段有时是新闻故事的"修订"版本，对电视原版中不正确和过时的内容进行修改和纠正。

福克斯网站的访客在观看新闻片段之前会看到一个预先录制的广告，这是福克斯的一个创收方式。福克斯网站的访客还可以复制特定片段的网址，并将其分享到社交媒体平台上。福克斯还允许网站访客在其网站上搜索视频片段内容，并为此目的提供了关键词。福克斯对网站上提供的视频片段的使用做出了限制，要求它们只能用于个人用途，并且不得用于商业目的。福克斯网站的访客不得下载任何视频片段。

福克斯授权第三方网站——包括雅虎、Hulu 和 YouTube 在其网站上存储和显示其节目的部分片段，并向其收取许可费。福克斯的被许可方必须保证不会以贬损或批评福克斯的方式播放这些片段。在过去的三年里，福克斯通过向第三方网站发放内容许可获得大约 100 万美元的收入。

福克斯还通过其独家的剪辑许可代理商 ITN Source 有限公司发行视频片段。ITN Source 向公司和政府机构发行并许可其以各种方式使用福克斯的视频片段，包括发布在网站或社交媒体平台上或创建数字档案。ITN Source 运营了一个包含 8 万多个福克斯视频片段的图书馆，客户可利用关键词进行搜索。福克斯通过 ITN Source 获得了约 200 万美元的许可费。ITN Source 的合作伙伴高管访谈公司（Executive Interviews）也发行福克斯的内容，具体是向福克斯频道中出场的嘉宾销售视频片段复制件。

福克斯的绝大部分收入来自播放内容的有线电视公司。与免费播出的广播电视不同，有线电视台 FNC 和 FBN 向有线电视供应商收费，如时代华纳有线电视，后者则转而向其订户收取有线电视使用费。时代华纳有线电视和其他有线与卫星电视提供商向福克斯支付按户传输费——订户越多、传输费数额就越大。订户费和广告收入与尼尔森收视率以及福克斯网站上类似的流量评级直接相关。

2. 电视眼及其媒体监测服务

被告电视眼公司（TVEyes, Inc.）是一家营利性的媒体监测服务公司，它提供的服务让客户通过关键词检索跟踪广播电视内容，进行高效的整理分类，从而获得他们需要的内容片段。例如，市场营销或公共关系领域的用户对某一特定产品在媒体中的表现感兴趣，就可以使用电视眼服务来查找、观看和分享最近提到该产品的电视广播片段。

电视眼服务的工作方式是这样的。电视眼每周7天、每天24小时跟踪1400多个频道的所有电视广播；利用隐藏字幕和语音转文本技术，录制全部广播内容，并创建了一个可搜索的内容数据库，将视频和转录整合在一起。该数据库及其运行服务是电视眼提供服务的基础。

电视眼数据库允许其订户——包括美国陆军、白宫、许多美国国会议员以及地方和州警察部门，追踪特定事件的新闻报道。例如，警察部门使用电视眼追踪不同电视台和不同地区的公共安全信息报道，并相应调整其外联工作。如果没有像电视眼这样的服务，警察部门了解各台持续报道情况的唯一方法是让一个人每天24小时观看各台的新闻广播，记录各台同步报道的情况。普通互联网搜索也与此不同。例如，在互联网上搜索最近一则关于失踪儿童的安珀警报，不会产生与电视眼搜索相同的结果，因为使用互联网搜索结果只提供电视网络向互联网提供的内容片段。相比之下，电视眼搜索结果将对1400个有关安珀警报的全部内容进行可靠且可信的索引、组织和呈现。离开电视眼，警察部门就无法监测事件报道以确保新闻报道事实准确，且确保公众获得准确信息。

登录电视眼账户后，订户将进入观看列表页面（Watch List Page）。该页面监测用户所需要的所有关键词，并按日组织搜索结果，列表显示32天内

13．电视节目数据库检索与片段播放：转化性与合理使用 ◎

1400家电视和电台每天提到该关键词的总次数。在观看列表页面上，用户还可以运行谷歌新闻搜索，比较互联网与电视眼数据库对该关键词的提及情况。订户还可以自创一个时间范围，列表显示某个词条在特定时间段的使用次数，以及该使用相比其他词条的相对频率。订户可以为特定的关键词设置电子邮件提醒，并在电视眼监测的1400家电台电视台中的任何一家提到该关键词后1~5分钟收到反馈。电视眼对订户的反馈提供了该节目的缩略图、文字转录片段以及一段从该词使用前14秒开始的短视频片段。

当订户在观看列表页面上点击显示该词条在特定日期被提及次数的超链接时，订户就被转到结果列表页面（Results List Page）。该页面以时间倒序显示每次提及的关键字。每个单项结果都包括凸显关键词的部分转录文本和使用该词条的特定节目缩略图。当用户单击节目缩略图时，视频片段开始按照转录文本页面上的文本自动播放，具体从提到关键词之前14秒开始。

转录文本页面（Transcript Page）向用户显示的信息包括：节目名称；片段的准确日期和时间；视频的转录文字；频道名称及位置；该片段的尼尔森市场收视率；该片段的公开价值（按照电视研究公司SQAD的数据）；有关频道或节目的网站地址（如果存在的话）。

电视眼还提供以图表和图片方式组织和呈现相关数据的网页。媒体统计（Media Stats）页面安排有关观看词条的数据，提供一个图表来显示该词条在给定时间段内被提及的次数。市场份额（Marketshare）页面展示一个"热点图"图表，显示词条最常被使用的地理位置以及提及频率。广播网络（Broadcast Network）页面会生成一个饼状图，描述观看词条被使用的广播台分类。电视眼还具有一个强力搜索（Power Search）工具，让用户能够运行特别关键词搜索查询；点击缩略图会把用户带到有关片段对应的转录文本页面。通过日期和时间搜索（Date and Time Search）功能，订户也可以根据播出日期和时间进行搜索，播放特定电视台特定时间的视频片段，而无须输入检索词条。

订户可以对其检索生成的剪辑片段进行保存、存档、编辑并下载到个人电脑，数量不限。然而，这些剪辑片段的时间长度被限制在10分钟，而且大多数片段都不到2分钟。该片段在网站上提供的期限只有32天，从其首次在电视上出现开始；客户可以将视频在电视眼服务器上永久"存档"，并可以将视频直接下载至用户电脑。电视眼允许订户通过电子邮件将片段发送给任何他人，无论对方是不是电视眼订户。如果用户下载了特定片段，可以在社交媒体平台或通过电子邮件分享该片段或其链接。接收者点击超链接，就被导至电视眼网站并观看，但不是内容所有者的网站。

双方当事人对片段质量存有争议。福克斯认为片段属于高清；而电视眼则认为这些片段比原始广播显得模糊。片段播放不能超过10分钟，但用户可以播放数量无限的片段。

电视眼只面向商业和专业用途，而不对普通公众开放，即不提供给私人消费者个人使用。截至2013年10月，电视眼拥有2200多个订户，包括白宫、100名现任国会议员、国防部、美国众议院预算委员会、美联社、微软国家广播公司（MSNBC）、路透社、美国陆军和海军陆战队、美国红十字会、美国退休人员协会（AARP）、彭博社、康托·菲茨杰拉德公司、高盛公司、美国广播公司电视集团、哥伦比亚广播公司电视网、出庭律师协会和许多其他机构等。

电视眼声称它以各种方式限制客户使用其内容。例如，电视眼订户都必须在用户协议中签署一项合同限制条款，将下载片段的使用限于内部目的。每当订户试图下载片段时，电视眼网站都会提示，称该材料只能用于内部评论、分析或研究；禁止复制、出版、转播、公开放映或公开展示这些内容。电视眼与订户之间的电子邮件通信也包含同样的警告。当电视眼用户询问如何获得公开发布或传播片段的权利时，电视眼会将此类询问提交给广播机构公司。福克斯认为，所有这些限制性保障措施都是无效的，并质疑电视眼的说法，即其服务主要用于"内部"研究和分析。为了防止用户观看整个节目，电视眼在诉讼过程中增施了一种装置，据说可阻止用户连续播放一个电台上的超过25分钟的内容。双方对这一措施的有效性存有争议。

电视眼2013年的收入超过800万美元。订户每月付费500美元，这远远高于观看有线电视的费用。电视眼营销材料中的广告词称,其用户可以"全天候(24/7)收看电视直播"、"跟踪重大新闻"、高清节目"片段下载无限量"。它还强调,订户可无限播放电视广播片段、"向任何收件人电邮无限的片段"、向社交媒体"发布无数的片段",并享受"电视眼服务器无限[片段]存储,因而"比传统剪辑服务"更好。电视眼还宣称,订户可以无限地编辑广播与电视片段,并将编辑后的片段下载至自己的硬盘或光盘。电视眼的用户手册声明,其媒体快照(Media Snapshot)功能"允许您观看我们正在录制的一切直播(live-streams)"。这对于危机传播、突发新闻监测以及新闻发布会来说是非常好的选择。在侵权指控中,福克斯特别关注电视眼针对其节目的这种直播。

3. 诉讼发生

福克斯称,电视眼曾在某段时间与之接洽以获得使用福克斯节目的许可,但没有成功。福克斯提起本诉是因为它担心,电视眼会转移其新闻和评论节目的观众以及网站访问量。福克斯还称,电视眼对福克斯的视频内容制作视频片段,令其订户可以播放、保存、编辑、存档、下载和分享,侵犯其版权。福克斯要求电视眼停止使用其节目;当电视眼拒绝时,诉讼随之发生。福克斯起诉电视眼公司违反了美国《版权法》以及纽约州窃用法。具体来说,福克斯指控电视眼复制并侵犯了 FNC 和 FBN 在 2012 年 10 月 16 日至 2013 年 7 月 3 日期间播出的 19 个小时长的节目。而电视眼声称,它使用福克斯内容符合《版权法》保护合理使用的原则。这是双方争议的焦点。地区法院法官赫勒斯坦(Hellerstein)提交了判决意见。

◇ 电视眼数据库:合理使用?

被告电视眼并不否认,福克斯拥有涉案的 19 个电视节目的版权,而它完全复制了每一部已登记的版权作品。所以，除非被告能证明其行为是合理使用，否则就属于侵犯版权。福克斯不认为电视眼使用福克斯的广播以创建分析性数据库属于合理使用，并对电视眼数据库提供视频片段之功能提出异议。

所以，被告利用数据库提供原告视频片段的功能是否属于合理使用，就成为该案最核心的争议。按照司法惯例，一审法院遵循《版权法》第107条有关合理使用考察四要素的规定，对被告电视眼的使用方式进行逐项分析，即被告使用的目的和性质、版权作品的性质、被使用部分相比整个版权作品的数量和重要性、版权作品的潜在市场需求或价值受到的影响。

在具体分析之前，法官指出，正如最高法院曾经解释的，自从"版权保护的襁褓时期以来，版权材料合理使用的某些机会就被认为是实现版权之真正目的所必要的"。❶合理使用原则限制了作者对其作品的垄断，允许公众在某些情况下无须作者许可即可使用版权作品。"合理使用最终要检验的是，允许而不是禁止其使用，是不是能更好地服务于《版权法》的目标，即促进知识和实用技术的进步。"❷

（1）虽具商业性，仍是转化性使用。

第一个因素指引法院考虑使用的目的和性质，包括这种使用是商业性的还是为了非营利的教育目的。法院普遍承认，第一要素所调查的中心问题是评估新作品是仅仅取代了原作品的目标，"还是增加了新的东西，具有进一步的目的或不同的特征，用新的表达、意义或信息改变了原作；换言之，它问的是，新作是否并在多大程度上具有转化性"。转化性的考虑被认为处于合理使用原则的核心，"新作品越是具有转化性，其他事实的重要性就越低——如商业主义，可能会对合理使用认定产生不利影响"。❸可以说，赫勒斯坦法官提交的判决意见将转化性分析放在极其重要的位置。

新作品如果"不仅仅对受版权保护的原作进行了重新包装或重新发布"，

---

❶ Campbell v. Acuff – Rose Music, 510 U. S. 569, 575（1994）.
❷ Bill Graham v. Dorling Kindersley, 448 F. 3d 605, 608（2d Cir. 2006）.
❸ Campbell, 510 U. S. at 578 – 579.

13. 电视节目数据库检索与片段播放：转化性与合理使用

往往就会有转化的发生。"转化性作品发挥的是与原作不同的新功能，而不是对原作的替代。"❶ 一种使用也"可以在功能或目的方面具有转化性，而不对原作有所改变或实际增加什么"。❷ 由于本案第一因素认定在很大程度上取决于电视眼是否被认为具有转化性，双方都援引了一系列于己有利的先例。

电视眼公司所依赖的系列案例都认定，电子图书馆的建立让用户确定哪些图书使用了某些关键词或术语，具有转化性，构成合理使用。在作家协会诉哈蒂信托案中，被告建立了一个包含1000多万件作品的电子扫描图书仓库，公众可以就任何特定术语进行搜索。搜索结果将显示搜索术语在每本书中出现的页码，以及该术语出现的次数。HDL不显示文本片段，且个人也不能查看出现该词条的实际页面。第二巡回法院认定，HDL免于版权侵权之责，因为它"创建全文检索数据库是一种典型的转化性使用，单词搜索的结果在目的、特征、表达、意义和信息上都不同于它所提取的页面（和图书）"，因而有资格被认定为合理使用。❸

在作家协会诉谷歌案中，被告谷歌辩称其未经版权所有者许可扫描2000多万本图书的做法属于合理使用。谷歌数字图书馆为每本扫描过的图书建立了全词索引。用户可以搜索一个特定的单词或短语，以查看该词出现在哪本书里。并且，由于每本图书已被数字化，用户可以搜索特定的图书，查看该单词或短语在该图书中出现了多少次。谷歌对显示搜索词的页面提供了"片段浏览"，将页面分成八个不同的片段。具体关键词的搜索结果只显示每个页面的三个片段，这让用户很难读到整页内容，除非经过对每个页面生成多次搜索，且对该书每个页面的这种多次搜索进行多次重复。此外，用户愿意实施足够不同的搜索以累计查看每个页面的所有八个片段，仍然无法阅读整本书，因为数字化图书的每十页中会有一页被屏蔽，无论用户运行什么样的连续搜索，都无法显示。

---

❶ Authors Guild v. HathiTrust, 755 F. 3d 87 (2d Cir. 2014).
❷ Swatch Group v. Bloomberg, 756 F. 3d 73 (2d Cir. 2014).
❸ HathiTrust, 755 F. 3d 87, at 97 (2d Cir. 2014).

作家协会起诉谷歌侵犯版权，而谷歌自辩合理使用，声称其创建的在线图书馆具有转化性。地区法院同意这一观点，裁定谷歌图书的复制创建了一个高度转化性的图书词汇数据库。法院称：

> 谷歌图书对书籍进行数字化，并将表达性文本转换为全面的单词索引，帮助读者、学者、研究人员和其他人找到书籍……书籍文本的使用通过显示片段来促进搜索，具有转化性……同样，谷歌图书将书籍文本转化为数据有助于实质性研究，包括新领域的数据挖掘和文本挖掘，从而开辟了新的研究领域，在此意义上也是转化性的。书籍中的词汇正以前所未有的方式被使用。谷歌图书在书籍文本的使用方面创造了一些新的东西——单词的频率及其使用的趋势提供了实质性的信息。❶

地区法院认为，重要的是，研究性数据库已经成为图书馆员和引文核查者的重要工具，其服务于与书籍本身完全不同的目的和功能。谷歌图书项目因此并不是图书硬拷贝（hard copy）即图书原型复制件的替代品，而是通过创造新信息增加了价值。地区法院认为，使用谷歌图书的人们不可能会花费时间和精力输入无数的搜索，以尝试获得足够的片段来组成一整本书，用户可能需要一本书的硬拷贝来生成阅读整本书所需的搜索词。也像有的判例中，互联网搜索引擎对原告照片缩略版本的在线显示属于合理使用，因为它们的用途根本不同于原告的预期用途。❷

福克斯反对称，在电视眼复制其内容并向订户传输过程中，版权内容的摘录、流通和概述不是转化性的，也不是合理使用；比如曾有案件裁定，日语版权内容的摘要和粗略翻译不具有转化性。❸ 福克斯还援引了大量其他的合理使用争议案件。

在无限广播公司诉柯克伍德案中，被告创造了一种电话拨号服务，允许订

---

❶ Authors Guild v. Google, 954 F. Supp. 2d 282, 291 (S. D. N. Y. 2013).
❷ Perfect 10 v. Amazon, 508 F. 3d 1146 (9th Cir. 2007).
❸ Nihon Keizai Shimbun v. Comline Business Data, 166 F. 3d 65 (2d Cir. 1999).

户拨打电话号码收听无线电广播。第二巡回法院认为这种电话服务不是合理使用，因为这种派生性广播仅仅是重新包装或重新发布了原来的广播，被告的"转播行为完全没有转化性"❶。

在美联社诉融文公司案中，被告创建的新闻监测服务面向互联网上发表的新闻文章。当用户输入关键词进行搜索，被告的服务就利用自动程序抓取有关互联网新闻，并提取和下载所有相关内容。所提取内容被放置于列表中，以供索引之用；用户可以从中找出关键词被使用的次数、时间和位置。法院承认，"搜索引擎的目的是让用户在互联网海量数据中进行筛选，并将其导向最初的来源。这似乎是一个转化性目的"。但法院裁定被告的这种用法没有转化性，因为它"使用计算机程序自动捕捉和重新发布新闻文章中的指定文本片段，而没有在新闻报道中添加任何评论或见解"。❷法院指出，被告融文公司没有证明它的服务实际上是帮助客户获取其新闻提要所摘录的有关新闻报道，从而证明其服务实际上被用户用于研究，或将新闻报道原作转化为讲述整个新闻报道行业的更广泛报道的事实或数据，因而也就不能证明其为合理使用。可以用来比较的是，有的案件裁定，图书的单词搜索"没有增加新的、人类可读的图书复制件的发行量"，但只是创建了一个单词搜索，被判定构成合理使用。❸为了同样的目的，复制原告的新闻事件录像并将其出售给新闻机构，被认定不是合理使用。❹除了融文公司案，福克斯援引的案例基本是典型的版权侵权，因为被告都是为了与原告非常相同的目的而复制原告的作品，再将其出售。可以说，对于该案的审理而言，尤其是在转化性问题上，这些案件并不能带来多大启发。

电视眼认为，该案与那些案例的区别在于，它的数据库有着不同的特征。电视眼的搜索结果显示了视觉图像和文本在一种媒介中的结合，这帮助评论员

---

❶ Infinity Broadcast v. Kirkwood, 150 F. 3d 104（2d Cir. 1998）.
❷ Associated Press v. Meltwater, 931 F. Supp. 2d 537（S. D. N. Y. 2013）.
❸ HathiTrust, 755 F. 3d 87.
❹ Tullo, 973 F. 2d 791（9th Cir. 1992）.

获得新闻本身的特点。例如，某些节目和脱口秀集中于奥巴马总统最近的高尔夫度假，这与一名美国记者被杀害的新闻一样多。电视上显示的真实图像和声音与新闻信息本身一样重要，声调、眉毛的弧度、嘴唇的翻动都能给整个报道增加色彩，有力地改变内容。电视眼提供的服务，即索引和汇集视频和音频图像，允许订户对关键词搜索反馈的内容进行分类，而且对订户认为同样有价值的信息进行整理，"因为言说者的举止、语调和节奏常常可以阐明他/她的真实想法，这远远超出了老套的文字记录或概述所能展现的"。❶ 电视眼服务的转化性在于，通过电视上的所有内容进行索引和摘录，一周、一月和一年中的每一天，一天中的每一个小时，电视眼提供了内容提供者都不提供的服务。电视眼订户不仅可以看到被呈现的新闻，还看到节目呈现本身，它们被评论员所渲染、加工和批评，也被新闻广播台删节、修改和扩展。

　　第二个相关的区别使融文案判决意见对该案的处理帮助不大。融文聚合的内容已经提供给个人用户，后者愿意在互联网上进行足够的搜索、采集足够的结果。那种提供服务只是在互联网上"爬取"，收集现有的内容。而电视眼是对原本难以公开获得的内容创建一个数据库，成为唯一的此类服务：对电视频道每周 7 天、每天 24 小时播出的所有内容创建一个数据库。互联网没有也不能容纳所有这些内容，因为广播电视台并没有在线提供其所有的内容。所以，没有电视眼的服务，这些信息原本就无法收集和搜索。这本身就使电视眼的目的具有转化性，并与融文公司的目的有着性质上的不同，后者只是简单地合并现有的内容，而一个专门的研究人员可以用足够的时间、精力和互联网搜索将其汇集起来。这些差异进一步降低了融文案判决意见适用于该案的说服力。

　　福克斯认为，电视眼提供的片段正是受版权保护的内容。然而，对于电视眼监测和报道所有电台电视台提供的所有新闻与观点这一服务，这些片段是不可或缺的。如果没有这些摘录视频片段，电视眼用户就无法收到索引所确定的完整信息，因为摘录不仅显示了所说的话，而且揭示了说话的方式，伴有潜台

---

❶ Swatch Group v. Bloomberg, 756 F. 3d 73, 84 (2d Cir. 2014).

13. 电视节目数据库检索与片段播放：转化性与合理使用 ◎

词的肢体语言、语调和面部表情——新闻呈现和评论的一切关键层面。

法官认为，电视眼的搜索引擎，连同它对搜索结果即视频片段进行的展示，一起表现出了转化性，且其所发挥的功能不同于原作，并不构成原作的替代品。在做出这一认定时，法官说他受到第二巡回法院一项判决的启发，即将版权作品转化为研究工具以促进学习的数据库具有转化性。电视眼的信息完全不同于福克斯的信息。电视眼的证据，即它的订户将该服务用于研究、批评和评论，是无可争议的，且展现了《版权法》第107条序言中明确列举的合理使用的理由。

合理使用问题受到营利问题的影响。电视眼从其提供的服务中获得收益，显然是一家营利性公司。但营利性考虑只是众多因素中的一个。如前面援引的坎贝尔案的意见，"新作品越是具有转化性，其他因素的重要性就越小——比如商业主义，可能不利于合理使用的认定"。而如果"商业性具有反对合理性裁定的推定力，该推定会吞没第107条序言所列举的几乎所有的例示性使用，包括新闻报道、评论、批评、教学、学术和研究，因为在这个国家，这些活动通常是为了营利而进行的"。❶

因此，法官认为，第一个因素有利于电视眼的合理使用抗辩。

（2）新闻作品的中立性。

合理使用分析的第二个法定因素要求考虑版权作品的性质。这一因素要考虑被使用作品的价值，承认一些作品比其他作品更接近版权保护预期目的的核心，而当前一类作品被复制时，合理使用更难以被认定。❷

福克斯节目的性质及其可版权性是没有争议的。新闻本身不受版权保护，但在决定如何描绘、拍摄、指导、上演、排序和传播信息时必然做出的创造性表达是受版权保护的。然而，当作品具有事实性或较强的信息性时，合理使用认定会有一个更大的回旋余地。在这些情况下，合理使用的范围更大。但是，

---

❶ Campbell, 510 U. S. at 578, 584.
❷ Campbell, 510 U. S. at 586.

279

像该案情形一样，当作品的创造性层面得到转化时，第二个因素的影响就比较有限。

所以，对于该案，判决认为，版权作品的性质这一因素并不明显有利于或不利于合理使用判定。

（3）全盘复制但必要。

第三个因素要考虑的是，相对于整个版权作品，被使用部分的数量和重要性。此案并无疑问的是，电视眼复制了福克斯的所有内容，此乃电视眼商业模式的本质所在。但法院认为，这一因素并非仅仅关注简单而粗略的定量比较；它更在乎的是，"在后使用对版权作品的利用是否多于必要；并且，相对于第一个因素下所主张的有效目的，复制是否过分"。因此，如果使用者必须复制整个作品以完成转化性功能或目的的，和第二因素一样，这一因素就要屈从于转化性使用的重要性和优先性。就像该案一样。而此时"调查的关键是有无超出必要的取用。出于某些目的，复制整个版权作品可能是必要的，第三个因素在这种情况下并不会不利于合理使用的认定"。❶

在这里，电视眼整体性地复制了福克斯和其他电视台的全部电视内容，这是一项无人提供的服务，包括福克斯本身。电视眼数据库的价值取决于其全面覆盖的性质，即复制电视和广播台所播放的一切。人们不能说电视眼复制的数量超出了其转化性目的之需要，因为电视眼如果要少量复制，其全面覆盖性服务的可靠性将大打折扣。所以法院就此指出，第三个因素即复制的程度既不支持也不反对合理使用认定，因为允许复制的程度因使用之目的和性质有异，电视眼服务的目的和性质要求它一周7天、一天24小时进行完全复制。

（4）电视眼之公益性支持合理使用。

第四个因素考虑被告的使用对版权作品的潜在市场需求或价值产生的影响。坎贝尔案判决曾指出，这一因素要求法院不仅要考虑被指控侵权人的特定行为所造成的市场损害的程度，还要考虑被告行为若不受限制是否会对原告的

---

❶ HathiTrust, 755 F. 3d 87 (2d Cir. 2014).

潜在市场造成实质性不利影响。法院调查不仅要考虑原作受到的损害，同时还有演绎作品市场的损害。❶

而法院视为关键的是，这一因素只应考虑版权持有者受到的这样一种经济损害——由于被控使用者取代原作所造成的损害。因此，与此不同的是，由转化性使用造成的任何经济损害都不能包括在这一分析之中，因为后一种使用并不会成为原作品的替代品。并且，这一因素还要求"公众因允许使用将获得的利益和版权所有者因拒绝使用所能获得的个人利益之间取得平衡"❷。

其一，经济损害是微小的。作家协会诉哈蒂信托判决指出，合理使用原则不允许使用者"因为向公众提供原作的替代品导致过度损害原作的市场。因此，书评可以为了公平合理的批评之目的合理引用受版权保护的书籍"，只不过，正如哈珀案判决那样，书评不能以侵犯首次出版权并作为回忆录市场替代品的方式广泛引用即将问世的回忆录的核心内容。❸

并且，"市场损害是一个程度的问题，该因素的重要性会有所变化，这取决于损害之数量，也取决于其他因素表现出来的相对强度"。❹

福克斯的诉讼依据是其在2012年10月16日至2013年7月3日期间播出的19个一小时长的节目。福克斯认为，电视眼的服务减少了广告商、有线和卫星电视提供商愿意支付给福克斯的订户传输费；人们会在电视眼上观看内容复制件，而放弃FNC和FBN，从而降低了福克斯的收视率。福克斯的假定是，电视眼的用户实际上在使用电视眼作为福克斯频道的替代品。但法院认为，这一假定只是一个推测，而非事实。而真正的事实恰与福克斯的推测相反。

首先，涉案的福克斯节目已经不再向电视眼订户提供；电视眼每过32天就要清除内容。其次，在这些节目向电视眼订户提供的32天里，只有560个片段被播放，平均播放时间为53.4秒，完整的播放范围为11.5~362秒。在

---

❶ Campbell, 510 U. S. at 590.
❷ Bill Graham, 448 F. 3d at 610.
❸ HathiTrust, 755 F. 3d 87, 95 (2d Cir. 2014).
❹ Campbell, 510 U. S. at 590.

560 个被播放的片段中，85.5%的片段播放时间不到 1 分钟；76%的片段播放时间不到 30 秒；51%的片段播放时间不到 10 秒。有一个节目根本没有被摘录。电视眼的长期统计数据与这 19 个节目的具体统计数据是一致的。从 2003～2014 年，只有 5.6%的电视眼用户曾在电视眼上看过福克斯的内容。在 2003 年 3 月 31 日至 2013 年 12 月 31 日，只是在三个实例中，有一个电视眼订户访问了 FNC 上 30 分钟以上的连续内容，并且没有电视眼订户访问过 FBN 上的任何连续内容。没有一件涉诉作品曾经被获取以便连续观看。因此，案档记录不支持福克斯的指控。福克斯未能举证证明电视眼对福克斯来自广告商、有线或卫星提供商的收入已造成或将会造成任何不利影响。

在一个普通的月份，只有不到 1%的电视眼用户依据关键词搜索结果播放过视频片段。大多数片段是对关键词搜索的回应，不到 5.5%的播放来自日期和时间搜索。福克斯称其担心电视眼订户可能会连续观看 10 分钟的片段，以至于代替在电视上观看福克斯节目，这毫无根据。

理性的陪审员都不会认为电视眼正在被用来代替电视上观看福克斯节目。没有任何这方面的历史记录，并且，所谓"被告所实施的不受限制且普遍的行为"导致整个电视观看市场面临潜在的损害，这种现实危险并不存在。福克斯并未表明，由于所谓电视观众的转移，电视眼对其造成了广告费率或收入回报下降的风险。

福克斯还主张，电视眼损害了版权内容视频片段的衍生品市场——这指的是它与 YouTube 等合作伙伴、独家许可代理 ITN Source 和高管访谈等的合作。福克斯的主张是，消费者如果可以从电视眼购买视频片段，他们就不会再向福克斯的许可代理商购买了。但福克斯无法就此提供证明。在 2012 年 7 月 1 日至 2013 年 6 月 30 日，福克斯从这一衍生品来源获得的全部收入中，212 145 美元来自联合合作伙伴，246 875 美元来自片段的许可，这只是其总收入的一小部分。这只是很小的有可能的影响，而任何可能发生的可辨识的市场危害都有可能被电视眼服务所产生的公共利益所超越。

其二，公共利益是可观的。如上述，第四个因素要求在"公众因允许使用将获得的利益和版权所有者因拒绝使用所能获得的个人利益之间取得平衡"。电视眼认为，它的服务为公众利益带来了巨大的好处，因为它从无到有地集合了一个本不存在的电视广播内容库，让订户便捷而有效地进行文本搜索。没有电视眼，就没有其他方法可以为找到此类信息而筛选电视上每天播出的27 000多个小时的节目，其中大部分是在其他任何地方都无法获得的。电视眼订户将这项服务用于评论和批评广播新闻频道。政府机构使用它来监测媒体报道事实的准确性，以便做出必要的及时纠正。在选举年份，政治竞选活动使用它监测政治广告和候选人的表现。金融公司利用它来追踪其雇员公开发表的声明并存档，以便做合规检查。白宫使用电视眼来评估新闻报道，并向记者团提供反馈。美国军队使用电视眼追踪媒体对偏远地区军事行动的报道，以确保国家安全和美军的安全。记者利用电视眼对广播新闻报道进行研究、报告、比较和批评。当选官员使用电视眼确认新闻报道信息的准确性，并及时纠正错误信息。显然，电视眼为公众提供了实质性的好处。

因此，法官的结论是，第四因素并不妨碍合理使用认定，特别是考虑到，电视眼造成的商业竞争相比它提供的公共服务，可谓微不足道。除了视频片段下载与社交媒体分享，法官认定，电视眼提供的重要公共利益大大超过了福克斯可能受到的微小市场损害。

（5）综合判断。

法官承认，合理使用评估是一项开放式的和上下文相互参照的调查；且四个因素不应只是一个一个地孤立看待。最终，"根据《版权法》的目的，各项非排他性法定因素，连同所有其他相关因素，必须做统一权衡"[1]。上述分析可见，电视眼服务复制电视广播，是为了完全不同的目的和功能。电视眼并没有试图抢先报道福克斯的广播节目，也不是在试图取代版权持有者具有商业价值的权利。电视眼是在捕捉并索引那些一旦播出就基本无法获得的广播节目。

用户访问剪辑片段是为了完全不同的目的——评估和批评广播新闻界，跟

---

[1] Google Inc., 954 F. Supp. 2d at 293.

踪和纠正错误信息，评估商业广告，评估国家安全风险，以及追踪金融市场法规的遵守情况。电视眼认为，监测电视完全不同于看电视。就像第二巡回法院曾经的解释，"并且，在新闻报道和类似活动背景下，在某些场合，向公众准确传达信息的需要，可能会使被告不加改动而忠实复制原作成为可取且符合《版权法》。法院常常会强调作品之目的或语境的改变——如相关评论或批评所证明的，从而裁定这种用途具有转化性"。❶ 电视眼就是在服务于重要的公共利益。

一审法官认为，电视眼复制福克斯的广播内容创建数据库、提供剪辑服务，允许订户按关键词搜索并观看视频，以及在电视眼服务器上存档属于合理使用。但对于电视眼的其他功能——让客户对视频剪辑进行下载、邮发并通过社交媒体分享，或者通过日期、时间和频道进行搜索并观看视频，法官没有认定其属于合理。最终，地区法院发布永久性禁令，禁止电视眼允许其客户下载福克斯的节目片段、按日期和时间搜索这些片段；电视眼也不得允许其客户以电子邮件传发节目片段或将其发布于社交媒体网站。

◇ 上诉判决：观看功能非合理使用

针对一审判决，福克斯向第二巡回法院提起上诉。上诉主要指控电视眼通过再发行（re‐distributing）其视听内容复制件，致使电视眼用户能够在未经许可的情况下获取这些内容，侵犯了福克斯的版权。上诉的主要问题是，电视眼允许其用户观看原告节目的功能及某些附属功能是否属于合理使用。合理使用问题是上诉判决的主要问题。巡回法院法官雅各布斯（Jacobs）代表上诉法院提交了判决意见。

---

❶ Swatch Group Mgmt. Servs. v. Bloomberg LP, 756 F. 3d at 84.

13. 电视节目数据库检索与片段播放：转化性与合理使用 ◎

这一上诉与作家协会诉谷歌公司案具有某些共同的特点。❶ 谷歌案件裁定，谷歌对数百万本图书（包括版权图书）创建的文本搜索数据库是合理使用，因为谷歌的服务是转化性的，并且其整体特征保护了版权持有者的权利。然而，法院曾提醒，谷歌图书案对合理使用的边界提出了考验。而这一次，第二巡回法院称，该案被告电视眼的行为已经超越了合理使用的边界。

电视眼对福克斯视听内容进行再发行服务于转化性目的，因为它使客户能够从福克斯庞大的内容库中分离出他们感兴趣的素材，并以便捷的方式访问这些材料。但是，因为再发行提供了福克斯所有的版权视听内容——包括电视眼客户希望看到和听到的福克斯的一切内容，并且因为它剥夺了本应属于版权持有者福克斯的收益，电视眼未能表明它向客户提供的产品可被视为合理使用。

上诉法官雅各布斯重申了有关合理使用的某些共识，并逐项分析。他指出，在考虑每个独立功能是否是合理使用时，分别考察在后使用的不同功能（即电视眼对于福克斯版权材料的使用）是有用的。电视眼有两个核心功能，即"搜索功能"（Search function）和"观看功能"（Watch function）。搜索功能允许客户识别包含其特定关键词的视频；观看功能允许客户观看至多 10 分钟未改变的版权内容视频片段。福克斯的异议所针对的是后一种即观看功能，而该功能还包含多种附属性功能，如视频片段的存档、下载和电子邮件发送。

（1）微弱的转化性目的。

关于目的和性质要素，首要问题是该使用是否"传达了一些新的、不同于原作的内容，或在其他方面扩展了其用途"，即该使用是否"转化性的"。❷ 要具有转化性，一种使用必须"在重新包装或重新发布原版权作品之外又做了什么"，必须"添加新东西，带有进一步的目的或不同的特征，以新的表达、意蕴或信息改变前者"。❸"尽管……转化性使用对于合理使用判定不是绝

---

❶ Google, Inc., 804 F. 3d 202 (2d Cir. 2015).
❷ Google Books, 804 F. 3d at 214.
❸ HathiTrust, 755 F. 3d 87, 96 (2d Cir. 2014).

对必要的……但［转化性］作品……位居合理使用原则的核心。"[1] 版权材料的使用如果仅对原作进行重新包装或重新发布，不可能被视为合理使用。

诉讼中，双方当事人都最依赖谷歌图书案，这为分析提供了起点。在谷歌图书案中，图书馆联合制作了数以百万本图书的数字复制件，其中很多是受版权保护的。谷歌将这些数字复制件汇集成为一个文本搜索数据库，任何人都可以随意搜索。当用户输入搜索词条时，谷歌反馈一个包含该词条的图书清单；对于每一本反馈的图书，谷歌会提供一些包含该词语的"片段"（snippets）。

法院认定谷歌的复制服务于转化性目的，因为它创建了一个文本搜索数据库，"传达了一些新的、不同于原作的东西"。"单词检索的结果在目的、性质、表达、意义和信息方面有别于它从中被提取的页面（或书籍）。"并且，文本未做改变的片段预览让用户可以验证数据库反馈书目正是对用户搜索的回应，这对转化性的搜索功能增加了重要价值。这样，搜索"兴登堡"一词的用户可以从片段中推断这本书涉及魏玛总统还是爆炸的齐柏林飞艇。

电视眼为用于观看功能而复制福克斯内容也同样具有转化性意义，因为它使用户能够从节目的海洋中分离出符合需要的材料，并能够精准地获取这些材料。这几乎能让人们即刻获取一个材料子集以及有关的信息，而这原本是无法回溯的，或者只能通过极其不便或低效的方法才能检索。

索尼案在此颇具启发意义。[2] 该案中，观看电视节目的电视机用户把节目录制下来，以便在以后更方便的时间观看，这被视为合理使用。索尼案判决的推理在于，如果在后使用是利用技术提高了内容传递效率，实现了转化性目的，却没有不合理地侵犯版权人的商业利益，就可能是合理使用。电视眼的观看功能显然有资格成为实现提高效率这一转化性目的的技术：它让电视眼客户能够查看（在过去 32 天内）所有特定主题的福克斯节目，而不必为了找到每一个相关内容而全面搜查 32 天的节目；它甚至为客户排除了浏览全部节目的

---

[1] Campbell, 510 U. S. at 579
[2] Sony v. Universal City Studios, 464 U. S. 417（1984）.

13．电视节目数据库检索与片段播放：转化性与合理使用 ◎

必要，因为最相关的几分钟的节目被即刻呈现在他们面前。就像索尼案中的电视用户一样，电视眼客户可以在方便的时间和地点观看他们想要看的福克斯节目，而不是在广播的时间和地点。基于这些原因，电视眼的观看功能至少具有某种程度的即微弱的（somewhat）转化性。

第一个法定因素还涉及与转化性问题不同的考量。尤其是福克斯认为电视眼复制出售福克斯内容的访问权，具有商业属性，因而不支持合理使用认定。

在后使用的商业属性不利于合理使用的认定；并且，当在后使用的转化性特征不太突出的情况下则尤其如此。就像坎贝尔案所称，"新作品的转化性越少，其他因素的意义就越大，比如商业主义"。❶ 电视眼观看功能的转化性不太突出，因为它尽管是以转化性方式传递内容，本质上却也是在重新发布这些内容而未改变其原始形式，没有增加新的表达、意义或信息。可以与之比较的是，在柯克伍德案中，通过电话线实时传输未经改变的无线电广播服务被认定不具有转化性。❷ 在博维案中，没有评论的电影预告短片流媒体服务被否认具有转化性。❸ 可以说，电视眼客户使用福克斯新闻广播的目的与福克斯许可其观众使用这些广播的目的并无不同，即都是了解新闻信息。

最后，上诉法院多数派认为，第一个法定因素有利于电视眼，但略显微弱。

（2）事实作品中立。

关于版权作品的性质，电视眼坚持认为，由于新闻事实不受版权保护，福克斯内容的事实性有利于合理使用认定。多数法官不支持这种观点。

但多数法官也承认，第二个因素通常被认为在合理使用认定中很少发挥重要作用，该案情形也是这样。所以，法官最终认为，这一因素在该案中是中性的。

（3）被告使用了重要的一切。

多数法官明确指出，第三个法定因素明显有利于福克斯，因为电视眼几乎

---

❶ Campbell, 510 U.S., at 579.
❷ Kirkwood, 150 F.3d at 106.
❸ Video Pipeline v. Buena Vista Home Entm't, 342 F.3d 191 (3d Cir. 2003).

287

提供了用户希望看到和听到的福克斯的全部节目。第二巡回法院曾在谷歌图书案中否定了这样一种绝对性的观点：整体性复制不能被视为合理使用；如果复制范围广泛，或者包含原作最重要的部分，合理使用认定的可能性就不大。❶但法院认为，电视眼的观看功能与谷歌图书案争议的相关服务有着根本性的不同。

谷歌的片段功能设计是要确保用户只能看到一本书的很小一部分内容。每个片段包括三行文本，约占一页的八分之一；针对任何被查询的词语，浏览者最多能看到每本书的三个片段，且每页不超过一个片段。禁止用户实施重复搜索，以避免其找到多个片段以汇编成一个连贯的文本块。一本书的文本大约有22%被列入"黑名单"：那些页面的任何片段都无法显示。并且，对于字典或食谱之类的书籍，其片段完全不能提供，因为一个片段就可能会传给搜索者所需要的所有信息。这些片段可以让用户判断一本书是否符合其需要，而它们被删节是要确保用户几乎不可能看到作者当初希望向读者传达内容的有意义的展示。

考虑到一个具体主题的普通新闻段落的简短性，电视眼重新提供的10分钟片段可能会向用户提供他们需要的全部以及福克斯向观众传递的全部信息。因此，电视眼对福克斯内容的使用具有广泛性，且包括版权作品中重要的一切。

（4）版权人的潜在市场受到影响。

判决意见引述了谷歌图书案，称第四要素"关注的焦点是复制件是否对原作市场或其衍生市场带来了竞争性替代，以致剥夺了权利持有者的大量收入，因为潜在购买者可能会选择购买复制件，而不是原作"。❷关键在于，它不仅需要考虑被控侵权人的具体行为所造成的市场损害，而且还需要考虑这种行为若无限制、广泛存在所可能造成的市场损害。

---

❶ Google Books, 804 F. 3d, at 221.
❷ Google Books, 804 F. 3d, at 223.

13．电视节目数据库检索与片段播放：转化性与合理使用

电视眼主张，它的服务对于福克斯提供的内容几乎没有构成竞争性替代的风险。福克斯则认为，电视眼削弱了福克斯许可第三方搜索以获利的能力。多数意见认为，福克斯的观点更具优势。

多数法官承认，潜在许可收入所受影响并非都要纳入第四因素的分析。"在评估在后使用对版权作品的潜在市场或价值产生的影响时，只有传统的、合理的或可能开发的市场上的潜在许可收入所受影响才能得到法律上的认可。"❶ 但是，这种限制并不影响该案就此要素的分析。电视眼商业模式的成功表明，消费者愿意付钱获得一项让他们能够搜索并观看精选电视片段的服务，且这个市场的总价值高达数百万美元。因此，这种电视内容获取方法显然是一个可开发的市场；于是就应该考虑：如果电视眼让其用户在未得到福克斯许可的情况下观看福克斯的版权内容，电视眼是否取代了福克斯的潜在收入。

这种替代确实发生了。由于以电视眼的做法重新发行福克斯内容显然是有价值的，此类服务就应该为此向福克斯付费。而电视眼提供福克斯内容却未向福克斯付费，这实际上就剥夺了福克斯从电视眼或类似实体获得的许可收益。并且，福克斯本身可能也希望开发此种服务市场，而不是将其授权给其他公司。因此，电视眼篡夺了应该归属于版权持有者的市场利益。电视眼声称曾向福克斯寻求许可但遭到拒绝，这一说法毫无意义：未能达成令双方满意的协议并不导致电视眼有权无偿复制福克斯的版权材料。

简言之，在没有获得许可的情况下销售福克斯视听内容，电视眼剥夺了福克斯作为版权持有者应有的收益，所以第四个因素有利于福克斯。

（5）综合考虑。

上述四要素不是排他性的，但在该案中，它们提供了足够的指导。为了判定电视眼服务能否作为合理使用受到保护，最后一步是根据版权法的目的，对上述四因素做综合权衡，并同时顾及其他相关考虑。

多数法官的结论是，电视眼服务不能被证明为合理使用。关于第一项因

---

❶ Texaco, 60 F. 3d at 930.

素,电视眼的观看功能至少具有某种程度的转化性,因为它提供了方便而高效地获取内容的路径;然而,由于该功能对于内容本身或使用内容的目的几乎没有做出任何改变,所以其转化性充其量是微弱的。相应地,且因被争议的服务是商业性的,第一个因素仅仅微弱地有利于被告电视眼。第二个因素在该案中是中性的。第三个因素非常有利于福克斯,因为观看功能允许电视眼客户看到和听到他们想要的几乎所有的福克斯节目。第四个因素也有利于福克斯,因为电视眼侵夺了福克斯有权依据许可协议求取补偿的可能。

归根结底,电视眼对福克斯的作品进行商业性再发行,且没有付酬或取得许可,以此实施非法获利。对各必要因素进行权衡之后,多数派法官认为,法律的天平非常有利于福克斯并让合理使用抗辩归于无效。

最终,上诉法院认为,电视眼的观看功能及其附属功能(如允许客户对视频片段进行存档)不能作为合理使用受到法律的准许;基于此,地区法院发布的禁令是错误的,应根据上诉判决意见做出修改。

◇ 卡普兰附议: 提升传输效率的电视眼技术不具转化性

地区法院法官卡普兰(Lewis A. Kaplan)参与了该案的上诉审理,并发表了协同意见。

卡普兰法官赞同该案多数派判决的最终结论及其大部分意见,但对其中有关合理使用的认定有所保留;特别是对于多数派判决将电视眼的观看功能定性为"有点儿转化性"(somewhat transformative),他明确表示否认。卡普兰法官说,多数派一方面承认电视眼的观看功能至少在某种程度上有点儿转化性,另一方面又认定它在整体上并不是合理使用。这意味着,无论观看功能是否具有转化性,其他因素都能支持福克斯,即否认被告合理使用抗辩。因此,"有点儿转化性"的特性在此案中似乎完全无关紧要。或者说,这一认定成为一个

13．电视节目数据库检索与片段播放：转化性与合理使用 ◎

附带意见（obitur dictum）。他个人的意见是，被告的使用方式并不具有转化性。

卡普兰法官承认，版权法的目的常常依靠创造转化性作品得到实现，而这样的作品就处于合理使用原则的核心。新作品的转化性越强，其他因素的重要性就越小。因此，毫不令人感到奇怪的是，被诉侵权者试图将他们对版权作品的使用定性为"转化性"已成为版权诉讼的关键，特别是当技术进步提供了前所未有的环境，无偿使用版权作品变得极具吸引力。著名学者注意到，法院"似乎将使用的'非转化性'标签作为'不合理'的简称，相应地则是以'转化性'对应于'合理的'。这一策略抽空了这一术语的意义"。❶ 事实上，有关这一问题的某些判决常常处于彼此矛盾之中。

在这些情况下，转化性使用的认定对于合理使用判定虽然并非绝对必要，却有着至关重要的意义。并且，用该院曾经的判决来说（时隔数年却依然恰当），合理使用问题是"整个版权法中最麻烦的问题"，所以"在它可能被证明没有意义的情况下，不应予以解决，除非益处非常明显"。❷ 该案中，多数派对于电视眼观看功能"有点儿转化性"这种不必要的定性没有任何"益处"，更不用说"非常明显"的益处了。事实上，令人担心的是，这可能会给合理使用法中的这一核心概念带来混乱和不确定性。

由于该案是对技术创新做出判断，对观看功能是否具有转化性表明意见的可取性被进一步降低了。毫无疑问，现在或将来不久，试图发行他人版权材料的新的高效传输技术将会存在。事实上，观看功能提供的所谓效率提升似乎（或至少已部分地）可在福克斯许可其内容的互联网电视订阅服务中获得（而且技术将继续发展，也许很快就会完全消除多数派所声称的令观看功能具有转化性的效率）。有鉴于技术变革步伐加快、转化性目的这一概念在合理使用法学中的重要性，以及该案没有必要讨论这个问题的事实，卡普兰法官声称，他

---

❶ 4 Nimmer on Copyright § 13.05, at 13 – 169（2017）.
❷ Deller v. Samuel Goldwyn, 104 F. 2d 661, 662（2d Cir. 1939）.

不同意多数派关于观看功能是否具有转化性的意见。

卡普兰法官描述了多数派意见的推理。多数派正确地指出，在考虑每个独立功能是不是合理使用时，单独分析在后使用（即电视眼对于福克斯版权材料的使用）的不同功能是有用的。多数派意见就此谈到电视眼的两种功能。搜索功能让客户能够识别包含特定关键词的视频，从而能够从节目的海洋中分离出符合他们需要的材料；相比之下，观看功能让电视眼客户能够观看至多10分钟未经改变的版权内容视频片段。简而言之，未受争议的搜索功能只是一个工具，即辨认、找到福克斯的版权作品——在多数派比喻的海洋里找到所需要的鱼；而观看功能随后就捕捉这些鱼，并把它们送至鱼贩的摊位，在那里，电视眼将它们原封不动地（可以说是未加转化地）放在碎冰上，供其顾客查验。

多数派意见继续检视观看功能，针对每一个合理使用要素进行考察。它介绍了法院在谷歌图书案中的决定，其中认为，文本未被改变的片段预览让用户可以验证数据库反馈书目正是对用户搜索的回应，这对转化性的搜索功能增加了重要价值；多数派进而指出，电视眼为用于观看功能而复制福克斯内容也同样具有转化性意义，因为它使用户能够从节目的海洋中分离出符合需要的材料，并能够精准地获取这些材料。这几乎促成了材料的即刻获取，以及有关材料的信息——而在常规的情况下，这原本是无法回溯的，或者只能通过极其不便或低效的方法才能检索。

但是，正如多数派所称，正是搜索功能——而不是观看功能，可以让用户在海洋中识别出想要的鱼。观看功能的作用是让人能够即时访问经搜索功能确认的福克斯内容的数字录制。多数派认为观看功能"有点儿转化性"的理由正是它"提高了内容传送的效率"。

多数派的这一观点遭到卡普兰法官的反对：提高版权材料复制件的传输效率，观看功能的运行因此具有转化性。

转化这一概念是版权法学中相对较新的说法，但它的前身已经存在了很长时间。1841年，斯托里法官曾说，"如果评论家引用某些段落的目的确实是为了公平而合理的批评,那么没有人会怀疑他可以合理地大量引用原作",但"取代原作"的使用则是不合理的。❶ 基于这一思想,勒沃尔(Leval)法官在一篇标志性论文中指出(该观点后来在坎贝尔案中被最高法院实质性采纳):

> 我认为,正当性问题的答案主要取决于被质疑的使用是否,并在多大程度上具有转化性。使用必须是增益性的,且必须以不同方式或为不同目的而使用引自原作的材料。引用版权材料仅仅对原作进行重新包装或重新发布的,就不可能通过检验;用斯托里法官的话来说,它只会是"取代(原作的)目标"。另外,在后使用如果对原作增加了价值——如果所引内容被用作原材料,在新信息、新美学、新见解和理解的创造中得到转化,这正是合理使用原则为社会进步而试图保障的行为类型。
>
> 转化性用途可能包括批评被引用的作品、揭示原作者的特点、证明一个事实,或者概括原作中的一个观点以便进行捍卫或反驳。它们还可能包括仿讽、象征、美学宣言以及其他无数的用途。❷

就该案而言,即使多数派认为电视眼的观看功能大大提高了其客户访问福克斯广播的效率,它也只是在重新包装并传递原作品,而没有增加新的信息、没有新的审美,也没有新的见解,因而其转化性值得怀疑。

卡普兰法官认为,关于技术的高效性与转化性之关系,柯克伍德案已经有过回答。❸ 该案被告柯克伍德提供了一项服务,其客户无论其身在何处,都可以通过该服务拨打柯克伍德的电话设备,接通它所选择的广播电台以收听广播。这项服务毫无疑问方便又高效,使那些因为距离而无法接收特定无线电台的客户能够通过柯克伍德接触这些电台,并通过电话线收听其广播。但柯克伍德的合理使用抗辩被该院驳回,因为柯克伍德的转播行为完全缺乏转化性。比较而言,该案争议的观看功能基本上也并无实质性差异。与此类似,第二巡回

---

❶ Folsom v. Marsh, 9 F. Cas. 342, 344 (No. 4, 901).
❷ P. N. Leval, *Toward a Standard of Fair Use*, 103 Harv. L. Rev. 1105, 1111 (1990).
❸ Infinity Broadcast v. Kirkwood, 150 F. 3d 104 (2d Cir. 1998).

法院还曾在德士古案中反对将版权材料的方便获取视为转化性使用。该案涉及为实验室用途而复印科学期刊文章。德士古公司认为，它通过影印将单篇（期刊）文章转换成一种更容易在实验室使用的格式，因而构成转化性使用。尽管影印通常确实比购买、借阅、放置和携带装订成册的期刊等更加方便或有效，但德士古的影印仅仅改变了含有原作的实物，这不属于对版权材料的转化性使用。❶

与本案紧密相关的其他案例涉及数字化音乐、MP3和音乐分享技术。这些案件的被告主张，他们的技术应该被视为合理使用，因为它们允许的是所谓空间转移（space-shifting）——允许用户以不同的、更方便的格式存储音乐，从而使他们能够在更适合自己的场所听音乐。❷ 换句话说，这种技术提高了效率和便利性。对这种观点，法院或者拒绝空间转换具有转化性目的，或者认为空间转移的论点只与商业性质的使用有关。

卡普兰认为，这些案例表明，一种技术手段更快、更有效或更方便地传递版权材料并不能（至少仅此不足以）使这种发行具有转化性。

与本案类似的谷歌图书案也不支持得出这一结论：提高效率的传递技术具有转化性。

谷歌图书案也有两个功能要素：可搜索数据库与包含搜索词条的图书"片段"显示。按照第二巡回法院的观点，复制图书以实现搜索功能具有识别特定图书的转化性目的。而该目的不同于书籍本身的向读者传达内容的目的，应属于合理使用。该法院还认为，所显示的片段通常包含一页中的1/8节段，大大促进了辨别特定图书这一极具转化性的目的。但谷歌图书案判决意见不能解决本案面对的问题。

谷歌公司对于片段功能的设计能够避免用户将该服务用作原告图书的竞争替代品，比如，采用诸如"黑名单"之类的保障措施（永久性禁止浏览每页

---

❶ American Geophysical Union v. Texaco, 60 F. 3d 913 (2nd Cir. 1994).
❷ 如 A&M Records v. Napster, 284 F. 3d 1091 (9th Cir. 2002)。

13. 电视节目数据库检索与片段播放：转化性与合理使用

之一个片段和每十页中的完整一页）；对那些一个短小片段即可满足搜索者之需要的书籍（比如词典和食谱），完全不做任何片段显示。而在本案，观看功能展示 10 分钟的片段，并且用户可以播放不限数量的 10 分钟片段。实际上，在很多（可能是绝大多数）情况下，10 分钟的片段就足以让用户浏览一个完整的新闻段落。而在并非如此的情况下，双方对电视眼在诉讼过程中采纳的阻止用户观看连续性片段的预防措施之有效性提出争议。最终的效果难免是，用户可以将各片段连在一起来获得一件作品的全部内容。

相比本案争议的观看功能，谷歌案考虑的片段功能只传送了少得多的版权内容。法院由此得出结论称，谷歌的片段功能只是"增强"了搜索功能的转化性目的。所以说，本案事实与谷歌图书案差异巨大，法院有关谷歌图书片段功能的结论不能适用于本案观看功能的定性。此外，按照谷歌图书案法院告诫，该案是对合理使用之边界的考验。

卡普兰称，多数派对于索尼案判决意见的依赖也不能令人信服。[1]

索尼案所考虑的版权诉求是，Betamax 录像机制造商应承担共同侵权之责，因为该录像机让消费者录制享有版权的广播，以便在更方便的时间观看节目，从而有助于消费者侵犯版权。最高法院驳回了共同侵权的主张，其基本的依据是，大量版权持有者不会反对消费者为了"时间转换"（time-shifting）而使用索尼设备，且原告未能证明由此遭受经济损害的可能性。

本案多数派试图通过索尼案来论证，在后使用如果利用转化性技术来提高内容传输的效率，就可能构成合理使用。但是，索尼案判决早于勒瓦尔法官著文将转化性使用这一概念引入版权词典。而实际上可以说，索尼案判决并不含有提高效率的技术具有转化性这一思想。索尼案争议的效率提升是"时间转换"，即消费者使用 Betamax 设备录制广播节目，可以在以后可能更方便的时间观看。最高法院要问的是，时间转换是不是一种实质性的非侵权性使用；这个问题的答案决定了索尼是否要为共同侵权负责。正是在这种情况下，最高法

---

[1] Sony v. Universal City Studios, U.S. 417 (1984).

295

院认定，未经授权的时间转换式的使用不一定是侵权行为。

最高法院对时间转换的讨论集中于家庭录制的非商业性："被上诉人未能证明时间转换有可能对其版权作品的潜在市场或价值造成任何不可忽略的损害。因此，Betamax 具有实质性的非侵权用途。索尼向普通公众出售此类设备对被上诉人的版权不构成共同侵权。"显然，在最高法院对索尼案的判决意见中，人们看不出提高效率的技术具有转化性这一论点。相反，索尼案的提问是，根据该案事实，时间转换是不是一种影响了广播机构市场营利能力的商业性使用。且法院对此得出结论时并未明确地考虑这些录制是否有不同于广播节目最初的使用目的。事实上，最高法院称，时间转换只是让观众看到他被允许看到的作品。换言之，时间转换让用户去做的恰恰是用户原本可以做的事情：为了它所服务的娱乐、信息或其他目的而观看节目，而并没有增加新的目的。因此，人们不能就索尼案得出结论说，它要求甚至暗示效率提高技术具有转化性这一观念。

卡普兰认为，后来的发展也可佐证上述观点。索尼案之后，最高法院并没有哪个判决意见说或暗示，索尼案支持这样一种主张——特定的时间转换或一般性的促进效率的传递技术具有转化性。在斯沃琪诉彭博社案中，第二巡回法院称索尼案判决承认非转化性使用属于合理使用。[1]无限广播公司案判决称，索尼案对于时间转换的讨论是要判定消费者在家里对广播节目进行时间转化是一种非商业性使用。[2]而该案的确也认定，效率促进技术并不是转化性的，也没有迹象表明索尼案与这一结论有关。

同样，作家协会诉哈蒂信托案和谷歌图书案从各方面援引了索尼案，但都不是因为效率促进技术具有转化性这一考虑，尽管这一观点明显有可能适用于这些案件。由于这两个案件面对的问题明显与本案密切相关，因此，它们没有考虑索尼案宣称效率促进技术具有转化性这种观点是有启发意义的。为此，卡

---

[1] Swatch Group v. Bloomberg, 756 F. 3d 73, 84 (2d Cir. 2014).
[2] Infinity Broadcast, 150 F. 3d at 109.

普兰法官明确表示，他愿意加入这些案例的行列，拒绝所谓索尼案对转化性使用提供了重要指导这种观点；索尼案与转化性使用问题的相关性充其量是模糊的。而本案多数派有关索尼案的新奇解读是无法接受的。

基于上述理由，卡普兰法官不赞同本案多数派对电视眼观看功能的定性，并坚称这一功能并不具有转化性。

◇ 简评

合理使用判断是个难题。法官们一直在为判断合理使用寻找便捷路径并提出诸多概念，而困难依然不减，比如本案的转化性问题等。

谷歌图书项目于2013年被认定为合理使用之后不久，本案被告电视眼公司也觉得自己稳操胜券：它以为电视眼服务与谷歌图书项目无异，即在线数据库检索；其间的差别似乎可忽略不计：谷歌平台提供图书，而电视眼提供的则是电视节目，都是按用户之需提供作品片段。而其结果，地区法院2014年认定电视眼服务部分属于合理使用，四年后上诉法院基本全盘否定了其合理性。而且，这一结果得到所有上诉法官的支持，版权法律圈似乎也少见强烈的同情，电视眼自己也没有再提上诉。这确实表明，同样是在线数据库检索，于版权法而言，技术特征与运营模式之实质性差异，意义不容小觑。

上文可见，包括两级法院判决和二审法官的附议，三份意见书在合理使用之分析路径与认定原则上有着明显的共识；但在具体细节问题上，相互间又迥然有别，而这区别往往影响着案件的结论。这正显示了合理使用判定的主观性与不确定性。

从诉讼过程来看，本案争议的焦点是电视眼技术是否具有转化性；与第四要素相结合，它们最终决定审判之结果。

地区法院裁定电视眼为合理使用的主要依据就是它具有转化性。它承认，电视眼提供的服务旁无他人，离开这项服务，公众将无法收集有关信息内容；电视眼订户不仅可以看到被呈现的新闻，还看到节目呈现本身；并且，电视眼也没有替代原作。所以，电视眼服务具有转化性；在此基础上，电视眼的营利性以及它对原告可能产生的市场影响可忽略不计。因为营利性考虑并不具有反对合理性认定的推定力，且电视眼发挥的公共利益更占优势。

同样的事实到了上诉法院，结论迥异。多数法官认定被告行为只具有某种程度上的弱转化性；关键在于，电视眼复制并展示了原告作品的全部；电视眼对于社会的贡献也是原告可期的市场，而被告侵占这一市场不能被视为合理。卡普兰的协同意见更是完全否定了电视眼具有转化性。

概言之，两级法院的分歧表现为，如果电视眼不具有或只具有微弱的转化性、产生市场替代性，且原告的同类市场可期，则电视眼服务就被认为侵权（上诉法官的意见）；相反，如果电视眼服务具有转化性、不产生替代性，且原告市场损害不大而公益性相当可观，被告使用就构成合理使用（地区法院观点）。

比较可见，上述分歧的核心就是转化性之有无。地区法院承认电视眼技术比传统电视具有实质性进步，因而具有转化性，并影响了最终的案件定性。上诉法院多数派认定电视眼只是提高了传输效率，因而具有微弱转化性；最终决定上诉法院判决的因素是市场影响，然而，这种弱转化性也是案件结论的基础性因素——因为弱转化性仍意味着电视眼对原告的替代性，并造成不利的市场影响。

合理使用第一要素往往发挥决定性作用。所以，卡普兰法官希望廓清本案的转化性问题，以免在原则性问题上发生混乱。但这也不是一个容易说清的问题。一方面可以说，转化性即使弱，也算是有，可能意味着被告使用的"弱"合理性，卡普兰法官的异议有其必要；但在另一方面，弱转化性并不能直接推论被告合理使用，毕竟还有其他要素在发挥作用，所以卡普兰法官似乎不必太担心。其实，这一分歧说明，转化性判断并无标准，尤其是转化性一词的含义难以为法官解决问题提供绝对有效的钥匙。

13. 电视节目数据库检索与片段播放：转化性与合理使用

关键是，法官不应固守转化性这一术语，更不能把转化性作为最终之合理性的代名词。电视眼服务、谷歌图书技术、索尼案中的录像机等都提高了版权材料的传输速度或具有某种实用性的便利，说它们属于转化性技术，似乎在理。但是，这些提高速度与便利的技术并未始终如一地被判定为转化性使用，原因是多层面的。一方面，技术本身的性质与被告具体的使用目的和性质是两个问题，准确言之，技术本身的性质改变并不能决定版权法意义上的使用方式的定性。另一方面，最终的合理使用判定还要综合各种因素发挥作用。

卡普兰法官的异议是有道理的，使用的转化性不能简单地理解为技术效率、便利性的提升。而一系列案例的比较分析可见，使用的转化性、合理性向来都是多种因素综合考虑的结果。仍以本案援引的案例来说明，无限广播案（Infinity Broadcast）中的电话拨号为观众听广播提高了效率，带来便利，但它未被认定为转化，因为它替代了原告。构成对比的是谷歌图书案（Google Books），谷歌搜索的主要特征就是增进效率，电视眼公司也把自己的服务视同谷歌搜索。但上诉法院强调，谷歌限制了作品搜索提供的数量和品质，不会造成市场竞争与作品替代，而电视眼服务没做到这一点。索尼案（Sony）中的录像机也属于提高效率，但它只是发生时间转换，家庭个人以此可以看到他原本可以看到的内容，其使用更不具商业性，不会对原告市场构成完全替代。完美十分案（Perfect 10）中提供的缩微图片不是原作原样，它只是帮助找到并大致浏览原作，这一用途显然不同于原告的预期用途，不构成市场替代。与此对比的是融文公司案（Meltwater），融文公司以搜索引擎方式显示新闻文章标题与摘录虽然类似于缩微图片显示，但它构成了对原告原作的替代，难谓合理使用。

究其实质，使用目的与性质所要考察的是被告使用行为整体的性质，技术本身的性质只是其中一部分。而技术属性在法律上是中性的。上述案例表明，除了技术性质，法官主要考虑被告使用相对原告作品做了什么、增加了什么，其核心在于，被告使用与原告使用是不是相同或实质性相同，这又决定着被告使用是否对原告造成替代，从而导致市场侵占；此时再结合市场影响，其合理与否便可判明。

另外，大多数案例都强调被告使用相对于原告是否有所增加，或称是否具有增益性（producive）。实际上，这一说法也是模糊的；"增加"并不意味着转化。比如谷歌图书平台与电视眼都是增加效率与便利的服务，但后者正因比前者增加了某些服务而最终被认定侵权，即几乎全部显示原作，使其具有替代性。因此，有所增加而又适可而止，有利于公益却又未造成对原告的市场替代和排斥，这样的使用往往容易被判定为合理。

总的来说，转化性一词也像合理性、搭便车等术语一样，都具有模糊性、不确定性；面对纷纭复杂且日新月异的技术与业态，人们根本无法一劳永逸地确定其内涵与外延。我们认为，最好的办法是法律的判断始终要抓住法律的基本原则和法律规制的目的。在合理使用考察过程中，被告使用之目的与性质的判断仍需依据版权法的根本出发点和目的。而这也是一系列合理使用判例法所体现的。

后　记

　　本书是国家社科基金项目"网络环境下新闻聚合的版权及相关法律问题研究"的部分延伸性成果。在从事该课题的研究过程中，课题组组织编译了大量的国外相关判例。鉴于这些判例的独特价值，我们便有了编写此书的念头。所以说，该书大部分篇幅属于译、编。

　　对于本书内容，有必要做几项说明。第一，本书主题是"新闻产权"，所以原判决书中与此无关的内容未加保留，尤其是与程序、证据有关的内容。第二，原判决书尤其是美国法院判决书大都穿插了大量的引注，本书仅做部分保留；尤其删除了不断重复的引注。第三，本书部分改变了原判决的叙述视角、叙述人称，也对前后顺序做了部分调整，对重复内容做了删减。因此，读者若需要对有关问题做深入探究，尤其是，若需在自己的论著中引用原判决，请尽量查阅原文。

　　关于译事，我们还想做些说明。当今法学研习者的外语水平已经大有提高，很多人更愿意阅读原文；但也不容否认，阅读母语还是更为便易，不少学子仍希望看到译文，这是我们愿意编译本书的动机。但翻译之苦不可怕，最怕的是语言转换之难。虽然我们不畏艰难,却也常常因困难而沮丧。常见的情形是,经过多人、多次翻译、审阅之后形成的译文,隔数日再读,仍发现问题多多。所以,我们敬请读者能够对译文中的不当、疏漏、错讹有所谅解。

原课题成果与本书译文离不开众多朋友的辛苦,我们对所有的参与者衷心表示感谢。这里要特别感谢判决书初译的参与者:王轶凯、贾柠宁、贾贵梅、祝晨欣、葛现洋、田丽艳、刘静文等。当然,最终呈现的成果均经反复修改,一切责任由本书署名的编著者承担。

北京印刷学院为本书的出版提供了必要的支持,值得在此铭记。

编著者
2021 年春